자금성의 노을

이 저서는 2016년 정부(교육부)의 재원으로 한국연구재단의 지원을 받아 수행된 연구임.
(NRF-2016S1A6A4A01019160)

# 자금성의 노을

## 중국 황제의 후궁이 된 조선 자매

서인범 지음

역사인

북경 자금성 전경

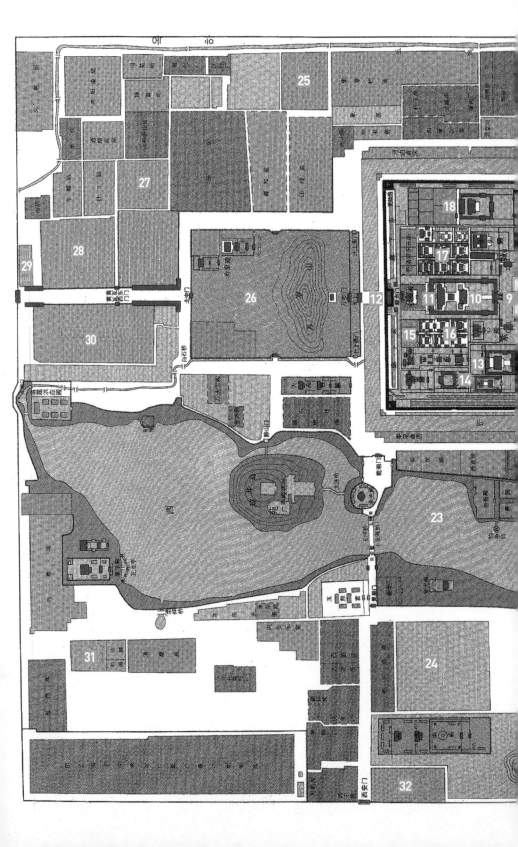

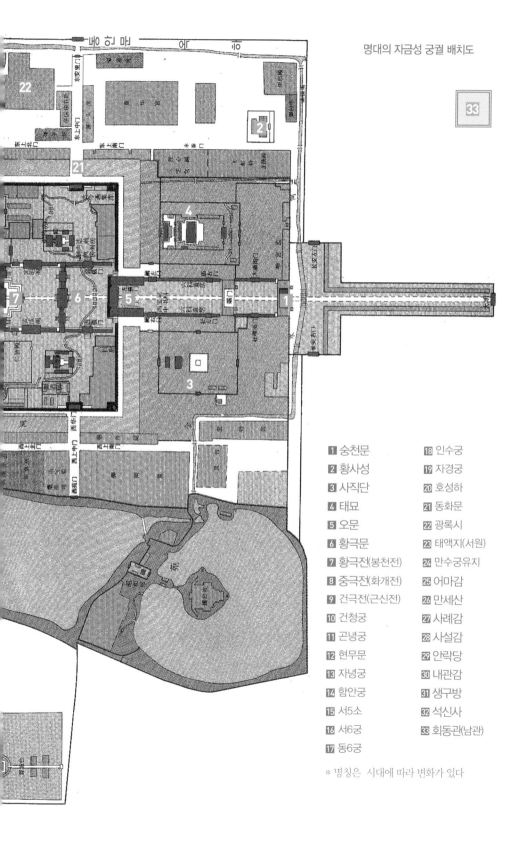

명대의 자금성 궁궐 배치도

| 1 숭천문 | 18 인수궁 |
| 2 황사성 | 19 자경궁 |
| 3 사직단 | 20 호성하 |
| 4 태묘 | 21 동화문 |
| 5 오문 | 22 광록시 |
| 6 황극문 | 23 태액지(서원) |
| 7 황극전(봉천전) | 24 만수궁유지 |
| 8 중극전(화개전) | 25 어마감 |
| 9 건극전(근신전) | 26 만세산 |
| 10 건청궁 | 27 사례감 |
| 11 곤녕궁 | 28 사설감 |
| 12 현무문 | 29 안락당 |
| 13 자녕궁 | 30 내관감 |
| 14 함안궁 | 31 생구방 |
| 15 서5소 | 32 석신사 |
| 16 서6궁 | 33 회동관(남관) |
| 17 동6궁 | |

* 명칭은 시대에 따라 변화가 있다

# 명나라 황제 계보

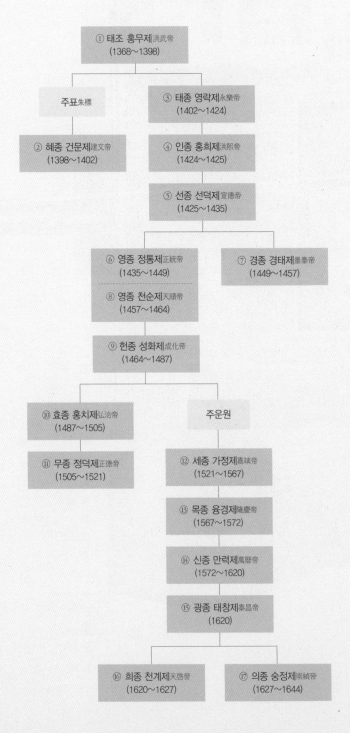

① 태조 홍무제洪武帝
(1368~1398)

주표朱標

③ 태종 영락제永樂帝
(1402~1424)

② 혜종 건문제建文帝
(1398~1402)

④ 인종 홍희제洪熙帝
(1424~1425)

⑤ 선종 선덕제宣德帝
(1425~1435)

⑥ 영종 정통제正統帝
(1435~1449)

⑦ 경종 경태제景泰帝
(1449~1457)

⑧ 영종 천순제天順帝
(1457~1464)

⑨ 헌종 성화제成化帝
(1464~1487)

⑩ 효종 홍치제弘治帝
(1487~1505)

주운원

⑪ 무종 정덕제正德帝
(1505~1521)

⑫ 세종 가정제嘉靖帝
(1521~1567)

⑬ 목종 융경제隆慶帝
(1567~1572)

⑭ 신종 만력제萬曆帝
(1572~1620)

⑮ 광종 태창제泰昌帝
(1620)

⑯ 희종 천계제天啓帝
(1620~1627)

⑰ 의종 숭정제崇禎帝
(1627~1644)

① 홍무제(주원장)　　② 건문제　　③ 영락제(주체)　　④ 홍희제

⑤ 선덕제　　⑥ 정통제　　⑦ 경태제　　⑧ 천순제

⑨ 성화제　　⑩ 홍치제　　⑪ 정덕제　　⑫ 가정제

⑬ 융경제　　⑭ 만력제　　⑮ 태창제　　⑯ 천계제

⑰ 숭정제

※ ⑥과 ⑧은 동일 인물임

## 청주한씨세계도(淸州韓氏世系圖)

### ① 한계란의 직계존비속

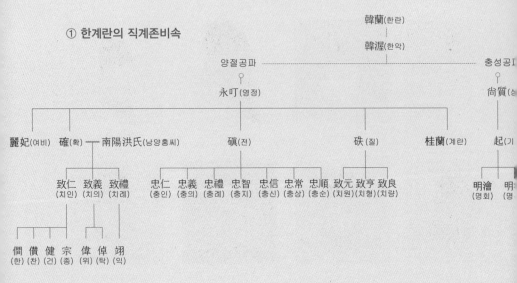

韓蘭(한란)

韓渥(한악)

양절공파 ——————————————— 충성공Ⅰ

永叮(영정)　　　　　　　　　尙質(상

麗妃(여비)　確(확) — 南陽洪氏(남양홍씨)　　礒(전)　　　砆(질)　　桂蘭(계란)　　起(기

致仁(치인)　致義(치의)　致禮(치례)　　忠仁(충인)　忠義(충의)　忠禮(충례)　忠智(충지)　忠信(충신)　忠常(충상)　忠順(충순)　致元(치원)　致亨(치형)　致良(치량)　　明澮(명회)　明(명

間(한)　債(찬)　健(건)　宗(종)　偉(위)　倬(탁)　翊(익)

### ② 측실에서 태어난 한확의 아들

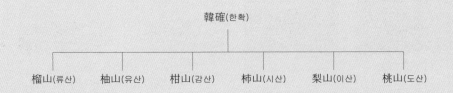

韓確(한확)

榴山(류산)　　柚山(유산)　　柑山(감산)　　柿山(시산)　　梨山(이산)　　桃山(도산)

### ③ 한확의 사위들

韓確(한확)

李繼寧(이계녕)　　桂陽君(계양군)　　金自琓(김자완)　　崔㴲(최정)　　權輯(권집)　　德宗(덕종)

※전거 : 『청주한씨양절공파족보』권1

조선 초기 26년간, 114명의 조선 처녀들이
공녀라는 이름으로 명나라 황실에 바쳐졌다.
이 가운데 16명은 황제의 후궁이 되었다.
그리고 이들 16명 중 두 여인은 특이하게도
같은 부모 밑에서 나고 자란 자매 사이였다.

**자금성 태화전** 자금성을 완성한 영락제가 조하의식을 치른 곳이다. 영락제 당시에는 봉천전으로 불렸고, 이때의 조하의
식에는 당연히 조선의 사절단도 참여했다.

태화전 내부　황제의 위엄을 상징하듯 웅장함과 화려함의 극치를 보여준다.

## 책을 펴내며

영국의 시인 바이런(1788~1824)은 "사실은 소설보다 더 기이한 경우가 있다"고 했다. 한계란이라는 인물을 형상화하는 데 있어 역사적 사실을 종합하고 구성하는 일은 어쩌면 소설을 쓰는 작업과 더 가까운 일인지도 모르겠다. 역사학자는 약간의 오류를 범할 수는 있지만 진실이라고 믿는다. 기존에 발굴된 사실을 넘어 새로이 발굴 수집된 사료가 주는 의미는 새로운 인물상을 구체화시키는 데 만족감을 준다. 필자도 사료가 진실이라고 믿고 한계란의 윤곽을 잡아내는 데 자부심을 가졌다. 600여 년 전에 태어나 74년을 산 여인. 좀처럼 형상이 떠오르지 않았다. 그럼에도 그녀의 일생을 그려내야 했다. 얼굴만이 아니었다. 그녀의 몸체, 언어와 행동·심성·취미까지도 밝혀내야 했다. 그 과정은 고되었지만 행복과 즐거움을 느끼는 시간이었다. 그녀의 실체에 대한 접근은 마치 위대한 성인들의 형체를 컴퓨터 그래픽으로 섬세하게 재현해 내는 과정과도 같았다.

한국 여행객들이 가장 많이 찾는 관광지의 한 곳이 북경의 자금성과 만리장성이 아닐까? 거대하고 장려한 궁궐과 만리장성에 섰을 때 과연 한국에서 온 관광객들은 무엇을 생각하고 느낄까? 조선시대 외교·국방에 관련된 현안문제를 해결하려고 동분서주하던 연행사(燕行使)들의 발걸음을 상상해본 적은 있을까? 필자는 오늘 그 연행사들과 더불어 자금성을 수놓았던 조선 여인들, 특히 한계란 자매를 역사 속에서 불러냈다. 자금성에 발자취를 뚜렷이 각인시킨 한씨 자매, 즉 언니 여비(麗妃)와 동생 공신부인(恭愼夫人) 한계란이다. 그러나 원고를 마치는 시점까지도 언니의 이름은 끝내 밝혀내지 못했다. 못내 아쉽다. 언젠가 기회가 찾아올 것이라 굳게 믿는다.

조선시대사를 연구하는 소수의 연구자들이나 역사 마니아들 정도만이 이 자매를 기억하고 있지 않을까? 고려 말에 원나라 제1황후의 지위에까지 오른 기황후의 경우, 배우 하지원과 주진모 등이 드라마 주인공을 맡아 사랑과 권력을 극적으로 연출해냈다. 이 작품은 자그마치 51회에 걸쳐 상영되었다. 시청율이 높을 때는 29.2%에 달할 정도였다. 사실 원나라 정사(正史)라 할 수 있는 『원사(元史)』에서 기황후 관련 기록은 극히 제한되어 있다. 그럼에도 드라마 작가의 무한한 상상력이 가미되어 대작을 창출해냈다. MBC에서 드라마 PD로 활약하고 있는 후배의 말에 따르면 역사물 드라마는 사실 30%, 상상 70%로 구성된다고 한다. 그리고 패자의 역사는 시청율이 높지 않다고 했다.

드라마의 역사 왜곡 문제는 어제 오늘 일은 아니다. 흥미와 감동을 불러일으키기 위해 사실에서 일탈하는 경우가 많다. 그러나 인기 있는 남녀 배우로 만들어낸 드라마가 기황후에 대한 인식을 넓힌 것은 부정할 수 없다.

기황후에 비해 한씨 자매 관련 기록은 『조선왕조실록』에 더 많이 존재한다. 다만 자금성에서의 한계란의 삶 이야기는 극히 적다. 조선 초 26년간 114명의 처녀가 공녀라는 명목으로 명나라에 바쳐졌다. 그중 16명이 후궁이 되었는데도 조선 후궁들의 삶에 대한 기록은 극히 드물다. 명나라

비밀의 화원인 자금성에서의 후궁들의 애환과 관련된 사료 또한 빈곤하다. 명나라 후기나 돼야 궁궐의 커튼이 서서히 걷히듯 후궁들의 이야기가 일반인에게 알려졌다. 여비와 한계란 자매 이야기는 공녀의 틀에서 부분적으로 소개되고 있는 실정이다. 그러나 그녀들을 단순히 명나라 황제의 후궁으로만 치부해서는 안 된다. 두 여인의 이야기는 명나라 궁궐사를 시작으로 환관사·외교사·무역사, 그리고 조선의 정치사 등 전반에 걸쳐 무한하게 펼쳐져 있다.

성리학적 이념과 질서가 조선 사회를 지배하고 통제하던 시절에 여비와 한계란 자매의 행동 패턴을 파악하는 것은 조선의 외교 질서를 이해하는 데 매우 도움이 될 것이다. 다시 말하면 조선의 관료들이 예(禮)나 법으로 사회 질서를 유지해 가는 과정 속에서의 전통 여성상을 추출해낼 수 있다.

원고를 쓰면서 풀리지 않는 의문이 있었다. 언니 여비는 천명을 누리지 못하고 죽어 영락제의 능묘에 순장당했다. 반면에 동생 한계란은 선덕제의 후궁이 되어 황제가 죽었을 때도 순장당하지 않았다. 자금성에서 57년간(정확히는 56년간)을 꿋꿋하게 살아 견뎠다. 선덕제의 경우에도 10명의 비빈이 순장당했다. 그런데 어째서 한계란은 순장당하지 않았을까? 명나라 『선종실록』 성화 19년(1483) 5월 기록에 '궁인한씨위공신부인(宮人韓氏爲恭愼夫人)'이라고 하여 한씨를 '궁인'이라고 표기했다. 선덕 2년(실제는 선덕 3년, 1428) 명나라로 들어가 후궁이 되었다는 기록은 있지만 내명부(內命婦)의 어떤 직위에 책봉되었는지 알 수 없다. 다만 죽어서 성화제에 의해 공신부인에 봉해졌다는 점만 확인될 뿐이다. 후궁이었다면 당연히 순장을 당하지 않았을까? 그렇지 않다면 후궁 책봉 의식이 행해지지 않은 상태로 자금성에서 살았던 것이다. 선덕제의 경우, 순장 당한 여인 중 1명만 책봉을 받았고, 나머지 9명의 여인들은 책봉을 받지 않은 궁인 신분이었다. 한계란도 똑같은 궁인이었다. 선덕제 때 조선에서 온 여인들은 책봉을 받지 못해 빈어(嬪御)로 불렸다는 연구도 있다. 그 때문에 순장을 면제 받았던 것이다. 천운이라 할 수 있다.

조선에서 단순히 그녀를 한씨라고만 기록한 이유는 책봉 의식을 행하지 않은 탓에 명호(名號)가 없어서일 것이다.

한씨 자매 이야기를 쓰면서 삼락(三樂), 즉 세 가지 즐거움에 빠졌다. 최부의 『표해록』을 역주하면서 처음으로 한계란의 존재를 알았다. 어떤 인연인지는 모르겠으나 최부가 필자로 하여금 한계란의 손을 잡도록 인도했다. 하지만 그녀를 만나 진솔한 대화를 나누기까지는 많은 세월이 흘러야 했다. 모교 사학과에서 박사학위를 취득한 정구선·장희흥 선생의 공녀나 환관 관련 저서 및 논문을 탐독했을 때만 해도 대수롭게 여기지 않았다. 실상은 다른 연구 주제에 시간을 빼앗긴 탓이 컸다. 그러던 어느 날한계란이 성큼 다가왔다. 그것이 첫 번째 열락(悅樂)이었다.

그녀를 세상에 드러내는 작업은 만만치 않았다. 처녀로 선발되어 자금성에 들어가는 과정까지는 어느 정도 『조선왕조실록』을 통해 규명할 수있었지만 그 이후가 문제였다. 56년간의 금지된 화원에서의 삶은 완전히 장막에 가려져 있었다. 한국과 중국의 사료를 찾아내고, 그녀의 활동 반경이었던 중국 현장을 답사해 더 가까이 다가가려고 무진 애를 썼다. 그것이 두 번째 열락이었다.

주자학적인 관념에 쌓인 조선시대 관료들의 비난을 넘어선, 보편적인 여성의 삶을 그려내려는 욕망이 컸다. 그것이 성공했는지는 필자 자신도 판단하기 어렵다. 먼 훗날 새로운 자료들이 발굴되어 그녀를 더 정확하게 그려냈으면 하는 바람이다. 어떻게든 그녀의 삶을 조명해 세상에 드러내려는 원고 작업이 세 번째 열락이었다.

한계란과 태감(太監) 정동(鄭同)의 자취를 찾으러 북경을 4박 5일 답사했다. 경인문화사 한정희 사장님, 김환기 이사님, 그리고 언제나 한 발 떨어져 성원해주신 삼귀문화사 김수철 사장님께 한계란을 직접 소개해 드

명 13릉 배치도

리고 싶었다. 한정희 사장님은 북경 방문 전에 이미 북경에서 출판업을 하고 있는 지인에게 북경에서의 답사 활동에 차질이 생기지 않도록 만반의 준비를 해놓으라고 전화를 해놓았다. 태감 왕진(王振)의 사당인 지화사(智化寺)는 공사 중이라 출입이 금지되었다. 하염없이 사찰 주변만 뱅뱅 돌다 포기했다. 대신 명 13릉을 처음으로 일일이 돌아보았다. 여비의 남편인 영락제의 능묘는 거대하고 웅장했다. 예전 만력제의 능묘인 정릉(定陵)을 찾아 지하궁전까지 내려간 적은 있었다. 당시 영락제의 능묘는 개방이

안 되고 발굴을 진행하던 상태였다. 한계란이 위대한 황제의 능묘로 다시금 우리 일행을 인도했다. 불가사의하다. 한계란이 아니었으면 발걸음을 옮기지 않았을 터이다. 장대한 영락제의 능묘를 관람하며 언니의 목 매는 장면이 떠올라 서글펐다. 황제의 묘는 나무와 수풀로 뒤덮여 어디가 지궁(地宮)인지를 가늠하기 어려웠다. 저 황천 아래 여비도 잠들어 있겠지.

차를 세우고 달콤한 대추를 씹으며 한계란이 섬겼던 황제들, 선덕제·정통제·성화제의 능묘를 둘러봤다. 또 한 명의 여인 만귀비(萬貴妃, 1430~1487)의 묘도 물어물어 찾아갔다. 명 13릉이 조성되어 있는 천수산 좌측 끝 모서리에 묘가 조성되어 있었다. 성화제의 능묘에서 그리 멀지 않았다. 죽어서도 성화제의 어깨가 그리웠던 모양이다. 하지만 만귀비도 좀처럼 모습을 보여주지 않았다. 성벽이 능묘를 가로막고 있어 뒷산으로 돌아 들어갔다. 대추나무의 가시가 팔다리를 할퀴었다. 그녀의 묘에 가까이 다가갔으나 철조망이 길을 막았다. 진한 아쉬움을 토하고 물러났다.

2009년 명나라 때의 조운로(漕運路) 답사를 할 때 북경 팔달구(八達區) 근처에 머물렀다. 당시 석경산구(石景山区) 취미산(翠微山) 자락에 위치한 만력 연간에 사례감 태감을 지낸 전의(田義)의 묘를 찾았으나 공사 중이라 발걸음을 돌린 적이 있었다. 공사 직원에게 음료수를 사다주며 통사정을 했지만 허사였다. 이번에도 운전기사가 미리 연락을 하니까 출입이 안 된다고 해서 핸들을 돌리려고 했다. 이때 김수철 사장님이 어렵게 왔는데 일단 한 번 가서 외관만이라도 촬영을 하자고 제안했다. 미심쩍은 마음으로 응락하고 기억을 더듬어 찾아갔다. 기사의 말대로 매표소는 닫혀 있었다. 문 안을 들여다보니 한쪽으로 플레이트를 치고 공사를 벌이고 있었다. 누군가라도 만나면 통사정을 하고 허락을 받을 요량으로 안쪽으로 들어갔다. 인기척이 없었다. 순간 입이 벌어졌다. 문무 석상과 비석, 능묘를 장식

태감 전의(田義)의 묘　황제의 총애를 받으며 권력을 휘두르던 환관들은 죽어서도 거대하고 화려한 무덤에 안장되었다. 무덤의 규모와 장려함이 당시 환관의 위세를 잘 말해준다

하는 석주인 화표(華表), 제사를 지내는 건물이 명나라 때 환관의 위세를 그대로 전해주었다. 조각은 세밀하고 정교했다. 관료의 묘를 능가하는 대규모였다. 묘지로 통하는 지하 통로도 열려 있었다. 부지런히 셔터를 눌렀다. 명대 환관 관련 논문을 작성할 때 그들의 위세를 짐작은 했지만 능묘가 이 정도로 웅장하고 화려할 것이라고는 생각지도 못했다.

한계란의 능묘를 찾아 향산공원(香山公園)으로 차를 몰았다. 최부의 『표해록』을 역주할 때 한계란이 죽어 향산 천수사(千壽寺)에 묻혔다는 사실을 알아낸 적이 있다. 천수사의 위치를 확인하려고 부단한 노력을 기울였다. 모교 컴퓨터 사이트에서 제공하고 있는 중국 사료집인 『중국기본고적고(中國基本古籍庫)』, 북경 지방지인 『순천부지(順天府志)』, 『사고전서(四庫全書)』 등의 사료를 뒤졌다. 중국 인터넷 사이트인 바이두(Baidu)도 검색했으나 사찰명은 보이지 않았다. 향산에 가면 실마리를 잡을 수 있으리라는 희망을 품었다. 공사가 한창 진행 중인 향산사(香山寺, 이전에는 永安寺)를 옆으로 끼고 산길을 구불구불 돌아 언덕을 올라갔다. 홍광사 안내판이 눈에 들어왔다. 정동의 이름은 표기되어 있지 않았다. 다만 사찰의 연혁을 간단하게 설명해 놓았다. "명나라 성화 연간에 세웠고, 청나라 건륭 11년(1746) 향산에 정의원(靜宜園)을 건립할 때 관음전·비로원전·향암실(香岩室) 등을 조성했다. 향암실은 정의원 28경 중의 하나이다. 1860년 영국과 프랑스에 의해 훼손되었고, 민국(民國) 시기에 들어서 개인 별장으로 변했다"라고 기술했다.

인연이라는 말이 있다. 사람이 중심이다. 학자들에게는 사람 이상으로 자신이 연구하는 테마와의 인연이 중요하다. 인연은 역사의 인물일 수도 저서일 수도 있다. 필자의 경우는 최부의 『표해록』이 연구를 확장시키는데 있어 큰 밑거름이 되었다. 최부의 소개로 한계란을 만났다. 필자가 한계란의 이미지를 제대로 묘사했는지 의문이다. 아름답거나 추한 모습이아닌 그녀의 진실한 모습을 들여다보고 싶었다.

끝으로 책이 출간되기까지의 여정을 간단히 언급하고 싶다. 2016년한국연구재단의 저서출판지원사업에 한계란을 주제로 저서를 집필하겠다고 응모하였다. 이 사업에 선정되어 3년간 자금을 지원받았다. 마침 연구년이라 일본 동양대학(東洋大學) 하쿠산(白山) 캠퍼스 센다기(千駄木) 국제회관에 1년간 체재하면서 조선통신사 길 답사는 물론 한계란 원고 집필에 온 정력을 쏟았다.

자목련이 피던 계절인가 싶더니 어느새 우에노(上野) 공원의 연꽃도 지고 줄기는 말라 힘없이 물속으로 사라지는 추위가 찾아왔다. 오후 한 차례 산책을 제외하면 기숙사 거실 책상에서 종일 눈을 혹사했다. 한계란과조선통신사 원고는 이렇게 태어났다.

글에 등장하는 주요 인물들은 여성이나 환관인데, 이들을 지칭하는 옛기록의 용어 중에 다분히 '환관'이나 '고자' 등의 성소수자 및 '처녀'라는여성에 대한 차별적 표현이 있어 이의 사용 여부를 고민하지 않을 수 없었다.

그러나 과거의 기록을 그대로 전달하는 것도 실제 사실을 전달하는데 의미가 있다고 여겨 그대로 사용키로 하였음을 밝혀둔다. 저자의 현재의식을 반영한 것이 아니며, 실제 기록을 사실적으로 전달하기 위해 불가피한 선택이었다고 이해해 주면 감사하겠다.

석양이 뉘엿뉘엿 서산으로 기울고 있다. 동쪽 하늘을 바라보는 여인의 머리카락은 희끗희끗하고, 얼굴에는 회한이 감돌았다. 그녀의 나이는 올해로 74세. 19세에 북경에 들어왔으니 햇수로 56년을 자금성에서 보낸 셈이다. 여인은 자금성 너머로 기울어 가는 해를 물끄러미 바라보다 고향의 동산에 지던 노을을 떠올렸다. 이 여인은 바로 명나라 선덕제(宣德帝)의 후궁이자 성화제(成化帝)의 유모였던 조선 출신 궁인(宮人) 한계란(韓桂蘭)이다. 자신보다 먼저 명나라 남경에 들어와 영락제(永樂帝)의 후궁이 됐다가 비운의 죽음을 맞은 언니 여비(麗妃)의 얼굴이 일순간 스쳐 지나갔다. 언니는 헤어질 때 그녀의 두 손을 꼭 쥐었다. 눈물을 글썽였던 헤어짐이 영원한 이별이 되었다. 한계란이 열다섯 되던 해에 언니 여비가 순장을 당했고, 그로부터 5년 뒤에 한계란도 공녀의 신분이 되어 언니처럼 명나라의 황궁으로 들어왔다. 한계란은 언니를 생각하며 긴 한숨을 내쉬었다.

"마마, 해가 저물어 날씨가 춥습니다."

생각에 잠겨 있던 여인은 현실 세계로 돌아왔다. 얼굴을 돌리니 우수에 가득찬 조선 출신 태감(太監) 정동(鄭同)이 물끄러미 자신을 바라보고 있었다. 그녀와 같은 해에 북경으로 들어왔던 내시였다. 지금은 고위직 환관인 태감이 되어 중책을 수행하고 있었다. 황제의 총애를 받아 사신 자격으로 여러 차례 조선에 다녀왔던 그가 아닌가. 엄중한 자금성 안에서도 사적으로 만나면 누이동생 하는 사이였다.

한계란은 궁궐 살림에 있어 없어서는 안 될 소중한 존재였다. 황후와 비빈들이 황실의 의례나 황실의 내규 적용에 곤란을 겪을 때 발걸음을 옮기는 곳이 그녀의 처소였다. 궁에서는 황제의 결혼인 대혼(大婚)이나 황후나 비빈의 책봉, 왕자나 공주의 혼인, 황태후나 황제의 탄생일을 축하하는 하례식 등 다양한 의식이 펼쳐진다. 이때마다 신분에 따라 착용하는 복장과 머리에 꽂는 금은 장식물, 허리에 차는 띠도 달랐다. 게다가 왕조를 거치면서 그 제도도 개정되어 복잡다단했다. 한 치의 착오도 생겨서는 안 되는 의례를 준비하는 궁녀들에게는 실로 난감한 일이었다. 잘못하면 질책은 물론 처벌도 받았다. 이때 자문 역할을 하는 이가 한계란이었다.

그녀의 기억력은 발군이었다. 행여 황후나 후궁들이 해결하기 어려운 문제에 부닥쳐 그녀에게 물으면 망설임 없이 "내 기억으로 선덕제의 규정은 이렇고, 정통제의 규정은 저렇다"라고 응대했다. 궁녀들의 바느질 솜씨가 서툴면 몸소 나섰다. 그녀의 바느질 올은 한 치의 흐트러짐이 없었다. 손길은 빠르면서도 촘촘했다. 황후를 비롯해 주위 여인들이 탄성을 질렀다.

성격은 온화하고 부드러웠으며 마음도 깨끗했다. 천성이 착하여 말을 함부로 내뱉지 않았다. 궁중의 법도에 밝은 그녀는 행동을 삼갔다. 후궁이나 궁녀들이 귀찮게 굴어도 도리어 상대를 공경하는 마음으로 살갑게 대했다. 후궁들은 이런 한계란을 '여사(女師)', '노로(老老)'라 칭하며 존경했다.

# 1부

# 금지된 공간

명나라와 청나라의 황궁이었던 자금성(紫禁城)은 명나라 3대 황제인 영락제가 완공하였으며, 천제가 사는 자궁(紫宮)과 같은 금지(禁地)구역이란 의미다. 고대 건축물 가운데 세계 최대이며, 서양인들은 금성(禁城)의 의미만을 살려 흔히 '포비든 시티(The Forbidden City)'라 부른다.

# 세계의 중심 자금성

석양의 노을을 반사하며 빛나는 황금색 유리 기와로 덮인 건물들. 자금성(紫禁城)이다. 지붕과 처마가 층층이 겹쳐 있다.

자금성은 태조 주원장(朱元璋), 즉 홍무제(洪武帝)와 마황후(馬皇后) 사이에서 태어난 넷째 아들 주체(朱棣, 영락제)가 완성했다. 영락제는 원나라 순제(順帝) 비(妃)의 소생이라는 설, 혹은 순제의 고려 출신 비의 소생이라는 설, 고려 출신 공비(碩妃)의 아들이라는 설 등 출생과 관련된 이야기가 분분하다. 야사에는 영락제가 태어나자 마황후가 자신의 아들로 양육하고 공비에게 죽음을 내렸다는 이야기도 있다. 물론『명사(明史)』나『명실록(明實錄)』에는 공비에 대한 기록은 전혀 남아 있지 않다.

영락제의 부친 주원장은 원나라 말 빈농의 아들로 군사를 일으켜 유력 군웅들을 타도하고 정권을 손에 넣었다. 그는 1368년 남경을 수도로 정하고 즉위하여 31년간 재위했다. 이후 손자 건문제(建文帝)가 황위에 올랐다. 그런 건문제를 몰아내고 황제가 된 인물이 영락제로, 주원장의 아들이자 건문제의 삼촌이다.

명나라의 위대한 황제, 영락제의 이름은 체(棣)이다. 황제나 위대한 인

홍무제(주원장) 빈농의 아들로 태어나 원나라를 무너뜨리고 명나라를 건국했다.

물들의 탄생 기록을 보면 일반 백성과의 차이를 강조하기 위해 다양한 기담이 덧붙여져 있다. 영락제가 탄생할 때도 예외는 아니었다. 오색 빛이 방안에 가득했고 그 빛이 궁중 문에 비추는데 며칠이 지나도 사라지지 않았다고 한다. 홍무 3년(1370) 연왕(燕王)에 봉해졌고, 10년 뒤 북평(北平)에 주둔했다. 마황후가 낳은 아들 다섯 중에서 군사적 재능이 가장 탁월한 이가 연왕이었다. 그의 위엄과 명성은 몽골족에까지 전해져 그들은 국경 가까이 접근하려고 하지 않았다. 홍무제는 연왕의 승전보를 전해들을 때마다 관료들에게 호언했다.

"짐에게는 이제 몽골에 대한 근심이 없어졌도다."

이는 홍무제의 연왕에 대한 기대와 의지가 어느 정도였는가를 보여준다. 홍무제는 일찍이 큰아들을 황태자로 세웠으나, 홍무 25년(1392) 38세의 나이로 급사했다. 이때 홍무제는 65세였다. 황태자의 죽음은 정국을 파란으로 몰아넣을 수 있는 중차대한 문제였다. 새로운 후계자를 서둘러 선택해야만 했다. 늙은 노인의 눈에 눈물이 그치지 않았다. 비탄에 잠긴 홍무제는 머리를 떨구었다. 측근들을 불러놓고 후계자 문제를 논의했는데 황제 자신이 강력하게 추천한 이는 연왕이었다. 연왕은 현명하고 인자하며 덕이 있는 데다 여러 아들 중에서도 자신을 꼭 빼닮았다고 여겼다. 자신을 도와 명나라를 창업하는 데 큰 공적을 세운 연왕 아닌가. 대신들에게 그를 황태자로 삼고 싶다는 속내를 은연중에 드러냈다. 황제가 마음을 다지지 못하고 주저주저할 때 한림학사(翰林學士) 유삼오(劉三吾)가 아뢰었다.

"황손(皇孫)이 계시는 이상 우리 명나라 앞길에 무슨 불안이 있겠습니까. 즉시 황손을 세우시면 어떠한 걱정도 없으실 겁니다."

명분과 종계질서 측면에서는 죽은 큰아들이 낳은 황손 주윤문(朱允炆, 후의 건문제)을 당연히 황태자로 임명해야 했다. 그 사실을 유삼오가 파고든 것이다. 그는 연왕을 황태자로 삼으면 다른 형제들이 반발할 것이라며 황손을 황태자로 세우라고 강력히 주장했다. 홍무제는 고심 끝에 그의 건의를 받아들여 황손을 황위 계승자로 선포했다.

황손 주윤문, 그가 바로 제2대 황제 건문제로 당시 16세의 약관이었다. 건문제와 삼촌 연왕 사이에 미묘한 긴장이 흘렀다. 일찍이 황손은 할아버지 홍무제와 이런 대화를 나눈 적이 있다.

황손 몽골족이 침입해오면 삼촌인 제왕(諸王)들이 그들을 평정할 수 있지만, 삼촌들이 불온한 움직임을 보이면 어떻게 제어하면 좋겠습니까?

황손은 북방의 몽골족보다 삼촌들이 자신을 포위하는 상황을 더 두려워했다. 제왕(諸王) 중에서도 연왕이 가장 두렵고 위협적인 존재였다. 연왕은 전투를 통해 다져진 막강한 군사력을 소유하고 있었다. 그리고 그 우려는 머지않은 시점에서 현실로 드러났다.

황손의 지위를 불안해하던 홍무제가 71세의 나이로 세상을 떴을 당시 건문제는 22세였고, 삼촌 연왕은 39세였다. 연왕의 자태에서는 원숙미가 물씬 풍겨 나왔다. 건문제는 마음속에 두려움을 간직한 채 새로운 시대를 열어보기로 작정했다. 정치 경험이 일천한 황제를 보좌한 측근은 태상시경(太常寺卿) 황자징(黃子澄), 병부상서 제태(齊泰), 한림시강학사(翰林侍講學士) 방효유(方孝孺)였다. 이들은 황제의 지위를 군건히 하기 위해 제왕(諸王)의 세력을 축소시키는 방책을 채택했다. 그리고 건문제가 즉위한 지 겨우 2개월 뒤 실제로 그 정책을 감행했다. 최초의 희생자는 홍무제의 다섯째 아들 주왕(周王) 숙(橚)이었다. 숙은 품행과 소행에서 세간의 평이 나빠 제거하기 쉬웠다. 연왕의 수족 하나를 제거한 것이다. 이런 식으로 1년 사이에 5명의 왕들이 신분을 박탈당했다.

최후의 타깃은 연왕이었다. 비수가 최후에는 자신을 향할 것이라고 예견한 연왕은 선수를 쳤다. 연왕과 조카인 건문제 사이에 벌어진 이 전쟁을 정난(靖難)의 변(變), 혹은 정난의 역(役)이라 한다. 건문 4년(1402) 6월에 남경성이 함락되고 건문제가 불타는 궁전 속으로 몸을 던져 죽을 때까지 4년간이나 지속되었다.

전쟁에서 승리한 연왕은 다음 달인 7월에 남경 봉천전(奉天殿)에서 즉위식을 거행했다. 성조(成祖) 영락제의 세상이 시작되었다. 당시 여론은 조카를 죽인 영락제에게 불리하게 작용했다. 찬탈자라는 오명을 벗고 싶어서였을까? 구신들이 득실대는 남경에서 탈피하고 싶어서였을까? 아니면 자신의 거점이 심정적으로 편안함을 주었던 것일까? 황제는 수도를 옮기기로 결정했다. 영락 4년(1406) 4월 북경의 노인 30여 명이 2년간 세

영락제(주체) 주원장의 넷째 아들이며, 조카 건문제를 몰아내고 명나라의 3대 황제가 되었다. 중국 역사상 가장 위대한 황제 중 한 사람으로 꼽힌다.

량(稅糧)을 면제받은 조치에 감사를 표시하기 위해 남경을 방문했다. 이로부터 수개월 후인 윤7월에 문무 군신이 황제가 북경을 순행하기 위해서는 북경에 새로운 궁전을 건립해야 한다는 의견을 제시했다. 천도 계획이 착착 실행에 옮겨졌다.

궁전을 짓기 위한 목재는 사천(四川)·호광(湖廣)·강서(江西)·절강(浙江)·산서(山西) 등지에서 조달했다. 사천의 진귀한 남목(楠木), 즉 녹나무가 장강을 거쳐 대운하로 북경 신목창(神木廠)에 도착했다. 건물 조영에 필수품인 청석(靑石)·청백석(靑白石)은 북경 교외에서 운반되었다. 벽돌과 기와 공장은 북경까지 용이하게 운반하기 위해 하남(河南)·산동(山東)·직예(直隸) 지방 등 대운하 연안에 설치되었다.

궁궐 건립에 필요한 자재의 조달이 시작되자 건축 책임을 맡은 부서인 공부(工部)는 전국 각지에서 장인(匠人)들을 동원했다. 군사들이 장인으로 선발되기도 했다. 흥미로운 사실은 교지(交趾, 지금의 베트남) 출신 장인 130여 명이 처자와 함께 북경에 도착했다는 점이다. 이들의 건축 기술이 정교하고 대단히 뛰어났기 때문이다.

이윽고 영락 15년(1417) 봉천전과 건청궁(乾淸宮)의 공사가 개시되었다. 공사가 최종 단계에 들어선 영락 17년(1419)과 이듬해에 걸쳐 궁전 기둥과 서까래의 도장(塗裝)에 사용될 염색 안료(顔料)를 각지에 부과했다. 진하고 산뜻한 남빛 물감은 매우 비싼 가격으로 거래되었다. 이윽고 3년 반만인 영락 18년(1420) 말에 궁전 공사가 완료되었다. 당시의 상황을 『명태종실록』에서는 다음과 같이 전한다.

> 마침내 북경을 건립했다. 묘사(廟祠)·교사(郊社)의 단장, 궁전문의 제도는 모두 남경과 똑같이 했다. 토지의 넓고 광대함, 건물의 장려함은 남경을 능가했다. 재차 황성 동남쪽에 황태손 궁을 건설하고, 동안문(東安門) 밖 동남쪽에 십왕(十王)의 저택을 지었는데 방이 8,350칸에 달했다.

완공된 북경성은 남경성보다 장대하고 화려했다. 성벽은 높이가 10m, 둘레가 3.4km에 달했다. 남북 960m, 동서 750m의 장방형으로, 면적은 72만m²(약 22만 평)였다. 황제가 거주하는 황성 주위로 황태손과 10명의 왕

오문　자금성의 정문으로 높이 40m의 거대한 건축물이다.

들을 위한 저택이 들어섰다. 태양 빛을 반사시키는 붉은 담장과 푸른 기와·황색 유리기와는 황제의 위엄을 배가시켰다. 궁전이 완성되자 기쁨에 들뜬 황제는 다음해 새로이 신축한 궁전에서 대신들로부터 조하(朝賀), 즉 축하인사를 받는다고 천하에 조서를 반포했다. 예부(禮部)는 조선 사절단에게도 조서의 사본을 건넸다. 그때까지 남경에 머물고 있던 황태자와 황태손에게도 12월 말까지 북경에 도착하도록 일렀다.

조하의식을 치르기에 앞서 황제 자신은 태묘(太廟)에 가서 선조들의 신주(神主)를, 황태자는 천단(天壇)과 지단(地壇)의 신주를, 황태손은 사직단(社稷壇)의 신주를, 대신 목성(沐晟)은 산천의 신주를 봉안했다. 이윽고 영락 19년(1421) 정월 초하루, 봉천전에서 조하의식이 성대하게 치러졌다. 황제는 조하를 받고는 문무 군신과 여러 외국 사절들에게 연회를 베풀었다.

이 성대한 의식에는 조선 사신들의 모습도 보였다. 조하의식이 있기 한 해 전 조선은 세종의 모친인 민왕비(閔王妃)가 사망한 사실을 명나라 조정에 알리기 위해 도총제 조비형(曺備衡)을 고부사(告訃使)로 임명하여 북경에 들여보냈다. 연이어 조비형은 다음해 신정을 축하하기 위해 재차 북경으로 들어갔다. 세종은 조비형에게 털로 만든 갓과 의복·신발을 하사하고, 환관을 교외까지 보내 전송케 했다. 이때 상왕 태종은 흑의(黑衣)와 오서대(烏犀帶) 차림으로 황제에게 바치는 문서인 표문(票文)에 절했다.

황제의 조하의식에서 백관들은 조복을, 내관들은 흑의를 입고 푸른 일산을 썼다. 이때의 조하의식에 참여했다 귀국한 통사 전의(全義)는 당시의 사정을 세종에게 다음과 같이 전했다.

"영락제는 '안휘성(安徽省)은 부친인 홍무제가 처음 몸을 일으킨 땅이며 북경은 지세가 웅장하고 산천이 견고하다'며 두 개의 수도를 건설했습니다. 교사와 종묘도 건설하고 궁궐도 지었습니다. 영락 19년 정월 초하루 황제는 봉천전에 나아가 백관의 조회를 받고 조서를 천하에 포고했습니다. 예부에서 (그) 조서를 베껴 주었습니다."

영락제는 부친이 기의한 땅인 안휘성 봉양(鳳陽)에 중도(中都)를, 북경에 수도를 건립했다. 그리고는 새로이 건립한 북경 봉천전에서 화려하고 성대한 조하의식을 행했다. 당시 태감 정화(鄭和)의 제4차 남해대원정(南海大遠征) 선단이 귀환할 때 동행한 호르무즈·아덴 등 16개국의 사신들도 조공을 바치러 북경에 들어와 있었다. 이들도 조하의식에 참여해 영락제의 공적을 치하했을 것이다.

15세기 무렵의 북경 궁성도

북경이 남경을 대신해 정식으로 수도가 된 기쁨을 채 만끽하기도 전에 불행이 찾아왔다. 조하의식을 치른 지 얼마 지나지 않은 4월에 뜻하지 않게 궁궐에 화재가 발생하여 황제가 중대한 전례를 행하거나 백관의 조하를 받는 곳인 봉천전·화개전(華蓋殿)·근신전(謹身殿)의 삼전(三殿)이 전소되었다. 이듬해에는 내정의 정전(正殿)으로 황제의 침실이 있는 궁이자 황제가 일상 업무를 보는 공간인 건청궁(乾淸宮)이 불탔다. 황제는 낙담했다.

이후 오랫동안 궁전의 재건축은 이루어지지 않았다. 정통제(正統帝)가 즉위하면서 삼전과 건청궁·곤녕궁(坤寧宮) 등의 수리가 개시되었다. 그 중심 역할을 담당한 이는 안남(安南), 즉 베트남 출신의 태감 완안(阮安)이었다. 정통 4년(1439)에 건청궁의 복구공사가, 다음해에는 삼전과 곤녕궁의 재건공사가 시작되었다. 공사에 동원된 인원은 공장과 군사를 포함해 7만 명에 달했다. 마침내 정통 6년(1441) 9월에 신하를 천지·태묘·사직·산천에 보내 삼전·이궁(二宮)의 완성을 고했다. 두 달 뒤인 11월에는 궁전 완성을 축하하는 연회가 성대히 개최되었다.

이후 자금성은 화재 등으로 몇 번의 개수와 증축이 행해졌지만, 청(淸)나라가 멸망할 때까지 정치의 중심지로서 그 역할을 충실히 해냈다.

# 황후와 비빈의
# 비밀 화원

화려하고 장대한 자금성에는 외국 사절은 물론 국내의 초고위급 신하들도 감히 발을 들여놓지 못하는 은밀한 공간이 존재한다. 바로 '비밀의 화원'인데, 이곳은 황제와 일부 환관, 그리고 여인들만이 출입할 수 있다. 황제를 모시는 여인들의 이 비밀 공간은 높은 담벼락과 두꺼운 철문으로 굳게 닫혀 있다. 여인들의 삶과 애환이 물씬 담겨 있을 세계지만, 그녀들의 세계를 엿보기란 과거나 현재나 만만치 않다. 명나라 황후와 후궁들의 생활은 아직도 많은 부분이 신비에 쌓여 있다.

자금성은 크게 황제가 전례를 집행하는 공간과, 황제와 황후가 거주하는 공간으로 구분된다. 우선 자금성의 오문을 들어서면 봉천전·화개전·근신전에 다다른다. 이 삼전은 자금성 내에서도 가장 중요한 전각으로, 황제가 집무하거나 거주하는 공간이다. 봉천문에서 황제는 관료의 상주문을 수리하거나 조서를 반포했다. 황제가 조정이나 국가의 식전(式典)을 행하는 장소이기도 했다. 황제의 즉위, 탄생 축하, 결혼식, 황후의 책립 등 축하의식도 벌어졌다. 봉천전·화개전은 황제가 정식으로 활동을 준비하는 곳이며, 근신전은 황제가 대신들을 불러 연회를 개최하는 장소다.

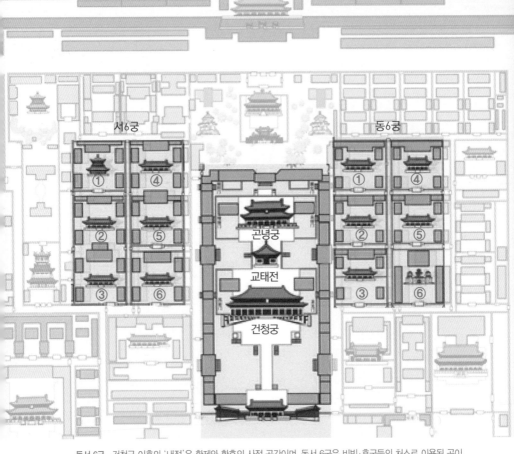

서6궁

동6궁

① ④

곤녕궁

② ⑤

교태전

③ ⑥

건청궁

① ④

② ⑤

③ ⑥

동서 6궁  건청궁 이후의 '내정'은 황제와 황후의 사적 공간이며, 동서 6궁은 비빈·후궁들의 처소로 이용된 곳이다. 한계란도 이 궁궐들을 중심으로 생활했다.

## 서6궁의 궁궐 명칭

| | 현재 | 영락 18년 | | 현재 | 영락 18년 |
|---|---|---|---|---|---|
| ① | 함복궁<br>(咸福宮) | 수안궁<br>(壽安宮) | ④ | 저수궁<br>(儲秀宮) | 수창궁<br>(壽昌宮) |
| ② | 장춘궁<br>(長春宮) | 장춘궁<br>(長春宮) | ⑤ | 익곤궁<br>(翊坤宮) | 만안궁<br>(萬安宮) |
| ③ | 계상궁<br>(啓祥宮)<br>태극전<br>(太極殿) | 미앙궁<br>(未央宮) | ⑥ | 영수궁<br>(永壽宮) | 장락궁<br>(長樂宮) |

## 동6궁의 궁궐 명칭

| | 현재 | 영락 18년 | | 현재 | 영락 18년 |
|---|---|---|---|---|---|
| ① | 종수궁<br>(鐘粹宮) | 함양궁<br>(咸陽宮) | ④ | 경양궁<br>(景陽宮) | 장양궁<br>(長陽宮) |
| ② | 승건궁<br>(承乾宮) | 영녕궁<br>(永寧宮) | ⑤ | 영화궁<br>(永和宮) | 영안궁<br>(永安宮) |
| ③ | 경인궁<br>(景仁宮) | 장녕궁<br>(長寧宮) | ⑥ | 연희궁<br>(延禧宮) | 장수궁<br>(長壽宮) |

자금성의 북쪽은 황제가 일상의 정무를 처리하거나, 황후나 후비가 생활하는 공간으로, 이른바 '내정(內廷)'이다. 내정은 근신전 북쪽의 건청문(乾淸門)을 경계로 궁문 안쪽으로 삼궁(三宮), 즉 건청궁(乾淸宮)·교태전(交泰殿)·곤녕궁(坤寧宮)과 후원으로 조성되었다. 통상 후궁(后宮)이라 불린다. 내정의 건물도 황후나 비빈의 등급에 의해 배치되어 있다. 그 상하 관계가 건축물에 그대로 나타나 있다. 건청궁은 황제의 주거 공간이기도 하며 제사를 지내는 곳이다. 황후나 비빈이 황제의 부름을 받고 은총을 입는 곳이기도 하다. 경우에 따라서는 백관을 인견하기도 했다. 그 건물 뒤로 오락 장소인 교태전, 황후가 거처하는 곤녕궁이 자리 잡았다.

이들 건축물 좌우로 등급이 조금 낮은 비빈들의 거주 건물인 동육궁(東六宮)과 서육궁(西六宮)이 들어서 있다. 중국은 고대부터 천자는 황후를 세우고 육궁(六宮)을 건립했다. 부인(夫人) 3명, 빈(嬪) 9명, 세부(世婦) 27명, 어처(御妻) 81명을 두었다. 이처럼 많은 여인을 둔 것은 후사를 많이 얻기 위해서였다. 후비들은 황후를 정점으로 하는 엄격한 위계질서 안에서 살았다. 영락제 때 소용(昭容)·소의(昭儀)·첩여(婕妤)·미인(美人)이라는 호칭이 생겨났다. 『명사』「후비전」에 의하면, '비(妃)의 위호(位號)는 현(賢)·숙(淑)·장(莊)·경(敬)·혜(惠)·순(順)·강(康)·녕(寧)이다'라고 하지만, 실상은 그 이상으로 수많은 비가 존재했다.

영락제가 궁궐을 축조할 당시 동6궁으로 함양궁(咸陽宮)·영녕궁(永寧宮)·장녕궁(長寧宮)·장양궁(長陽宮)·영안궁(永安宮)·장수궁(長壽宮)을, 서6궁으로 수안궁(咸安宮)·장춘궁(長春宮)·미앙궁(未央宮)·수창궁(壽昌宮)·만안궁(萬安宮)·장락궁(長樂宮)을 배치하였다.

영녕궁과 만안궁은 곤녕궁에서 가장 가까운 거리에 위치한 궁실이었다. 만안궁에 거주하는 자를 서궁낭랑(西宮娘娘), 영녕궁에 거주하는 자를 동궁낭랑(東宮娘娘)이라고 칭했다. 황제의 총애를 받는 비나 비교적 존귀한 비가 거주하는 궁실이었다.

한계란은 시녀를 데리고 만안궁을 둘러보았다. 정문은 남향이었다. 문을 들어서면 작은 규모의 담장이 시야를 가렸다. 앞뒤로 두 채의 건물이, 양측으로 2개씩의 배전(配殿)이 건립되어 있는 구조였다. 건물 앞에 동으로 만든 항아리가 놓여 있는데, 화재가 나면 퍼서 사용할 물을 담아 두는 용도의 항아리였다. 돌계단 위의 건물은 노란 유리 기와로 덮였다. 면적은 5간(間, 21m)으로 처마 모퉁이에 5개의 어처구니를 설치해 놓았다. 벽 내외로는 봉황 등을 그려 넣었다.

황후나 후궁이 거주하는 곳은 곤녕궁이나 동서 6궁만이 아니었다. 그 궁실 밖으로도 후궁들이 거주했다. 상궁들이 거처하는 육상국(六尙局) 바깥 동쪽으로 홰란궁(喊鸞宮)·개봉궁(喈鳳宮)이, 서쪽으로 자녕궁(慈寧宮)·함안궁(咸安宮)이 들어서 있었다.

황후나 후궁들의 거처가 일정불변한 것은 아니었다. 그녀들이 승진하거나 강등될 경우에는 그 직분에 따라 궁실을 옮겼다. 예컨대 선덕제의 폐황후인 호씨(胡氏)는 곤녕궁을 떠나 장안궁으로 물러났다. 또 성화제의 폐황후 왕씨는 안락당에 가까운 곳에서 거주했다.

이들 궁실 외에도 동쪽에 인수궁(仁壽宮)을, 서쪽에 청녕궁(淸寧宮)을 건립해 태후를 모셨다. 홍치제 때 서쪽에 건립된 청녕궁이 불타자 성화제의 생모인 주태후(周太后)를 인수궁으로 옮겨 모셨다. 후에 자세하게 서술하겠지만, 주태후가 만귀비(萬貴妃)로부터 어린 홍치제의 흔적을 감추며 양육하고 보호하던 장소가 인수궁이었다. 청녕궁에는 홍희제의 황후였던 장태후(張太后)가 거처하고 있었다. 선덕제의 폐황후였던 호씨가 황후 자리에서 쫓겨나고 장안궁에 머물러 있자 장태후는 그녀의 현명함을 안

익곤궁(만안궁)의 골목   서6궁 중의 하나로, 동6궁의 영녕궁과 더불어 황제의 총애를 받는 비가 거주하던 곳이다.

타까이 여기고는 자신의 궁으로 불러들여 함께 살았다.

　곤녕궁 뒤로 황자들의 거주 공간인 동서 10소(所)가 들어서 있다. 또 자금성과 각처 이궁(離宮)의 별원(別苑)에는 화원이 조성되어 황실 사람들이 유람하고 관상하며 즐겼다. 곤녕문으로 들어가면 화원이 나온다. 어화원(御花園) 혹은 궁후원(宮后苑)이라 한다. 궁내 최대의 궁정 화원이다. 동서 120m, 남북 90m 정도의 크기이다. 명나라 초에 조성했지만, 건축물의 대부분은 가정(嘉靖)·만력(萬曆) 연간에 건립되었다. 동서 대칭 양식으로 건물을 지었고 도교의 신을 모셔둔 건물도 들어섰다. 강남 무석(無錫)에서 운반해 온 붉은 색 감도는 태호석(太湖石)으로 정자를 멋들어지게 꾸몄다. 돌 가운데 여기저기 구멍이 나 있고 분홍색을 띤 돌은 정원에서 돋보였다. 중양절에는 화원의 정자에 올랐다. 연못에 돌다리를 걸쳐 놓았다. 그 주위로 사계절 푸른 나무와 꽃들을 심어 화려한 경관을 연출하고 있었는데, 바람에 실려 온 향기로운 꽃내음과 풀내음이 여인들의 코를 찔렀다.

어화원

어화원 외에 자녕궁·자경궁에도 화원이 있었다. 황성 내 황사성(皇史成) 동쪽에 회룡관(回龍觀)이 있었다. 매년 봄이 깊어지면 해당화가 만개해 황제가 관상하기도 했다. 궁궐 서쪽에도 서원(西苑)이 있어 후궁들이 자주 찾았다. 꽃 피고 나비들이 쌍쌍이 나는 계절이 되면 황후는 비빈들과 화원을 돌아다녔다. 여인들이 꽃이요 나비였다.

화원에는 각양각색의 꽃을 심었다. 정월이면 매화, 2월이면 앵두나무꽃, 3월이면 복사꽃, 4월에는 모란, 5월에는 석류화, 6월이면 연꽃, 7월이면 자스민, 8월이면 계수나무 해당화·옥잠화, 9월이면 국화, 10월이면 부용, 11월이면 수선화, 12월이면 노란매화가 다투어 피어나 여인들의 외로움을 달래주었다.

밤이 찾아오면 후궁들이 거처하는 문 앞에 홍등 두 개를 걸었다. 황제가 탄 수레가 한 궁에 머물면 환관이 등을 떼어냈다. 그게 신호가 되어 궁을 순찰하는 환관들이 각 궁에 전달하여 등을 떼어내게 했다. 황제가 어느 후궁의 처소에 들렀는지를 비밀에 부치게 한 조치였다. 궁녀가 은총을 받으면 내정의 대우도 달라졌다. 이전과는 달리 그녀를 후대해야 했다. 황제는 측근 환관을 불러 새로운 복식을 내리라고 명했다. 만약 임신해 아들이라도 출산하면 그녀의 인생은 급변한다.

궁궐에 거주하는 여인들은 황제 외에 그 누구도 범접해서는 안 되는 존재들이었다. 『전고기문(典故紀聞)』에 "궁비 이하는 병이 나도 의사를 궁중으로 불러들일 수 없고, 그 증상에 맞춰 약을 들여보낼 뿐이다"라는 기록이 보인다. 이렇게 의사들은 직접 황후나 비빈의 몸에 손을 대고 진맥할 수 없었다. 이뿐만 아니라 후비가 궁중 밖으로 나가는 일이나 편지를 쓰는 일 등 외부와의 접촉을 엄격히 금지시켰다.

궁인(宮人)으로 연로하거나 축출된 자는 태감 조직인 8국(局)의 하나로

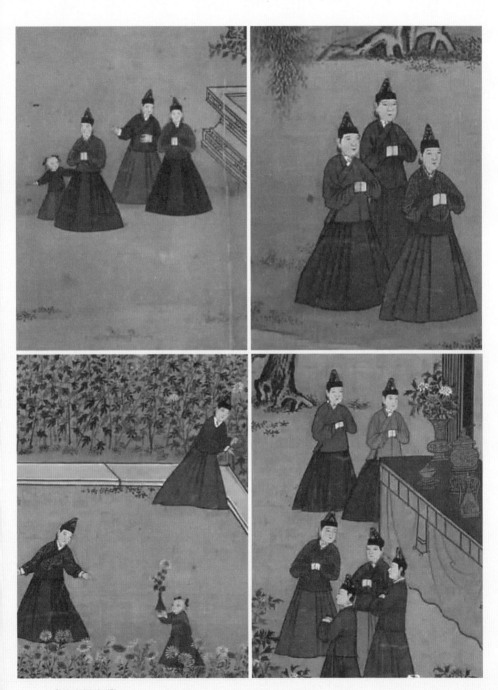

황실 여인들의 생활

비밀의 화원에서 생활하는 여인들

황성 밖에 설치한 완의국(浣衣局)으로 보내 생을 마감케 했다. 궁인이 죽으면 반드시 황제의 지(旨)를 청한다. 궁궐을 나갈 때는 신원증명서인 동부(銅符)를 서로 맞추어보아야 비로소 내보내진다. 궁정의 정보를 누설하지 못하게 하겠다는 원칙이 한 번 궁궐에 들어가면 두 번 다시 나오지 못한다는 형태로 굳어졌다.

작위와 명호(名號)나 관질(官秩) 없는 궁인이 병이 들면 황성 북안문(北安門) 내의 안락당(安樂堂)으로 옮겼다. 내관과 지위가 낮은 환관인 소화자(小火者)가 관리하고 있었다. 이곳에서 치료를 받아 완치되면 방을 관리하는 자에게 후하게 사례하고 직책에 복귀했다. 불행히도 죽으면 장례를 담당하는 내관에게 동부(銅符)를 보이고 북안문을 통해 내보내졌다. 내관감이 관목을, 석신사(惜薪司)가 땔나무를 지급했다. 안락당에서 시신을 운반하

는 일을 맡은 이는 토공(土工)이었다. 그는 북안문 밖의 시신을 안치하는 방인 정시방(停屍房)으로 시신을 운구했다. 붉은 관으로 바꾸어 예를 갖춘 후 정락당(靜樂堂)으로 보내 탑에서 화장했다. 정락당은 도성 서쪽 부성문(埠城門) 밖 5리 쯤에 있다. 벽돌로 만든 두 개의 우물이 있고, 덮개는 탑 형식으로 만들어졌다. 우물 앞에 돌을 엮어 굴을 만들었고, 사방으로 바람이 통하게 하였다.

화장을 원치 않는 자는 매장했다. 황후나 은총을 입은 비빈들은 황천에서도 황제와의 끈을 이어갔지만 친족이 없는 경우나 직위가 미천한 궁인들은 화장으로 쓸쓸한 삶을 마감해야 했다. 죽어서야 비로소 혼이나마 비밀의 공간에서 벗어날 수 있었다.

## 황후와
## 후궁들

　명나라를 건국한 홍무제는 역대 왕조의 여화(女禍)를 거울삼아 기강을
세워 부녀자들의 언행을 엄히 통제했다. 그 결과 명대에는 외척의 발호가
크게 발생한 적이 없었다. 황제는 '천하를 다스리는 자는 집을 바로잡는
일을 우선해야 하며, 집안을 바르게 하는 도리는 부부 사이를 삼가는 데
서부터 시작된다'고 굳게 믿었다. 황후는 천하 백성들의 국모이기는 하
지만 정사에는 일절 간여해서는 안 되었다. 비빈 등의 후궁은 황제를 시중
드는 존재로 그쳐야지 황은이 지나치면 교만하고 방자해져 분수를 넘어
상하 질서를 어지럽힌다고 보았다. 역대 정사가 내정에서 나오면 화를 불
러일으켰으니, 총애를 얻은 후비가 사람들을 현혹시키는 것이 짐독(鴆毒,
짐이라는 새의 맹독)보다 심하다고 경계했다.

　홍무제는 홍패(紅牌)를 제작해 후비를 경계하는 말을 새겨 궁중에 걸었
다. 후비 이하 시중드는 궁녀에 이르기까지 크고 작은 의식 비용, 금·은·
동전·비단·그릇 등 온갖 물품은 상궁국(尚宮局)의 여관(女官)이 황제에게 아
뢰어 청하라고 일렀다. 상궁국은 황후를 인도하고 문서의 출납을 맡은 여
관 부서였다. 상궁이 요구사항을 내관감(內官監)에게 전달하면, 태감이 황

제에게 상주해 허락을 얻고, 그런 뒤에야 비로소 해당 부서에 가서 필요한 물품을 수령했다. 이러한 절차를 거치지 않으면 사죄(死罪)로 논해 처벌했다.

홍무제는 황후 1명, 비 17명, 미인 1명 외에 비로 책봉하지 않은 여인 5명을 두었다. 비빈도 구별이 있었다. 비에는 황귀비(皇貴妃)·귀비·비·빈·귀인·재인·소용·소의·첩여·미인·선시·숙녀 등을 두었다. 비빈 중에 귀비의 지위가 가장 높았다. 황후는 1인, 귀비는 1인에서 수(數) 인까지, 그 밖에는 수 인에서 수십 인을 둘 수 있었다.

홍무제의 황후는 바로 그 유명한 마황후(馬皇后)다. 주원장이 병사를 일으켰을 때 모셨던 주군 곽자흥(郭子興)의 양녀였다. 그녀가 병석에 눕자 군신들이 부처나 신에게 제사를 지내고 뛰어난 의사를 불러들일 것을 간청했다. 그러자 황후는 황제에게 조용히 당부하였다.

"죽고 사는 것은 운명입니다. 부처나 신에게 기도한다고 무슨 도움이 되겠습니까? 게다가 의사가 어찌 사람을 살릴 수 있겠습니까? 약을 먹어도 듣지 않습니다. 신첩이 죽어도 의사에게 죄를 묻지 마십시오."

자신의 병을 고칠 수 없음을 직감한 마황후는 혹시 자신을 치료하지 못했다고 해서 성질 급한 황제가 의사를 죽일 것을 더 우려했다. 마황후의 병은 급속히 악화되었다. 황제는 온화한 표정으로 황후에게 말을 건넸다.

홍무제 하고 싶은 말은 없소?

마황후 끝을 조심하기를 처음과 같이 하면 자손은 현명하고 신민(臣民)은 즐거움을

마황후　명나라를 건국한 홍무제의 황후였다. 홍무제와 마황후는 국가의 기틀을 바로잡기 위해서는 환관이나 비빈들이 득세해서는 안 된다고 믿고 이를 실행했다.

얻을 수 있다는 것뿐입니다.

황후는 황제에게 초지일관하라고 조언했다. 황후는 51세의 나이로 운명을 달리하자 황제는 통곡했다. 황제의 여인으로 마황후만 있었던 것은 아니다. 18세의 꽃다운 나이에 시집 왔다 자식 없이 32세의 나이로 죽은 손귀비(孫貴妃), 부친이 지휘(指揮)였던 이숙비(李淑妃), 주원장이 부귀 상(像)임을 간파한 부친을 둔 덕에 후궁이 된 곽영비(郭寧妃)가 있었다. 하지만 마황후가 죽자 황제는 두 번 다시 황후를 세우지 않았다.

황제와 극히 제한된 환관을 제외하고 출입이 불가능한 공간인 내정은 여인들의 세계였다. 갇힌 새장 속의 여인들에게 가장 중요한 일의 하나는 황제의 후계자를 생산하는 것이었다. 그것이 주씨(朱氏)의 명나라 왕조를 영원토록 유지하기 위해 그녀들에게 주어진 책무였다. 홍무제는 26명의 황자(皇子)와 10명의 황녀(皇女)를 두었다. 그는 비빈을 세우는 이유를 다음과 같이 언급했다.

"내조의 힘을 입어 후사를 많이 두려고 하는 것이다. 옛 제도를 살펴보니 황후 이하는 각자 맡은 임무에 따라 등급의 차례가 있다. 부녀의 덕목은 정숙하고 아들이 있어야 한다. 그런 연후에 직위를 얻는다."

명나라 황후의 복식을 묘사한 그림(장릉)　예복(禮服)·상복(常服)·편복(便服, 일상복장)

　　단도직입적으로 말해 비빈은 행동이 정숙하고 아들을 많이 낳아야한다는 것이다. 나아가 홍무제는 황태자비를 맞이하기 위한 조건도 열거했다.

　　"옛날 천하에 군림하는 자는 반드시 후사를 중시하여, 모두 공적이나 덕이 있는 집의 정숙하고 어진 여자를 선택하여 아내로 맞아들였다."

　　황태자비의 첫째 조건은 집안이 좋은 데다 정숙하고 어진 성품을 지닌 여성이었다. 아들인 진왕(秦王)의 비를 선발할 때도 '명망이 높은 가문의 현명한 여인을 비로 삼는다'는 원칙을 준수했다. 황족의 결혼 조건 가운데 기본이 '명가(名家)', '신분이나 지위가 있는 좋은 집안인 양가(良家)'였던 것이다. 홍무제가 정치에 관련된 훈계를 모아 황제에 등극하는 자손들에게 보이기 위해 칙찬(勅撰)한 『조훈록(祖訓錄)』에도 그 조건이 명시되어 있다.

"천자 및 친왕(親王)의 황비·궁인 등은 반드시 양가 자녀 중에서 선발하여 혼인해야 할 것이다. 대신이 보내는 여인을 취해서는 안 된다. 간사한 계략이 있을까 우려되기 때문이다. 창기(娼妓)와 친숙해서도 안 된다."

『조훈록』에서는 조정 대신이 보내는 여성을 취해서는 안 된다고 못 박았다. 간사한 계략이 숨어 있을까 염려되기 때문이었다. 외척이 정치에 개입할 수 있는 여지를 사전에 차단하려는 의도였다. 역대 왕조의 흥망을 살핀 홍무제는 황후·후비는 물론 환관과 외척이 정치에 개입해 왕조를 멸망의 길로 이끄는 폐해를 익히 알고 있었다.

시간이 흐르면서 홍무제의 결혼관은 약간 변화를 보였다. 황손과 제왕(諸王)의 손자, 군왕(郡王)으로 장성한 자 중에서도 미혼인 자손들을 위해 하남(河南)·하북(河北)·산동(山東)·산서(山西)·섬서(陝西) 지역에서 관직에 있는 자, 군민의 집, 원나라 때 관직에 있던 자를 혼인 대상으로 확대했다. 공훈을 세운 귀족으로 제한하지 않고 지방 관민이나 원나라 때 관료를 지낸 집안으로 폭을 넓혔다. 연령은 14세 이상 17세 이하로, 용모와 자태가 뛰어나고 건강하며 예의범절이 있는 여성을 북경으로 보내 선발하라는 지침을 내렸다. 연령·용모·건강·도덕 등이 선발 기준이었다.

영락제도 후비를 공·후(公·侯)의 집이 아닌 민간에서 널리 찾았다. 남경의 관원이나 군호·민호에서 15세 이상 20세 이하의 여성 중 용모와 행동거지가 단정하며, 덕성과 품위가 있고 정숙한 자를 선발했다. 후에 황손 및 제왕(諸王)의 후손으로 미혼인 자는 부모가 모두 생존해 있고, 가법(家法)이 엄한 11세에서 17세 사이의 여성을 간택해 혼인시켰다.

명나라 말 황제의 혼인과 관련된 구체적인 기록도 남아 있다. 즉, 13세에서 16세까지의 천하의 정숙한 여인 5,000명을 북경에 모아 몇 개의 팀

후비 · 시녀의 복장

으로 분리해 심사를 철저히 행했다. 환관은 체격이 큰지 작은지, 몸은 뚱 뚱한지 말랐는지, 목소리는 맑은지 탁한지, 행동거지는 우아한지 조급한 지를 엄격히 살펴 4,000명 전후를 탈락시켰다. 다음 단계는 나이 든 궁녀 들의 밀실 심사였다. 여인들의 살결을 쓰다듬고, 겨드랑이의 냄새를 맡았 다. 젖가슴을 면밀히 살펴 300명을 가려냈다. 이들은 궁궐 내에서 1개월 간 생활했다. 그 사이에 태감·궁녀들이 그녀들의 성품·지식·품행·언어를 면밀히 관찰했다. 강한 성품인지, 지혜를 갖추고 있는지, 현명한지 등을 종합적으로 판단해 우수한 여인 50명을 가려냈다. 치열한 심사를 통과한 여인들에게 황태후는 푸르고 엷은 명주 손수건과 금옥의 팔찌를 꺼내 그 녀들의 팔에 걸치고 끼웠다. 탈락한 여인들에게는 후보가 된 연월일을 기 입한 문서를 소매에 넣게 하고 은화를 주어 고향으로 돌려보냈다. 이러한 여인도 일약 유명해져 귀향하면 부유하거나 권력 있는 자들이 서로 결혼 하려고 나섰다. 간택된 50여 명에게 최후의 관문은 황태후의 면접이었다. 황태후 앞으로 한 명 한 명 불려나가 면담이 이루어졌다. 황태후는 시·글 씨·수학·그림 등 여러 기예를 시험해 3명을 선발하고 1명은 후(后), 2명은 비(妃)로 점지하였다.

그렇다면 홍무제가 애초 제시한 혼인조건 즉, 한족(漢族), 명가나 양가 자제라는 원칙은 필요충분조건이었을까? 홍무제의 비인 옹비(翁妃)는 몽 골 출신으로, 부친은 무관인 정4품의 천호(千戶)였다. 홍무제의 둘째아들 진민왕(秦愍王)은 고원(故元)의 태부 코케테무르[擴郭帖木兒]의 딸 왕씨(王氏) 를 정비(正妃)로 삼았다. 홍무 28년(1395) 민왕이 죽자 비는 순장해 왕과 함 께 합장되었다.

홍무제의 또 다른 비인 등씨(鄧氏)는 공신의 딸이었다. 과거에서 장원 으로 합격한 양양(襄陽) 임형태(任亨泰)의 처는 몽골인으로, 명나라 황제의 성인 주씨(朱氏)를 하사받았다. 임형태의 모친은 오고론씨(烏古論氏)로 색목인(色目人), 즉 이슬람 출신이었다. 이처럼 한족만이 아니라 몽골·이슬람 등 이민족 출신도 제왕의 비로 선발되었음을 알 수 있다.

홍무제는 일찍이 조선의 처녀를 요구한 적도 있었다. 조선왕조가 성립되기 5년 전의 일이다. 당시 요동(遼東)의 개원(開原) 일대에 근거지를 두고 있던 나하추[納哈出]는 명나라에 항복했다. 이로써 명나라와 고려는 국경을 직접 마주하게 되었다. 이런 상황에서 고려의 왕이 시해되고, 고려에 왔던 명나라 사신이 귀국길에 살해당하는 사건이 연이어 일어났다. 이런 일련의 사건들을 황제에게 고하기 위해 고려 조정은 표문(票文)을 올렸는데, 이 표문이 예의에 어긋난다며 홍무제는 수령을 거부하고 고려와의 단교까지 선언했다. 일촉즉발의 위기 앞에서 고려의 정몽주는 황제를 알현하려고 요동으로 들어갔으나 입국을 거절당했다. 이때 홍무제가 고려의 처녀·환관을 요구한다는 소문이 들렸다. 홍무제는 고려에 양녀(良女)를 요구한다고 했다.

"고려에 근본이 좋은 집의 처녀가 있을 것이니, 데려다가 혼인시키리라."

이처럼 고려 양가의 처녀를 요구한 목적은 혼인에 있었다. 반년이 지나지 않은 시점에서 홍무제는 어떤 이유에서인지 처녀를 보내라는 지시를 거둬들였다. 그런데 『명사』 등에는 홍무제가 조선 여인을 맞아 딸을 둔 기록이 보인다. 남경에, 모친이 고려 출신인 함산대장공주(含山大長公主)가 있었다는 것이다. 홍무제의 열네 번째 딸로, 모친은 고려비 한씨(韓氏)였다. 공주는 홍무 13년(1380)에 출생해 14세가 되던 해에 함산공주에 봉해졌다. 부마도위(駙馬都尉) 윤청(尹淸)에게 시집갔다. 영락제 때 장공주(長公主)에, 곧이어 대장공주(大長公主)에 봉해졌다. 장공주는 황제의 자매, 대장공주는 황제의 고모에 해당하는 작위였다. 정통제는 대장공주에게 서신을 보냈다. 장수를 축하하기 위해 특별히 태감 남충(藍忠)을 보내 진주·비취로 장식한 구작박빈관(九翟博鬢冠) 1개, 백금 300냥, 비단 등을 선물했다. 구작박빈관은 황후 다음 가는 친왕(親王)의 비가 쓰는 관이었다. 영락제 때 폐지한 이후 친왕들이 요구해도 하사하지 않던 관이었다. 영락제가 조선 태종의 왕비에게 주취칠작관(珠翠七翟冠)을 하사한 것과 비교하면 얼마나 특별한 대우였는지 짐작할 수 있다. 대장공주는 천순 6년(1462) 82세의 나이로 죽었다. 홍무제의 아들 26명, 딸 16명 중에서 가장 오래 살았다. 황제는 조회를 하루 동안 열지 않았고, 환관을 보내 제사를 지내게 했다.

이처럼 홍무제는 황후나 후궁으로 한족 여인만을 고집한 것이 아니었다. 조선 여인도 그 대상이었다.

## 영락제의
## 여인들

원나라 쿠빌라이의 재현을 꿈꾸었던 영락제. 영락제는 중국 역사상 유
례없는 다섯 번에 걸친 몽골 친정과 재임 중 태감 정화(鄭和)의 여섯 번에
걸친 남해대원정을 통해 동아프리카 서안까지 명나라 국위를 선양시켰
다. 그 결과 수많은 나라가 명나라에 조공했다. 정화가 원정에서 북경으
로 가지고 온 진귀한 기린 등은 황제와 관료들의 이목을 끌기에 충분했
다. 수도를 남경에서 북경으로 천도한 이 위대한 황제의 황후와 비빈은
과연 어떤 여인들이었을까?

영락제는 황후 1인과 비 19명을 두었다. 그 중 조선인이 6명이다. 조선
왕조실록에는 이들 외에도 정비(正妃), 황비(皇妃)의 이름이 보인다. 그렇다
면 8명이 된다. 비의 숫자로만 보면 마치 자금성의 후원을 조선 여인들이
활보하고 있는 것처럼 상상된다.

황후는 서씨(徐氏)로 개국공신인 중산왕(中山王) 서달(徐達)의 장녀이다.
서달은 홍무제와 동향으로 명조 창업의 1등 공신이다. 황후는 어려서 정
숙하고 조용한 성격의 소유자로 독서를 즐겼다. 홍무제는 그녀가 현명
하고 정숙하다는 것을 알고는 서달을 궁중으로 불러들였다.

홍무제 그대와 나는 가난했을 때부터 사귄 친구 사이네. 옛날 군신의 사이가 좋으면 대개 혼인을 하지. 그대에게는 여식이 있으니 짐의 아들 체(棣, 즉 영락제)와 짝을 지어주었으면 하네.

서달은 황공해 땅에 무릎을 꿇고 절하며 사례했다. 그의 딸은 곧바로 연왕(燕王)의 비로 책봉되었다. 마황후는 연왕의 비를 몹시 아꼈다. 마황후가 죽자 그녀는 3년상을 치르면서 절대 고기를 입에 대지 않고 채식만 했다.

남편 연왕이 조카 건문제를 타도하려고 대녕(大寧)을 공격하자, 건문제의 장수인 이경륭(李景隆)이 그 틈을 노려 연왕의 근거지인 북평을 포위한 일이 있었다. 당시 세자[후의 인종]가 북평을 수비하고 있었는데, 성 안의 병사 수가 얼마 되지 않았다. 이에 세자는 방비책을 모친과 상의했다. 왕비는 장교와 사민(士民)의 처들을 독려해 무장한 차림으로 성에 오르게 했다. 마침내 적이 물러났다. 기지로 성을 지켜냈던 것이다.

정난의 변에서 승리한 연왕이 황제위에 오르자 비는 황후로 책봉되었다. 서황후는 고위 관료들의 부인들을 불러들여 관복(冠服)과 돈을 하사하며 이렇게 신신당부했다.

서황후 아내가 남편을 받드는데 어찌 음식을 바치고 의복을 장만하는 일뿐이겠는가? 반드시 내조할 일이 있을 것이다. 친구의 말은 같기도 하고 엇갈리기도 한다. 부부의 말은 은근하고 순하여 귀에 쏙 들어온다. 나는 아침저녁으로 황제를 모시는데, 오직 백성만을 생각하니, 그대들도 힘쓰라.

백성이 우선이라는 서황후의 절절한 호소가 부인들의 마음을 훈훈하

| 구분 | | 성씨 | 출신 |
|---|---|---|---|
| 황후 | | 서씨 | |
| 비 | 귀비 | 장씨·왕씨 | 한인 |
| | 현비 | 권씨·유씨·왕씨 | 권씨 : 조선 |
| | 여비 | 한씨·진씨 | 한씨 : 조선 |
| | 혜비 | 용씨·오씨·최씨 | |
| | 순비 | 임씨·왕씨·곽씨·장씨 | 임씨 : 조선 |
| | 소용 | 왕씨 | 한인 |
| | 소의 | 이씨 | 조선 |
| | 첩여 | 여씨 | 조선 |
| | 미인 | 최씨·왕씨 | 최씨 : 조선 |

게 만들었다. 황제의 전면에 나서지 않고 뒤에서 은근히 내조하던 서황후는 옛사람들의 좋은 말과 선행을 모아 천하에 반포했다. 그녀는 '덕성·수신·신중한 말·삼가는 행동·부지런히 힘씀·경계'를 부녀의 도리라고 강조했다. 황제에게 백성을 사랑하고 애석하게 여기는 마음을 가지며, 널리 현명한 인재를 구하라고 조언했던 서황후는 안타깝게도 병이 들어 46세에 생을 마감했다. 황제는 그녀의 능묘인 수릉(壽陵)을 창평(昌平)의 천수산(天壽山)에 조영했다. 후에 영락제의 능묘인 장릉(長陵)이 완공되자 합장했다. 영락제도 부친 홍무제가 모친 마황후를 추모했던 것처럼 서황후를 그리워해 두 번 다시 황후를 세우지 않았다.

서황후의 여동생으로 묘금(妙錦)이라는 여인이 있었다. 황후가 죽었을 때 그녀의 나이는 28세였다. 여러 왕들의 혼인 요구를 물리치고 홀로 지내고 있었다. 영락제가 그녀의 현명함을 듣고 아내로 맞아들여 황후로 삼고 싶었으나 응하지 않았다. 환관과 여관(女官)이 황제의 뜻을 전했으나

장릉의 영락제 상

이불을 끌어안고는 신음 소리를 내었다. 자신의 얼굴을 보이며 내 얼굴에 꽃이 피어 있다고 말했다. 여관이 뚫어지게 쳐다보았으나 그러한 흔적이 없었다. 여관은 "당신의 용모는 맑고 깨끗하기가 옥같이 아름답습니다" 라고 하자, 흔적을 손으로 가리키며 얼굴이 고르지 못하다고 했다. 여관 이 돌아가자 머리를 깎고 비구니가 되었다. 영락제도 어쩔 수 없이 그녀 를 황후로 삼는 일을 포기했다.

귀비로 왕씨(王氏)가 있다. 강소성 소주(蘇州) 출신이다. 현명하고 덕이 있는 여인으로 서황후를 공손하고 근실하게 떠받들어 영락제가 소중하

**서황후** 영락제에게 백성을 사랑하라고 조언하는 등 황후로서의 덕성을 갖춘 여인이었다.

게 여겼다. 영락제가 나이가 들어 갑자기 성을 내는 일이 많아지자, 황제
를 감쌌다. 이런 성품을 지닌 왕귀비에게 태자·제왕·공주 등이 마음을 주
고 기대었으나 병들어 죽었다. 왕귀비가 세상을 뜨자 의지할 곳이 없게
된 황제는 더욱 고독감에 빠졌다.

　여비(麗妃) 진씨(陳氏)는 안휘성 수주(壽州) 출신으로 부친은 무관이다.
영락제가 몽골 친정을 단행할 때 부친이 군공을 세웠다. 군대가 귀환하자

그녀의 딸을 비로 책봉했다.

유현비(喩賢妃)는 언제 궁궐에 들어가고, 책봉되었지 불확실하다. 다만 영락 19년(1421)에 그녀가 죽자 황제는 조회를 하루 열지 않고 제사를 지냈으며, 시호를 소순(昭順)이라 했다. 2개월 뒤에 충경소순(忠敬昭順)이라고 시호를 더했다.

이 외에 조선 출신으로 임현비(任賢妃)·권현비(權賢妃)·최미인(崔美人)·한여비(韓麗妃)·이소의(李昭儀)·여첩여(呂婕妤)·정비(鄭妃)·황비(黃妃)가 있다. 이 여인들에 대해서는 뒤에서 자세하게 다루기로 한다.

# 자금성의 미로를
# 은밀히 넘나든 환관들

후궁과 애환을 나누고 고락을 함께 한 환관들이 황제 곁에서 시중을 들고 있다. 조선 출신 환관 정동(鄭同)만 하더라도 사람들로부터 손가락질 받는 미천한 화자(火者, 즉 고자) 출신에서 일약 황제의 말을 관리하는 어마감(御馬監) 태감이 되리라고는 상상하지도 못하였다. 고국을 출발할 때 주머니에 한줌의 흙을 담고 떠날 때는 막막함과 두려움으로 가득한 이국땅이었다. 말은 통하지 않아 늘 중국 출신 환관들의 입만 바라보고 눈치 있게 행동해야 했다. 으리으리한 황금색 건물은 왠지 모르게 어깨를 움츠리게 했고, 심부름을 하다 보면 미로처럼 사방으로 퍼진 길과 비슷한 건물이 심장을 고동치게 했다. 불안한 감정을 숨기는 발걸음에 그나마 다행스런 일은 고국을 떠날 때 동행했던 조선 출신 환관들이 스쳐 지나며 눈을 껌뻑이며 아는 체를 하는 것이었다.

명나라 주원장이 양자강 동쪽 지방, 현재의 강소(江蘇)와 절강(浙江) 지역을 평정한 후 1368년 황제위에 오르자, 곧이어 환관 통제책을 선포하였다.

**홍무제** 환관이 정사와 법률·군사에 간섭하는 것을 금하노라. 내가 역사서에 기록된
    것을 보니 한나라·당나라가 정치·도덕·풍속 따위가 쇠퇴하여 어지러운 세상
    이 된 것은 모두 환관에 의해 좀먹었기 때문이다. 일찍이 내가 한탄하지 않
    은 적이 없었다. 『주역』에 '국가를 새로이 열고 이를 이어갈 때 소인을 등용
    하지 않는다'고 했다. 환관은 단지 궁중에서 청소하고 심부름에만 사용할 뿐
    이다. 어찌 정사에 참여시키겠는가? 한나라·당나라의 화가 비록 환관의 죄
    이기는 하지만, 또한 군주가 그를 총애하여 비롯된 것이기도 하다. 지난번
    환관을 정사에 참여하지 못하게 했으니, 비록 그들이 정사를 어지럽히고 싶
    어도 가능하지 않을 것이다.

홍무제는 『주례(周禮)』에 환관은 100명을 넘지 않는다고 되어 있음에
도, 후대에 이를 준수하지 않아 그 숫자가 수천 명에 달해 환란을 불러일
으켰다고 인식하였다. 황제는 이전 왕조의 흥망성쇠를 귀감삼아 환관을
100명으로 제한하였다. 그 역할도 단지 청소하고 심부름하는 일로만 국
한시켰다.

홍무제 말년에 환관 조직은 12감(監)과 4사(四司)·8국(八局)으로 확대되
었다. 그렇지만 황제는 변함없이 환관이 문무관의 직함을 겸직하는 것을
금지하고, 관복(冠服)도 엄격히 통제하였다. 나아가 관품은 4품을 넘지 못
하게 하고, 이들에게 매월 쌀 1석을 지급하여 궁전 안에서 입고 먹게 하
였다.

홍무제의 환관 통제가 어느 정도 엄격했는지를 보여주는 한 사례가
있다. 황제를 오랫동안 모신 한 환관이 황제와 여유롭게 대화를 나누다
그만 국정에 관한 일을 발설하게 되었다. 대노한 황제는 그날로 환관에게
귀향 조치를 취하면서 종신토록 다른 사람과 말을 나누지 못하도록 명하

였다. 황제가 그를 단칼에 내치면서 자신에 대한 경계(警戒)는 물론, 환관들을 각성시키는 의도를 드러냈던 것이다.

> 홍무제 환관은 오랫동안 황제 곁에 있으면서 작은 충성과 믿음으로 군주의 마음을
> 사로잡을 수 있다. 시중을 오랫동안 들다보면 황제의 위엄을 빌어 권세를 훔
> 치게 되고, 마침내는 그 세력을 억제하지 못하게 되는 지경에 이른다. 나는
> 법을 만들어 환관이 정사에 간여하지 못하게 하겠다.

홍무제의 환관에 대한 조치는 단호했다. "환관은 정사에 간여할 수 없으며, 간여한 자는 참형(斬刑)에 처하라"는 엄명(嚴命)을 철판에 새겨 궁문에 걸어놓았다. 서슬 시퍼런 감시의 눈초리는 환관이 외정(外廷)에 간여하는 것을 금지시켰다. 조정 관료들에게 환관과는 일절 서신조차 왕래하지 말라는 추상같은 명령이 하달되었다.

일찍이 홍무제의 숙위(宿衛)를 담당하던 두안도(杜安道)를 등용하여 어용감(御用監)으로 옮겼다. 원래 그는 황제의 이발을 담당하던 자로 홍무제를 수십 년간 곁에서 모셨다. 황제가 장막 안에서 국사를 계획하고 논의하는 일을 듣고 알았지만 성품이 세심하고 신중하여 일절 누설하지 않았다. 여러 대신들을 만났을 때는 면전에서 한번 읍만 할 뿐, 입도 뻥긋하지 않고 조용히 물러갔다. 황제는 그런 성품을 지닌 그를 대단히 소중히 여겼다. 세월이 흐르자 황제의 총애하는 마음도 엷어졌고, 마침내는 제사·연회 등을 담당하는 광록시경(光祿寺卿)으로 자리를 옮겼다.

홍무제는 환관들이 책을 읽고, 문자를 익히는 것을 일절 허락하지 않았다. 엄격하게 환관을 통제한 홍무제 시대를 왕세정(王世貞)은 『엄산당별집(弇山堂別集)』에서 다음과 같이 평하였다.

**명나라의 고위 관료와 환관들** 홍무제(주원장)는 엄격한 환관 통제책을 시행했으나 그의 사후 환관들은 최고 권력자로 거듭났다.

명나라가 일어날 적에 고황제(高皇帝, 즉 홍무제)께서 영명한 결단을 내리셨다. 그 때문에 황제가 붕어하신 이후에도 환관들의 행동에는 일말의 흐트러짐도 없었다. 비록 환관의 제도가 갖추어져 있었으나 환관 기구인 감(監)·국(局)은 조정 대신의 통제 하에 놓여 있었다. 외정의 정치에 간여하지 않았으며 외신(外臣)의 관복도 착용하지 않았다. 이것이 궁내가 30년간 조용한 이유였다.

홍무제의 엄한 환관 통제책은 영락제가 즉위하면서 일변하여, 환관이 자금성의 최고 권력자로 거듭났다.

送朝天客歸國詩章

# 2부

# 언니 한씨

## 영락제의 후궁이 되다

명나라 3대 황제가 된 영락제는 생모가 조선 출신 여인이었다
는 설이 있다. 그 때문인지 유독 조선 여인들을 탐했다. 이 책
의 주인공 가운데 한 사람인 언니 한씨는 조선 태종 때 남경에
있던 영락제의 후궁(여비)이 되었다. 하지만 얼마 지나지 않아
황제가 죽으면서 그녀 역시 순장을 당하는 운명을 맞는다.

명나라 황실의 조선 처녀 진헌 요구는 3대 황제인 영락제가 즉위하면서 본격화되었다. 영락제의 명을 받들고 처녀를 구하기 위해 조선에 들락거렸던 인물은 태감 황엄(黃儼)이었다. 그에 대해서는 영락제의 진영에 있던 환관이었다는 설과 조선 출신이라는 설이 있다. 그의 첫 조선 방문이 이루어진 시기는 태종 3년(1403)이었다. 황엄은 조선 출신 환관 주윤단(朱允端)·한첩목아(韓帖木兒) 등과 함께 태종을 왕으로 책봉하는 고명(誥命)·인장(印章)과 칙서(勅書)를 가지고 한양으로 들어왔다. 태종은 태평관에서 잔치를 베풀었으나, 황엄의 행동거지는 무례하기 짝이 없었다. 태종은 불쾌한 나머지 잔치를 일찍 파했다.

황엄은 금강산 형상이 마치 불상과 유사하다며 유람에 나섰다. 궁시를 갖춘 병사가 호위했다. 그는 내금강 만폭동에 있는 표훈사(表訓寺)를 관람한 뒤 비단 30필을 승려들의 공양 비용으로 냈다. 돌아오는 길에 양주 회암사(檜巖寺)에서도 은 50냥을 시주했다. 흥천사(興天寺)에서는 석탑의 사리를 빼내가는 악행을 저지르기도 했다.

태종은 곧바로 우정승 성석린(成石璘)을 남경에 파견해 고명과 인장을 하사해준 데에 대해 황제에게 사례했다. 아울러 건문제로부터 받았던 고명과 인장은 반납했다. 남경에서 귀국한 성석린은 '황제가 조선 여성과 결혼할 뜻이 있다'는 말을 들었다고 태종에게 아뢰었다. 황엄도 이러한 말을 내비친 적이 있자 불안에 휩싸인 태종은 급히 둘째 딸 경정공주(慶貞公主)를 호군 조대림(趙大臨)과 혼인시킨다.

〈 태감 황엄의 조선 파견과 그 목적 〉

| 회차 | 왕조 | 방문 년월 | 귀국 년월 | 방문 목적 | 비고 |
|---|---|---|---|---|---|
| 1 | 태종 | 3년 4월 | 3년 5월 | 고명(誥命)·인장(印章)과 칙서(勅書) 하사 | |
| 2 | | 3년 10월 | 3년 윤11월 | 면복(冕服)과 태상왕의 표리(表裏)·중궁의 관복·원자(元子)의 서책 | |
| 3 | | 6년 4월 | 6년 7월 | 탐라 동불상 및 도망자 송환 요구 | |
| 4 | | 7년 5월 | 7년 6월 | 사리 요청 | |
| 5 | | 8년 4월 | 8년 11월 | 태조에게 은과 비단 하사, 처녀 선발 | 5명 |
| 6 | | 9년 5월 3일 | 9년 5월 25일 | 처녀 선발 | 2명 |
| 7 | | 9년 10월 | 9년 11월 | 처녀 선발 및 공마 | 말 1만필 |
| 8 | | 11년 8월 | 11년 9월 | 종이 요구 | |
| 9 | | 17년 6월 | 17년 8월 | 처녀 한씨 동행 | 40명 |
| 10 | 세종 | 1년 1월 | 1년 2월 | 화자 요구 종이 2만 장 | |
| 11 | | 1년 8월 | 1년 9월 | 태종의 선양 윤허 | |

태종은 여러 차례에 걸쳐 황엄에게 선물 공세를 펼쳤고, 그는 만족한 표정을 지으며 자신의 능력을 떠벌렸다.

"다른 사람은 황제 앞에 주달(奏達)하지 못하지만, 저는 그렇지 않습니다. 전하의 정성을 하나하나 남김없이 상주하겠습니다."

황엄은 자신이 황제의 총애를 받는 몸이라며 득의양양했다. 조정 대신들은 그를 통해 황제의 딸과 세자 이제(李禔), 즉 양녕대군을 혼인시키자고 건의했다. 태종은 양녕대군의 혼인 문제를 황엄에게 전했다.

　　황엄 얼마나 다행입니까. 얼마나 다행입니까.

　　황엄은 흡족해 했다. 태종 7년(1407) 황엄이 재차 조선에 들어왔으나 혼인에 대해서는 한마디 말도 내비치지 않았다. 태종은 후회하고, 세자를 전 총제 김한로(金漢老)의 딸과 정혼시켰다.

　　태종이 영락제의 후의에 보은하기 위해 세자를 파견해 황제를 알현케 하겠다는 뜻을 보이자, 황엄은 적극 찬동했다. 검교 한성부윤 공부(孔俯)는 통사 이현(李玄)에게 말을 건넸다.

　　"세자가 황제를 알현하려고 하는데, 만일 먼저 길례(吉禮)를 행하면 편치 않을 것 같소. 지금 황제의 딸로서 아직 출가하지 않은 자가 두셋이나 되니, 제실(帝室)과 혼인을 맺게 된다면, 비록 북쪽으로 건주(建州)의 핍박이 있고, 서쪽으로 왕구아(王狗兒)의 수자리가 있다 하더라도 무엇이 두렵겠소?"

　　명나라 황실과의 통혼을 통해 건주여진을 방비할 수 있고, 동북면 방면에서 침구해 오는 왕구아를 막는 데 도움이 될 수 있다고 판단한 공부와 이현은 황엄에게 세자가 아직 혼인하지 않았다는 정보를 흘렸다.

　　하륜 만일 대국의 원조를 얻는다면 동성이나 이성이 누가 감히 난을 일으키며, 난
　　　　신적자가 어떻게 생기겠습니까? 원나라 때 공주를 혼인시켜 100년 동안 내외

에 근심이 없었으니, 이것이 지난날의 경험입니다.

그러나 조정의 다른 대신들은 이 제안에 적극적으로 동조하지 않았다. 대신들 사이에서 세자를 명나라 황실과 혼인시키려는 논의가 진행되고 있다는 사실을 전해들은 태종은 격노했다.

"명나라 여인과 혼약을 맺는 것은 내가 바라는 바이다. 다만 염려되는 점은 부부가 서로 뜻이 맞는다는 것이 어렵다는 사실이다. 도리어 명나라 사신들이 끊이지 않고 조선에 왕래하여 우리 백성들을 소란스럽게 할 것이다. 옛적에 기씨(奇氏)가 원나라에 들어가 황후가 되었다가 그 일문이 남김없이 살육되었다. 내가 황엄에게 세자가 이미 장가들었다고 분명히 고했는데, 어찌 바꿀 수가 있겠는가?"

태종은 부부는 서로 마음이 맞아야 하는데 중국 여인과 혼인하면 언어나 문화가 맞지 않아 어려움이 뒤따를 것을 우려했다. 기황후가 고려에 끼친 폐해도 떠올렸다. 명나라가 황실의 여인을 매개로 내정간섭을 해올 것을 더욱 걱정했다. 태종은 대신들의 죄를 물었고, 공부와 이현은 옥에 갇혔다. 얼마 지나지 않아 화를 누그러뜨린 태종은 공부 등의 계책은 비록 그릇되었지만 그 정상이 나라를 위한 일이라며 방면했다.

이 해 8월 세자를 따라 남경에 들어가는 관원에게 쌀과 베를 차등 있게 지급했다. 행장(行裝)을 마련하는 비용이었다. 영락제는 세자가 험한 바다를 건널 수 없다며 육로로 요동(遼東)을 거쳐 북경으로 들어오라고 했다. 동시에 요동 지역의 군사를 통괄하고 있던 총병관(總兵官)에게 요동에서부터 세자를 호위해 남경에 도착하도록 지시했다.

이윽고 9월 양녕대군은 정조(正朝)를 하례하기 위해 남경으로 출발했다. 세자가 울면서 하직하니, 임금과 좌우의 신하들 모두가 눈물을 흘렸다. 세자가 남경에 도착해 황제를 알현할 때 금의위(錦衣衛) 지휘가 기병 1,000여 기를 이끌고 호위했다. 세자는 강동역(江東驛) 관사로 들어갔다. 예부상서 정사(鄭賜)와 황엄이 문밖에 도열해 있었다. 세자가 외국 사절단의 영빈관인 회동관(會同館)으로 옮겨 휴식을 취하자 예부상서 조공(趙羾)이 와서 위로의 인사를 전했다.

다음날, 황제가 서각문(西角門)에 좌정하자 세자가 예를 행했다.


영락제    세자의 나이가 몇 살인가?

양녕대군  열네 살입니다.

영락제    글을 읽느냐?

양녕대군  읽습니다.


황제는 온화한 얼굴로 세자를 대했다. 세자와 배신들에게 상을 내렸다. 황제는 황엄과 이부상서(吏部尙書) 건의(蹇義)로 하여금 저녁식사를 대접하게 했다.

영락제는 세자를 대면한 자리에서 직접 지은 시 한 수를 읊었다.


爾禔修貢萬里來    너 이제(李禔)가 만 리 길을 조공하러 왔으니,

年過十五堪成才    열다섯 살 지나면 인재가 될 만하다.

讀書學道勿自棄    글을 읽고 도를 배워 스스로 포기 말고,

勉旃毋使家聲隳    힘써서 왕가의 성예를 무너뜨리지 말라.

**사신 환송**  명나라 황실에 왔던 조선 사신을 배웅할 때의 모습을 그린 그림이다.

황제는 양녕대군에게 가문을 빛내라는 시를 지어주며 환대한 후 내전
으로 들어갔다. 이어 대신들이 세자에게 향응을 베풀었다. 이때 세자가
황태자와 한왕(漢王) 고후(高煦)에게 예의를 표하려고 하자 상대가 만류하
여 중지했다. 흥미 있는 사실은 양녕대군이 대면한 한왕 고후는 선덕제
때 반란을 일으켰다가 사형에 처해진 인물이라는 점이다. 한 명은 왕위를
포기하고, 또 다른 한 명은 황제위를 노리다 죽임을 당했다. 비켜가는 역

사의 한 장면이었다. 저녁은 황엄과 이부상서 건의가 응대했다. 이때 황엄과 건의는 동쪽에, 세자는 서쪽에서 두 번 배례했다.

다른 날, 호부상서 하원길(夏原吉)과 황엄·한첩목아, 상보시승(尙寶寺丞) 기원(奇原)이 양녕대군과 저녁식사를 함께했다. 이후 황엄 등은 매일 한 번씩, 육부 상서는 차례로 세자를 방문해 위로했다. 황제는 세자가 종일 회동관에서 무료할 것을 걱정하고는 조천궁(朝天宮)·영곡사(靈谷寺)·천희사(天禧寺)·천계사(天界寺)·능인사(能仁寺)를 구경하라고 일렀다.

남경에서의 일정이 끝나자 예부상서 정사와 황엄·한첩목아·기원이 세자를 강동역에서 전송했다. 영락제는 만 리 길을 건너 갈 세자를 호송하는 환관에게 단단히 일렀다.

"호송할 때 만일 세자가 조금이라도 마음을 불안하게 하면 너희를 용서하지 않을 것이다."

황제의 준엄한 지시를 받은 환관들은 잠시도 세자의 곁을 떠나지 않고 시중들었다. 세자는 정월 16일 남경을 출발하여 2월 17일 북경에 도착했다. 태종은 철성군(鐵城君) 이원(李原)을 요동으로 보내 세자를 맞이하게 했다. 마침내 4월 2일 무사히 한양으로 돌아왔다. 태종은 이국에 무사히 다녀온 세자의 달라진 모습에 더할 나위 없이 만족해 했다. 태종은 광연루(廣延樓)에 거둥하여 술자리를 베풀어 위로했다. 의정부도 백관을 거느리고 하례했다.

## 황제의 특명
## _ 조선 처녀를 선발하라

    조선 태종 8년(1408) 2월에 영락제는 중국 역사상 유례를 찾아볼 수 없는 제1차 몽골 친정을 감행했다. 과거 황제는 조카 건문제를 죽이고 남경성을 탈환할 당시 항복하지 않은 신료들을 대거 체포하고 처형했다. 당대 제일의 석학으로 명성을 떨친 방효유(方孝孺)를 회유하려고 했으나 실패로 돌아갔다. 도리어 그는 영락제에 대해 "연적(燕賊)이 황제위를 찬탈했다"며 끝까지 저항하다 몸을 찢어죽이는 책형(磔刑)을 당했다. 강남지역의 여론은 영락제에게 혹독했다. 대의명분에 취약한 영락제는 신료들과 백성들의 눈과 귀를 돌리려 했다. 몽골 친정이 그 시작이었다. 문제는 온후하고 총명한 서황후가 죽은 지 1년도 채 지나지 않은 시점이었다는 사실이다. 영락제 탄생에 여러 설이 제기되고 있어 명료하지는 않지만, 조선의 피가 흘러서였는지, 부친 홍무제가 고려 여인과 혼인해 딸을 낳은 일을 답습한 것인지, 그것도 아니면 강남지역 여인을 취하면 외척에 의해 정치가 휘둘림을 당할 것을 우려한 탓이었는지, 그는 조선 여인에게 유달리 많은 관심을 보였다. 익히 조선 여인의 아름다움을 보고 들어서 알았을 수도 있다. 정덕제(正德帝) 때, 이슬람 사람이 황제에게 "고려의 여인은 하얀 살결과 아름다움이 중국보다 뛰어납니다"라고 아뢰었을 정도로 조선 여인들이 피부도 곱고 미인이었던 점은 틀림이 없다.

출정 전에 황제는 먼저 조선 처녀에게로 눈을 돌렸다. 그 임무를 맡은 황엄은 한양에 도착하자 황제의 유시(諭示)를 전했다. 황엄의 다섯 번째 방문으로 태종 8년(1408) 4월의 일이었다. 이때의 방문 목적은 조선 처녀의 선발이었다.

영락제 국왕에게 아름다운 여자가 있거든 여러 명을 선발해서 데리고 오라고 전해라.

이미 알려졌다시피 원나라 말에 고려 여인들을 뽑아 궁인(宮人)으로 삼았다. 저 유명한 고려 여인 기씨(奇氏)는 원 순제(順帝)의 셋째 비가 된 후에 성(姓)을 숙량합(肅良哈)으로, 이름을 완자홀도(完者忽都)로 바꿨다. 그녀는 황태자 아유시리다라[愛猷識理答臘]를 낳았다. 기황후는 총부산랑(摠部散郎) 자오(子敖)의 딸이다. 그녀에 대해 홍무제의 후손 주유돈(朱有燉)은 「원궁사(元宮詞)」에 고려 출신 여인이 비로 책봉되어 원나라가 멸망에 이르게 된 싹을 틔웠다며 조롱하는 시를 실었다.

杏臉桃腮弱柳腰　　꽃 같은 얼굴에 버들가지 허리
那知福是禍根苗　　어이 알았으랴, 복이 외려 화가 될 줄.
高麗妃子初封册　　고려 여인 처음으로 황비로 책봉되니
六月陰寒大雪飄　　유월에도 음산하여 큰 눈 펄펄 날리었지.

가녀린 기황후를 책봉했는데 이게 원나라 멸망의 싹이 되었다고 질타

하는 시였다. 원나라는 매년 고려에 미녀를 바치라고 했다. 이러한 공녀(貢女) 제도가 명나라에서도 시행되었다. 여성의 수난사가 되풀이 되는 순간이었다.

영락제가 이렇게 조선의 처녀를 요구하자 태종은 즉각 진헌색(進獻色)이라는 기구를 설치해 나이 어린 여자를 모집하고, 나라 안팎의 혼사를 금했다. 의정부 찬성사 남재(南在) 등을 제조(提調)로 삼고, 경차관(敬差官)을 각 도(道)에 보내 처녀를 선발했다. 이때 공사(公私)의 천민과 노예는 제외하고, 13세 이상 25세 이하 양가의 처녀가 선발 대상이었다. 곧이어 노비가 없는 양반과 서인의 딸은 제외시키는 조치가 취해졌다.

다음 달인 5월, 영의정 하륜·좌정승 성석린(成石璘) 등이 광연루에 나아가 한양에서 선발한 처녀 73인을 간택했고, 태종은 정비(靜妃)와 함께 내전에서 친히 처녀들의 용모를 살폈다. 며칠 뒤 태종은 광연루 아래에서 친히 처녀를 선발했다. 6월에는 경상도에서 6인, 전라도에서 4인, 충청도에서 3인, 개성 유후사에서 12인, 경기좌·우도에서 4인, 풍해도(즉, 황해도)에서 1인의 처녀가 한양으로 보내졌다. 의정부는 이들 중에서 7인을 선발해 잔류시키고, 부모의 3년상을 당했거나 독녀(獨女)로 형제가 없는 자는 귀향시켰다.

7월에 들어서 황엄은 두 번째로 처녀를 선발했다. 그는 의정부와 함께 경복궁에서 한양과 지방의 처녀를 심사했다. 이때 각 도에서 선발해 한양에 올려보낸 처녀가 80여 인에 달했다. 황엄은 그 중에서 7인을 뽑았다. 황엄이 경복궁에서 처녀를 선발할 때 처녀들의 의상과 화장, 장신구는 명나라 식으로 꾸몄다.

"처녀들 중 그런대로 쓸 만한 여자는 서넛뿐이다."

황엄은 처녀 중에 아름다운 여인이 없다고 성을 내고는, 경상도 경차내관 박유(朴牖)를 잡아 결박하고 죄를 물었다.

"경상도가 나라의 반이라는 사실을 명나라에서 알고 있는데 어찌 아리따운 여인이 없겠는가? 네가 감히 사의를 품고 이런 여자들을 뽑아 올린 것이냐?"

황엄은 경상도가 넓은데 선발한 여인이 형편없다며 박유에게 곤장을 치려다 그만두었다. 그는 의자에 걸터앉아 정승을 앞에 세우고 욕을 보였다. 이 소식을 들은 황희는 태평관을 방문하여 황엄을 달랬다.

> 황희 이 여인들이 멀리 부모 곁을 떠날 것을 근심하여 먹어도 음식 맛을 알지 못해 날로 수척해진 탓이니, 이상할 것이 없소. 중국식 화장을 해놓고 용모를 살펴 보시오.

황희는 여인들이 수척해진 탓에 예쁘게 보이지 않을 뿐이라고 변명했다. 실제 처녀 중 평성군 조견(趙狷)의 딸은 중풍이 든 것 같이 입이 반듯하지 못했고, 이조참의 김천석(金天錫)의 딸은 머리를 흔들어댔으며, 전 군자감 이운로(李云老)의 딸은 다리가 병든 것같이 절룩거렸다. 처녀들의 상태를 본 황엄은 혀를 끌끌 찼다. 사헌부는 황엄의 눈치를 살피고는 조견 등이 딸을 잘못 가르친 죄를 들어 탄핵했다.

황엄은 처녀 선발이 뜻대로 이행되지 않자 초조해졌다. 자신의 부하들에게 각 도로 출발하는 순찰사를 탐문케 했다. 처녀 선발을 제대로 행하고 있는지 직접 알아본 것이다. 경차내관(敬差內官)들이 각 도에 나가 처녀

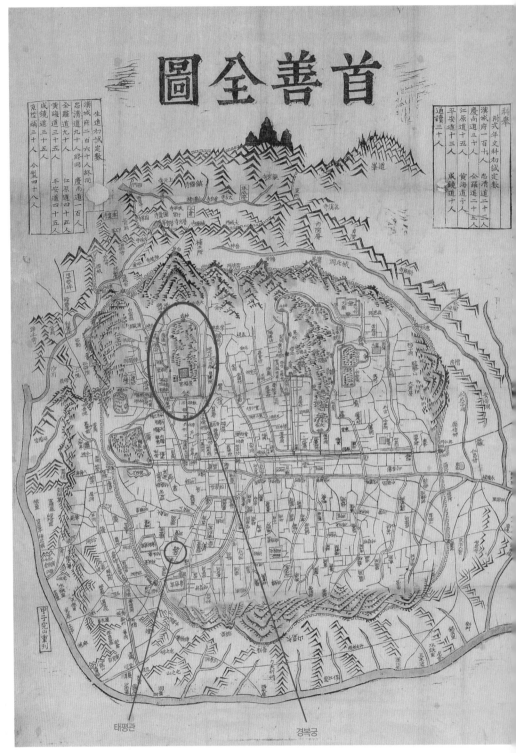

首善全圖

태평관    경복궁

태평관 위치   조선시대 명나라 사신이 묵던 국영 숙소이다. 조선 처녀를 선발하기 위해 찾아온 태감 황엄 등도 여기서 묵었다. 서울의 도로명 태평로가 여기서 유래되었다.

를 선발하자 중외의 인심이 흉흉해졌다. 몰래 혼인하는 자들이 대거 출현했다. 의정부는 혼인을 금지하는 명령을 위반한 사람과, 처녀를 은닉하는 자가 있으면 수령까지 처벌하는 방안을 내놓았다.

〈 각 도에 파견한 경차관과 경차내관 〉

| 지역 | 경차관 | 경차내관 |
|------|--------|----------|
| 경기좌도·강원도·동북면 | 서천군(西川君) 한상경(韓尙敬) | 김용기(金龍奇) |
| 경기우도·풍해도·서북면 | 전 도순문사(都巡問使) 여칭(呂稱) | 이원봉(李元鳳) |
| 충청도 | 지의정부사(知議政府事) 이내(李來) | 윤백안(尹伯顔) |
| 전라도 | 참찬의정부사(參贊議政府事) 이귀령(李貴齡) | 염유치(廉有恥) |
| 경상도 | 철성군(鐵城君) 이원(李原) | 박유(朴楢) |

의정부는 각 도에 문서를 발송해 수령과 품관(品官)·향리(鄕吏), 지방의 각 관아나 역에서 잡무에 종사하던 일수양반(日守兩班), 향교생도(鄕校生徒) 및 백성 중에 고운 용모를 지닌 여인을 선발해 정결하게 빗질하고 단장시키라고 지시했다. 만약 여자를 숨기거나, 침과 뜸을 뜨거나, 머리를 자르고 약을 붙이는 등의 꾀를 써서 선발을 피하려는 자는 처벌했다. 실제로 지평주사 권문의(權文毅)가 딸을 보내지 않자 순금사 옥에 가두는 일이 벌어졌다. 이에 앞서 당시 풍해도 순찰사 여칭(呂稱)이 한양으로 돌아와서 황엄에게 고했다.

"권문의의 딸의 자색이 권집중(權執中)의 딸만 못하지 않습니다."

이 말을 들은 황엄은 절색인 권씨를 하루속히 만나보고 싶었다. 그러나 권문의는 딸이 병이 났다고 둘러대고는 날짜를 오래 끌며 보내지 않았다. 의정부가 계속 독촉하자 권문의는 마지못해 딸에게 화장을 시켜 길을 떠나는 체했다. 그러고는 다시 시간을 끌었다. 이를 전해들은 황엄은 분노해서 소리쳤다.

"권문의와 같은 말단의 미관(微官)도 국왕이 제재하지 못하는데, 하물며 거가(巨家)·대실(大室)에 미인이 있다 한들 어찌 내놓으려 하겠는가?"

황엄이 대노한 사실을 전해들은 태종은 권문의와 풍해도 순찰사 여칭을 순금사에 가두었다. 권집중과 임첨년 등의 딸 31인은 한양에 머무르게 하고, 나머지는 돌려보냈다. 선발된 처녀의 수가 적자 황엄은 자신이 직접 지방에 가 처녀를 선발하겠다고 나섰다. 이 말을 전해들은 태종은 지방에 큰 소란이 벌어질 것을 근심했다.

"황엄이 직접 지방에 간다고 하더라도 모두 농가의 계집아이이니 미인을 어디서 얻을 수 있겠는가?"

이 말을 전해 들은 황엄은 귓가의 볼이 붉어졌다. 불만 가득한 표정으로 황엄은 이렇게 투덜거렸다.

"우리들이 짐짓 지방에 간다고 한 것은 국왕의 성의가 있는지 없는지를 떠보려는 것이지, 실제로 가고자 한 것은 아닙니다. 중국으로 돌아가겠습니다."

태종이 응석 부리는 아이를 달래듯 황희를 보내 공손한 말로 구슬리자 황엄의 노여움이 수그러들었다. 이후 9월 전후로 선발되어 한양으로

모인 처녀가 200여 인이었다. 이 중에서 50인을 뽑아서 머무르게 했다. 10월에 들어서자 황엄이 경복궁에서 처녀를 선발했다. 이때 서울과 지방의 처녀는 모두 300인에 달했다. 이번에는 그 중에서 44인을 뽑아 머무르게 하고 나머지는 고향으로 돌려보냈다.

태종은 경복궁에서 황엄 등과 함께 재차 처녀를 간택했다. 뽑힌 자가 모두 5인이었다. 미색은 권집중의 딸이 첫째였고, 임첨년·이문명·여귀진·최득비의 딸 순이었다. 이들에게 술과 과실을 내주는 한편 명나라 여인들이 착용하는 비단 옷을 입혔다. 임금이 환궁한 후 대언(代言)들에게 말했다.

"황엄이 선정한 미색의 순서가 틀렸다. 임씨는 관음보살상 같아서 교태가 없고, 여씨는 입술이 넓고 이마는 좁으니, 그게 무슨 인물이냐?"

〈 태종 8년에 선발된 여인들 〉

| 성씨 | 부친 | 부친의 관직 | 연령 | 생년월일 | 본관 | 거주지 |
|---|---|---|---|---|---|---|
| 권씨 | 권집중 (權執中) | 가선대부(嘉善大夫) 공조전서(工曹典書) | 18 | 신미(1391) 10월 26일 사시(巳時) | 경상도 안동부 | 한성부 |
| 임씨 | 임첨년 (任添年) | 통훈대부(通訓大夫) 인녕부좌사윤 (仁寧府左司尹) | 17 | 임신(1392) 10월 26일 술시(戌時) | 충청도 회덕현 (懷德縣) | 한성부 |
| 이씨 | 이문명 (李文命) | 통덕랑(通德郞) 공안부판관(恭安府判官) | 17 | 임신(1392) 10월 18일 술시(戌時) | 기내좌도 (畿內左道) 인주(仁州) | |
| 여씨 | 여귀진 (呂貴眞) | 선략장군(宣略將軍) 충좌시위사중령호군 (忠佐侍衛司中領護軍) | 16 | 계유(1393) 11월 2일 사시(巳時) | 풍해도 (豐海道) 곡성군 (谷城郡) | 한성부 |
| 최씨 | 최득비 (崔得霏) | 중군부사정(中軍副司正) | 14 | 을해(1395) 10월 8일 오시(午時) | 기내좌도 수원부 (水原府) | |

황엄의 미적 감각이 태종과는 달랐던 모양이다. 5인의 처녀 중 연령은 최씨가 14세로 가장 적었고, 그 외 4명은 16세에서 18세까지였다. 부친의 관직을 보면 공조전서·인녕부좌사윤·공안부판관·충좌시위사중령호군·중군부사정이었다. 지역적으로는 경상도 안동, 충청도 회덕, 풍해도 곡성·인주, 수원부 등지에서 선발되었다. 특이한 점은 생년월일만이 아니라 태어난 시간까지 적어서 보냈다는 사실이다. 아마도 여인의 일생을 점치는 동시에 황제와의 궁합을 맞추기 위한 조치였으리라.

황엄은 간택된 처녀들에게 필요한 물품과 동행할 사람을 적은 목록을 태종에게 보냈다.

〈 처녀들에게 지급한 물품 및 동행자 〉

| 부친 | 지급품 | 유모(乳母) | | 여사(女使) | |
| | | 인원수 | 지급품 | 인원수 | 지급품 |
|---|---|---|---|---|---|
| 권집중 | 난모(暖帽)·난화(暖靴)·난의(暖衣) | 1 | 난모 1개<br>난화 1쌍<br>금의(綿衣) 3건 | 3 | 난모 1개<br>난화 1쌍<br>금의 3건 |
| 이문명 | 〃 | 1 | 〃 | 3 | 〃 |
| 임첨년 | 〃 | 1 | 〃 | 2 | 〃 |
| 여귀진 | 〃 | | 〃 | 2 | 〃 |
| 최득비 | 〃 | | 〃 | 2 | 〃 |

※ 면의(綿衣) 3건(件) : 큰 솜저고리 1건, 치마 1건, 바지 1건

처녀들은 따스한 모자·신발·옷을, 유모·여사(즉 여종)는 모자·신발과 두꺼운 면의를, 화자(火者)는 따스한 신발만을 갖추었다.

11월이 되자 선발된 5인의 여인들이 중궁에 나가 하직하였고, 정비(靜妃)가 따뜻하게 위로의 말을 건넸다. 임첨년의 딸이 정비에게 하직 인사를 고했다.

"어미가 있으니, 가엾게 여겨 주시기 바랍니다."

당시 임첨년은 아내를 버린 지 오래 되었는데, 딸이 명나라에 들어가게 되자 다시 결합했다. 태종이 이 소식을 듣고는 불쌍히 여겨 임첨년의 아내에게 쌀·콩 30석을 하사했다.

예조판서 이문화가 황엄을 수종했다. 이문화는 선발된 처녀의 부친 이문명의 형이기도 했다. 일찍이 황제가 순수하고 광채가 나는 가느다란 백지(白紙)를 조선에 요구하자, 설미수(偰眉壽) 등이 2만 1,000장을 진공한 적이 있었다. 이에 태종은 처녀를 진헌한다는 명색을 피하려고 이문화로 하여금 종이를 진헌하는 것 같이 꾸미게 했다. 처녀의 진헌이 조선과 명나라 두 나라 조정의 입장에서 보더라도 대놓고 떠들어낼 수 있는 문제는 아니었기 때문이다.

처녀의 부친과 권집중의 아들 권영균을 연행사의 물품을 관리하는 역할인 압물(押物)에 충당했다. 이때 임첨년만은 병으로 출발하지 못했다. 처녀들의 북경 행차에 종자로 여사(女使) 16명, 화자 12명이 동행했다. 처녀들이 길을 나서자 그녀들의 부모와 친척의 울음소리가 산천을 흔들었다. 황엄은 처녀를 데리고 갈 때 공경하고 두려워하기를 황후나 비빈을 대하는 것처럼 행동을 조심했다. 처녀가 병이라도 들거나 몸이 성치 않으면 황제로부터 문책을 당할 것을 우려했다.

길 떠나는 처녀들을 위해 길창군 권근(權近)이 시를 지었다.

九重思窈窕    궁궐에서 요조숙녀 생각다 못해
萬里選娉婷    만 리 밖서 절세미인 뽑아오누나.

| | |
|---|---|
| 翟茀行迢遞 | 저 멀리로 수레바퀴 떠나가나니 |
| 鯷岑漸杳冥 | 고향 산이 점점 더 아득해진다. |
| 辭親語難決 | 부모님과 이별함에 말 끊기가 어렵고, |
| 忍淚拭還零 | 눈물을 참아보나 씻으면 도로 나네. |
| 悵悵相離處 | 슬픔에 겨워서 이별하던 곳 |
| 群山入夢靑 | 뭇 산들 꿈에서도 시퍼렇겠지. |

처녀로 선발된 순간 부모의 애간장은 타들어갔다. 이제 고향을 떠나는 여식을 보니 눈물이 멈추질 않았다. 친척들의 옷소매도 흠뻑 젖어들었다. 떨어지지 않는 처녀의 발걸음에 산천도 푸른색을 잃었다. 사람들 사이에 전해진 동요가 있었다. 권근이 또 시를 지어 해설했다.

| | |
|---|---|
| 麥熟當求麥 | 보리가 여물어야 보리를 구할 텐데 |
| 日曛求女兒 | 해 저물면 계집애도 내놓으라 하네. |
| 蝶猶能有眼 | 나비조차 오히려 눈이 있는데, |
| 來擇未開枝 | 피지 않은 가지조차 달라 하누나. |

조선의 나이 어린 처녀들을 선발하여 중국으로 데려가는 황엄은, 꽃 피지 않은 가지에 앉지 않는 나비만도 못한 존재라고 일갈하고 있다.

처녀 선발 책임을 진 태감 황엄은 조선에 심대한 폐해를 끼쳤다. 그는 조정에 말·저마포·초구·모관·인삼·화석 등의 물품을 끊임없이 요구했는데, 그 수는 이루 다 기록할 수 없을 정도였다. 운반하는 인부가 1,000명에 이르렀다. 화자 40명과 불경을 인쇄할 종이 2만 장도 요구했다. 사람들이 그를 '욕심쟁이'라고 불렀다. 그가 귀환할 때 태종은 모화루에서, 세자는 벽제역까지 나와 전송했다. 태종은 친히 입고 있던 털옷을 건네주기까지 하여 그의 탐욕을 잠재웠다. 황엄은 조정의 대신을 능욕하며 행동이 방자하고 거리낌이 없었다. 오죽하면 조정에서 그의 소행을 자세히 써서 명나라 조정에 통보하려고까지 생각할 정도였다.

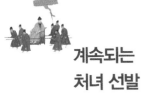

## 계속되는
## 처녀 선발

처녀 선발을 마치고 북경으로 돌아가는 황엄은 태종에게 2등으로 선발된 처녀 27인의 혼인을 금해줄 것도 요청했다. 태종은 혼기를 놓치면 안 된다며 연령을 정해달라고 했다. 그 결과 서울과 지방의 20세 이상 처녀의 혼인은 허락되었다. 의정부는 19세 이하와 황엄이 친히 간택해 둔 처녀, 숨어버린 처녀들의 경우는 나이를 제한하지 않고 혼인을 금했다. 황엄이 처녀 선발 명목으로 1년 넘게 한양에 체재하자 백성들의 곤란은 이만저만이 아니었다. 그 때문에 송충이도 잡지 못하는 형국이 벌어졌다.

한편 영락제는 북경에 들어온 여인들의 용모를 대하고는 그다지 아름답지 못하다며 재차 한두 명을 더 선발해서 보내라고 명했다. 황엄을 필두로 조선 출신인 감승(監丞) 해수·봉어(奉御) 윤봉이 한양에 파견되었다. 해수는 태종 때부터 세종 때까지 7차례, 윤봉은 태종 때부터 세조 때까지 12차례나 조선에 들락거린 환관이었다. 태종은 묽고 연한 빛깔의 담채복 차림으로 백관을 거느리고 모화루에 나가서 이들을 맞이했다. 그들은 창덕궁에 이르러 칙서를 선포하고, 태종과 왕비에게 은 1,000냥과 말 15필 등을, 왕비에게는 추가로 비단 등의 물품을 하사했다.

**영락제** 지난해 국왕이 바친 여인은 살찌고 마르고 키가 작아 썩 마음에 들지 않았다. 다만 국왕이 짐을 공경하는 마음이 중한 것을 생각하여, 비(妃)·미인(美人)·소용(昭容)으로 봉했다. 지금 새로이 뽑아 둔 여인이 있거든 많으면 두 명, 적으면 한 명을 다시 데리고 오도록 하게 하라.

영락제는 처녀들의 체구가 크거나 작아 눈에 들지 않자 또다시 선발해서 보내라고 했다. 다만 이전에 보낸 여인들은 태종의 정성을 고려해 권씨는 현비(賢妃), 임씨는 순비(順妃), 왕씨는 소용(昭容), 이씨는 소의(昭儀), 여씨는 첩여(婕妤), 최씨는 미인(美人)에 봉했다.

영락제의 요구를 저버릴 수 없었던 태종은 즉시 도성과 각 도·주·부·군·현에 왕의 종친과 외척·문무양반·군민의 집에서 처녀 2인을 뽑아 진헌에 대비했다. 선발된 여인은 정씨와 송씨로, 이들의 생년월일과 부친의 직사(職事)·성명·본적을 일일이 기록했다.

〈 제2차 선발 여인들 〉

| 씨명 | 연령 | 본관 | 부친 | 부친의 관직 | 출생년월일 |
|------|------|------|------|-------------|------------|
| 정씨 | 18 | 동래현<br>(東萊縣) | 정윤후<br>(鄭允厚) | 전 조봉대부(朝奉大夫)<br>지선주사(知宣州事) | 임신(1392) 10월 17일<br>해시(亥時) |
| 송씨 | 13 | 여산현<br>(礪山縣) | 송경<br>(宋瓊) | 수의 교위(修義校尉)<br>충좌시위사후령(忠佐侍衛司後領)<br>부사직(副司直) | 정축(1397) 5월 14일<br>묘시(卯時) |

처녀 선발을 마친 황엄과 해수가 한 달도 채 안 돼 중국으로 돌아가게 되자 태종은 모화루에 나가서 전송했다. 태종은 황엄에게 이전에 선발한 처녀들의 혼인을 허락해줄 것을 요구하여 승낙을 받았다.

황엄이 귀국했음에도 불구하고 조선에서는 여전히 처녀 선발을 진행했다. 진헌색 제조 이귀령(李貴齡)이 한양의 처녀를 두루 살펴보았지만 간택할만한 여인이 없었다. 이에 의정부는 유후사(留後司)와 풍해도(즉 황해도)·강원도·전라도에서 각각 2인, 경상도에서 4인, 경기좌·우도에서 3인을 선발하고, 연령 13세 이상 17세 이하로 미색이 뛰어난 여인을 선발해 이전에 선발된 처녀 27인과 함께 한양으로 올려보내라는 문서를 보냈다. 태종은 처녀들이 금령으로 혼기를 놓치는 일에 대해 천도(天道)가 두렵지만 대국인 명나라의 요구를 소국인 조선이 따르지 않을 수 없다며 고민했다. 연행사(燕行使)들이 명나라 조정에 들어갈 때 이 문제를 상주해 해결하는 방안을 고려했다.

황엄이 귀국한 지 5개월 정도밖에 지나지 않은 시점인 10월에 영락제는 몽골 친정을 위해 군마를 확보할 목적으로 그를 또다시 조선에 파견했다. 당시 몽골지역에는 원나라의 적통임을 내세우는 푼야스리(本雅失理)가 명나라에 강경한 태도로 맞서고 있었다. 급기야 영락제가 푼야스리에게 보낸 사신이 살해당하는 사건이 일어나자 대장군 구복(丘福)은 10만 명의 대군을 거느리고 원정에 나섰다. 그러나 적을 얕보고 진격하다 전군이 전멸하는 대패배를 맛보았다. 이 치욕을 되갚아주기 위해 황제가 친히 군사를 이끌고 몽골 친정을 시작했다. 여기에 필요한 군마를 공급하기 위해 황엄을 조선에 파견한 것이다. 태종은 황제의 은혜가 중하다며 말 1만 필을 바치기로 결정했다.

황제의 명을 완수한 황엄은 제2의 임무를 진행했다. 다름 아닌 추가 처녀 선발이었다. 몽골 친정이라는 중대사를 앞에 두고 처녀를 요구한 영락제의 심사가 애처롭기까지 하다. 황엄은 경복궁에서 처녀를 심사했다. 선발한 처녀 정씨를 데리고 황엄이 귀국하자 태종은 태평관에서 그를 전송했다.

> 황엄 정씨가 미색이 아니니 다시 처녀를 뽑아놓고 기다리소서.
>
> 태종 나라가 작고 힘이 약하여, 지금 바치는 말은 겨우 1만 필이지만, 미색이야 어찌 다시 구하지 않겠소!

영락제의 주구(走狗) 황엄의 욕심도 끝이 없었다. 그들 일행이 압록강을 건너기 전 태감 해수가 평북 철산군 용천참(龍泉站)에 이르러 칙서를 황엄에게 전달했다. 이때 해수는 까닭 없이 성질을 내고는 의주목사 박구(朴矩)의 옷을 벗기고 판관 오부(吳傅)를 결박해 볼기를 치려고 했다. 이 소식을 전해들은 태종은 황제가 조관(朝官)을 보내지 않고 환관을 보내서 생긴 일이라며 불쾌한 심정을 표출했다. 명나라 환관들이 탐욕스러운 데다 포악하고 무례하여 어떻게 대처할지 엄두가 나지 않았다. 해수의 행동을 황제에게 상

**신윤복의 〈미인도〉** 조선여인의 복식과 조선 여인의 단아한 얼굴이 잘 묘사되어 있다.

주하고 싶었다. 하지만 지금 황제가 몽골 친정으로 곤란을 겪고 있는 상황에서 한 명의 환관이 벌인 무례한 행동을 질책하면 100년의 근심이 될 것을 우려해 분함을 삭이는 편을 택했다. 후에 통사 전의가 요동에서 탐문한 사실에 의하면 해수의 무례는 조선을 떠보는 행동이라는 것이었다. 명나라 조정에서 조선이 군사를 일으켜 타타르[韃靼]를 돕는다는 소문이 있어 해수를 시켜 조선의 행동을 엿보려고 했던 것이었다. 그가 화를 낸 체 한 것은 조선이 순종하나 거역하나를 살피려는 탐지활동이었다. 태종의 적확한 판단이 빛을 발하는 사건이었다.

황엄은 술을 가지고 용천참까지 마중 나온 도총제 정진(鄭鎭)에게 날씨가 몹시 추워 처녀를 데리고 갈 수 없으니 화창한 봄날에 다시 와서 데리고 가겠다고 했다. 그러면서 정씨의 몸을 잘 가꾸고 기다리라고 했다. 아울러 더 아름다운 여인을 선택해 놓으라는 말도 잊지 않았다.

태종은 여전히 처녀의 혼인을 금했다. 명나라 사신들이 들어와 처녀를 요구할 것을 알았기 때문이다. 과연 태종의 염려대로 태감 전가화(田嘉禾)·해수가 조선이 말을 조공해준 데에 대한 감사의 표시로 백금 1,000냥, 비단 등의 하사품을 가지고 다시 조선에 들어왔다. 선물이 마냥 고마울 수는 없었다. 이들은 영락제의 뜻이라며 거듭 처녀를 요구했다. 태종은 이들과 함께 정원후의 집으로 갔다. 일전에 데리고 가지 못한 정씨의 몸 상태를 살피기 위해서였다. 이윽고 태감 전가화가 정씨를 데리고 길을 떠나자, 그녀의 부친과 소환(小宦) 2인, 여사(女使) 4인이 수종했다.

# 언니 한씨,
# 여비가 되다

태종 17년<sup>(1417)</sup> 4월에, 하정사의 통사 원민생이 북경으로부터 귀국해서는 영락제의 요구를 태종에게 전했다. 요구의 내용은 두말 할 필요도 없이 처녀 선발이었다. 다시금 조선 사회에 파란을 몰고 올 먹구름이었다.

영락제 미녀를 선발해서 보내라. 그녀들의 성과 나이도 첨부하라.

태종은 즉시 중외에 혼인을 금지시켰다. 황제를 섬기는 정성을 보이겠다며 진헌색을 설치하고는 찬성 김한로(金漢老), 판한성부사 심온(沈溫)을 진헌색 제조로 삼았다. 동시에 의정부에는 간택된 처녀를 심사하라고 명했다. 경차내관(敬差內官)이 각 도에 내려가 처녀를 선발했다. 원민생을 처녀주문사(處女奏聞使)로 삼아 북경으로 떠날 채비를 갖추도록 지시했다. 당시 하정사(賀正使) 이도분과 이발이 남경에 갈 때 포물(布物)을 다량으로 휴대하고 가서 매매를 자행하자 예부가 저자에 매매 금지령을 내렸다. 원민생도 사물(私物)을 소지하고 간 죄목으로 의금부에 갇혀 있었는데 처녀주문사로 삼기 위해 특별히 석방했다. 태종이 사대의 예를 게을리 할 수 없다고 고백한 심정에 가슴이 저린다.

5월에는 의정부·내관이 진헌할 처녀를 선발했다. 황씨·한씨를 1등으로 뽑았다. 황씨는 용모가 미려했고, 한씨는 품위 있고 아름다운 여인이었다. 7월에 태감 황엄과 소감(少監) 해수 등이 칙서를 들고 조선에 들어왔다. 태종이 편전에 나아가 황씨와 한씨를 만나보았다. 황엄·해수 등은 직접 황씨 집에 찾아가 그녀의 용모를 살폈다.

〈 태종 17년(1417)에 선발된 여인들 〉

| 성씨 | 연령 | 부친 | 부친의 관직 | 축생년월일 |
|------|------|------|------------|-----------|
| 황씨 | 17 | 황하신(黃河信) | 종부부령(宗簿副令) | 신사(1401) 5월 3일 해시(亥時) |
| 한씨 | – | 한영정(韓永矴) | 지순창군사(知淳昌郡事) | |

태종은 경회루에서 황엄 일행에게 연회를 베풀었다. 이어 경복궁에 거둥하여 처녀 황씨·한씨 등 10여 인을 근정전으로 불러들였다. 두 사신으로 하여금 고르게 하니, 한씨를 제일로 삼았다. 선택이 끝나자 잔치를 베풀고 사신들에게 안마(鞍馬)를 각각 한 개씩 주었다.

하루는 황엄·해수 등이 갑자기 황씨 집을 찾아갔다. 황씨가 병을 앓고 있었고 얼굴에는 눈물을 흘린 흔적이 나 있었다. 분과 연지를 바르지 않은 얼굴이었다. 황엄이 크게 노하여 원민생을 불러 꾸짖었다.

"그대들은 임금의 지극정성을 알지 못하고, 그다지 요긴하지 않은 일이라고 여기는구나. 늙은 어미와 어린아이가 그녀 곁에 가까이 가는 바람에 병이 들었다. 시종하는 내시가 경험이 없는 자들이다."

황엄은 황씨를 시중드는 내시가 황씨를 제대로 보살피지 않아 병들게 했다며 성을 냈다. 그러나 실상 황씨는 마음의 병을 앓고 있었다. 이역만리로 떠날 생각을 하니 밥이 목구멍으로 넘어가지 않았다. 모친과 아이들이 옆에서 위로를 하는데도 눈물은 멈추지 않고 흘러내렸다. 가슴이 메어졌다. 고향을 떠나면 언제 모친을 뵐 수 있을까 하는 생각에 몸이 점점 야위어 갔던 것이다. 분이 눈물을 타고 흘러내려 얼굴은 더욱 초췌하게 보였다. 이 사실을 전해들은 태종은 내의(內醫)를 보내 황씨를 치료하게 하고, 경험 있는 내시 노희봉을 보내 황엄의 노여움을 풀어주었다.

처녀 선발이 한창 행해지고 있을 때 영락제는 특별히 환관 육선재(陸善財)를 파견했다. 그가 의주에 도착했다. 처녀를 하루라도 빨리 명나라로 들여보내라고 재촉하기 위해 온 것이었다. 사역원 주부 김중저(金仲渚)가 평안도로 가서 그들을 맞이했다.

8월에 들어서자 황엄·해수는 한씨·황씨를 데리고 북경으로 돌아갔다. 한씨의 동생 한확(韓確), 황씨의 형부 김덕장(金德章) 외에 시중드는 시녀가 각 6인, 화자 각 2인이 동행했다. 길가에서 이들을 보는 사람들도 눈물을 흘리며 통곡했다.

연행길인 의주부터 요동까지의 사이에 8개의 역참(驛站)이 설치되어 있었다. 조선 연행사들이 북경으로 갈 때 이용했던 길이자 휴식을 취하던 곳이다. 황엄도 황씨·한씨를 데리고 돌아갈 때 이 역참을 경유했다. 집은 견실하고 목책(木柵)도 치밀해 숙박할 만했다.

10월 황씨·한씨는 통주(通州)에서 북경으로 접어들었다. 주문사 원민생도 뒤따라 들어갔다.

영락제 너희들이 왔구나. 황씨가 병이 들었다는데 약은 먹었느냐?

요동의 궁장령  여비와 한계란, 조선의 연행사들이 통과하던 요동 지역의 험난한 고갯마루이다.


원민생  길 도중에 병이 깊어 심히 걱정했습니다.

영락제  국왕이 지성으로 선발해서 보냈구나. 한씨는 대단히 총명하고 영리하도다.

네가 돌아가거든 국왕께 자세히 말하라.


처녀들의 몸 상태를 물은 영락제는 특히 한씨에게 마음이 끌렸다. 황제는 기쁨에 못 이겨 나무로 단을 만들고 오색 비단 장막을 늘어뜨린 무대를 설치하고는 잡희를 베풀어 처녀들을 위로했다. 이어 한확을 광록시소경(光祿寺少卿)으로 삼고, 두 여인의 집에는 각각 금·은과 비단 등의 물품을 하사했다.

영락제는 한씨를 소중히 여긴 나머지 환관 육선재를 조선에 보내 국왕에게 상사품을 전하도록 했다. 그는 또 궤 10개와 서간 1통을 황씨의 어머니 집에 전달했다. 황씨의 어머니는 황제로부터 하사받은 금·비단 등의 물품을 사위를 시켜 태종과 왕비에게 바쳤다. 태종은 금은 받지 않고 서간을 읽어본 후 돌려주었다. 황씨의 서간은 겨울 추위에 부모님이 몸 건강하게 생활하시고 복 많이 받으라는 내용이었다. 황씨는 모친에게 보내는 예물도 일일이 기록하여 보냈다. 명나라 사신은 한씨의 집에도 들려 모친의 안부를 물었다.

세종 11년(1429), 한확은 환관 백언이 그의 어머니에게 전해달라는 비단과, 자금성 궁궐에서 생활하고 있던 성(成)·차(車)·정(鄭)·노(盧)·안(安)·오(吳)·최(崔) 등 7인의 여인들이 보낸 서신을 가슴에 품고 귀국했다. 여인들의 부모들 눈에 한확이 가져 온 비단은 화려하지 않았다. 주머니에는 서신과 머리카락이 들어 있었다. 궁궐에서 고생하면서 지내고 있다는 글을 읽은 부모와 일가 형제들은 닭똥 같은 눈물을 흘렸다.

"평생토록 상견할 것은 다만 이 머리카락뿐이구나."

여인들이 자신들의 머리카락을 한 올 한 올 빗어내 담은 주머니였다. 옆에서 이를 보고 들은 사람들 누구 하나 얼굴을 가리고 울며 크게 한숨 짓지 않은 자가 없었다.

# 3부

권비 독살사건과
여비의 기지

황실의 여인들 사이에서는 끊임없는 경쟁과 암투가 펼쳐졌다.
생사를 건 여인들의 투기와 질투는 때로 황궁과 조정에 피바
람을 몰고 왔으며, 조선 출신 여인들이 연루된 경우 조선에도
그 영향이 직간접적으로 미쳤다. 영락제의 총애를 받던 조선
출신 권비의 죽음을 둘러싼 황실의 진실 게임도 그런 사례였
다. 과연 진실은 무엇일까?

# 권비의
# 통소 소리

영락제의 총애를 받던 비빈 가운데 권비(權妃)라는 여인이 있었다. 권 집중의 딸로 태종 8년(1408)에 1차로 선발되어 황엄을 따라 북경으로 들어갔던 여인이다. 명나라에 건너간 여인 중 유일하게 『명사』「후비열전」에 그 이름이 실려 있다. 「열전」에 의하면 그녀의 타고난 성품이나 소질, 자태와 성질은 미려하고 순수했으며, 통소를 잘 불어 영락제가 그녀를 가엾게 여기고 사랑했다고 한다.

권씨는 명나라로 들어가는 여인 중에서 미색이 제일이었다. 11월 권씨 등 5인이 중궁에 나가 하직하자, 정비(靜妃)가 따뜻하게 위로해주었다. 황엄의 손에 이끌려 북경으로 들어온 권비를 대면한 영락제는 만면에 희색이 감돌았다.

영락제    어떤 재주를 가지고 있느냐?
권씨    통소를 조금 불 줄 압니다.

권씨는 고향에서부터 몸에 소중히 지니고 있던 통소를 꺼내 불었다.

**퉁소 부는 여인**  권비의 은은한 퉁소 소리가 영락제의 심금을 울렸으리라.

그 소리가 그윽하여 멀리까지 메아리치자 영락제는 기분이 상쾌해졌다. 영락제는 권씨를 다른 처녀들보다 높은 직책에 봉하고, 한 달쯤 지나서 현비(賢妃)로 책봉하였다. 그녀의 오빠 권영균은 광록시경에 제수했다. 영락제의 내심이 드러나는 대목이다. 권영균은 황제의 신임이 깊었던 한확보다도 품급이 2등급이나 높았다. 하사품도 우대해 지급했다. 황제는 권영균을 내전으로 불러들이는 영광을 베풀었다.

영락제 네게 높은 벼슬을 주어 가까이 두고 싶으나, 네 여동생도 여기 있고, 돌아가지 않으면 늙은 어미가 섭섭해 할 것이다. 귀국을 허락하니 마음을 다해 국왕을 공경히 섬기도록 하라. 방만함으로 짐에게 폐를 끼치지 않게 하라.

권영균 황공하옵니다. 명심하겠습니다.

영락제 다시 올 때에는 바다로 오지 말고 육로로 오너라. 너희 나라 사신들도 육로로 오라고 하라.

영락제는 권영균을 극진히 대접했다. 다시 남경을 찾을 경우에는 험한 바닷길이 아니라 육로로 오라는 특별조치까지 취해주었다. 권비 덕분에 연행사들도 육로를 이용하는 혜택을 입게 되었다. 남경에서 귀국한 권영균은 태종에게 말 1필, 금·은·비단 등을 바쳤다. 태종은 금·은은 의정부에 보내 국용에 쓰도록 하고, 나머지는 되돌려주었다. 광연루에 나아가 권영균 등 5인을 접견하고, 승정원에서 음식을 대접했다. 권비가 의빈(懿嬪) 권씨, 즉, 태종의 후궁인 정의궁주(貞懿宮主)에게 은 100냥을 보내자, 태종은 상의원(尙衣院)에 보냈다.

권영균이 재차 부경할 때 태종은 서량청(西凉聽)에서 잔치를 베풀었다. 권영균이 부친상을 당했음에도 황제의 명으로 명나라에 들어가게 되었

| 성씨 | 직첩 | 관계 | 성명 | 관직 | 관품 | 하사품목 |
|---|---|---|---|---|---|---|
| 권씨 | 현비<br>(賢妃) | 오빠 | 권영균 | 광록시경<br>(光祿寺卿) | 종3품 | 채단(綵段) 60필, 채견(綵絹) 300필,<br>금(錦) 10필, 황금 2정(錠),<br>백은(白銀) 10정, 말 5필, 안장[鞍] 2면(面),<br>옷 2벌[襲], 초(鈔) 3,000 |
| 임씨 | 순비<br>(順妃) | 부친 | 임첨년 | 홍려시경<br>(鴻臚寺卿) | 정4품 | 채단 60필, 채견 3백 필, 금(錦) 10필,<br>황금(黃金) 1정, 백은 10정, 말 4필,<br>안장 2면, 옷 2벌, 초(鈔) 3,000 |
| 이씨 | 소의<br>(昭儀) | 부친 | 이문명 | 광록시소경<br>(光祿寺少卿) | 정5품 | 〃 |
| 여씨 | 첩여<br>(婕妤) | 부친 | 여귀진 | 광록시소경<br>(光祿寺少卿) | 정5품 | 〃 |
| 최씨 | 미인<br>(美人) | 부친 | 최득비 | 홍려시소경<br>(鴻臚寺少卿) | 종5품 | |
| | | | 이문화<br>김화 | | | 말 2필, 안장 1면 |

※ 이문화는 이문명의 형, 김화는 임첨년의 족자(族子).

기 때문이었다. 태종은 특별히 홍저포(紅苧布) 10필, 흑마포(黑麻布) 10필을 주어 권비에게 선물하도록 했다. 태종 10년(1410) 권비의 일족인 유정현(柳廷顯)이 북경에 도착하자 황제는 환관 황엄으로 하여금 권비의 명을 전하게 하는 한편 별도로 비단과 돈, 안장 있는 말 등을 하사했다.

권비는 영락제의 정후(正后)인 서황후가 죽은 후 육궁(六宮)의 일을 총괄하게 되었다. 다시 말하면 황후와 비빈이 거처하는 궁궐의 일을 모두 떠맡은 것이다. 조선 출신 여인으로 황제의 총애를 한 몸에 받았다는 증거이다. 그녀는 몽골 친정에도 따라나섰다가 개선하는 길에 병이 들었다. 행렬이 하북성 임성현(臨城縣)에 당도했을 무렵 몸이 점점 처졌다. 권비는 신음을 섞어 겨우 한마디를 토해냈다.

"다시는 폐하를 모실 수 없게 되었구나."

말을 마치자마자 권비는 숨을 거두었다. 영락제는 슬픔을 억누를 수 없었다. 황제는 눈물을 머금고 슬피 탄식하여 말을 잇지 못했다. 애도하며 손수 제사를 지내고 공헌(恭獻)이란 시호를 내렸다. 공경하게 황제를 받들었으며, 총명하고 듣지 못한 것이 없고 보지 못한 것이 없으며, 통하지 않은 것이 없고 알지 못하는 것이 없다는 의미로 그녀를 찬미하는 시호였다. 영구를 산동성 역현(嶧縣)에 안치하고 관리에게 지키도록 명했다. 황제는 그녀의 은혜를 생각해 환관을 보내 제사지내게 하고 백금 200냥과 비단 옷감을 하사했다. 그녀의 묘는 속칭 낭랑묘(娘娘墓)라고 한다. 현재 산동성 조장시(棗庄市) 역성구(嶧城區) 유원진(榴園鎭)낭랑묘촌 서쪽에 있다.

권비의 부음 소식을 접한 태종은 판전농시사 권집지(權執智)를 북경으로 급거 파견했다. 그는 바로 권집중의 아우이자, 권비의 숙부이다. 그를 진향사(進香使)로 삼아 백저포(白苧布)·흑마포(黑麻布)를 각각 50필씩 주어 제수 비용으로 쓰게 했다. 제문(祭文)도 보냈다. 8월에는 황엄이 권비의 모친 집을 방문하여 애도의 뜻을 표했다.

영락제의 사랑을 받고 퉁소를 애달프게 불던 권비의 이야기는 궁궐 사람들의 입에서 입으로 전해졌다. 영락 초 궁에 들어온 육국(六局)의 한 부서인 상공국(尙功局) 소속으로 자수·명주실·솜을 다루는 사채(司綵) 왕씨(王氏)는 권비의 퉁소 부는 솜씨를 이렇게 기억해냈다.

瓊花移入大明宮　　옥 같은 피리를 대명궁에 들이니
旖旎濃香韻晩風　　저물녘 바람결에 향기로운 그 소리

贏得君王留步輦　군왕의 맘 사로잡아 가마를 멈추나니
玉簫嘹喨月明中　달 밝은 밤 피리 소리 맑고 맑아라.

고향 떠난 애처로움을 퉁소에 담았을까? 적막한 밤의 달빛 비치는 궁전을 옥피리 소리가 애달프게 울려 퍼져나갔다. 곱게 단장한 후궁들도 안색이 바뀌었다. 고요히 잠든 생물들도 깨어나 숨을 죽였다. 고국을 그리는 정념이 애절하게 전달 되어 왔다. 영락제는 그 소리에 취해 발걸음을 멈추었던 적이 몇 번이었던가?

홍무제의 열입곱 번째 아들인 영헌왕(寧獻王) 주권(朱權)의 시에도 권비의 옥피리 소리가 등장한다.

忽聞天外玉簫聲　홀연히 하늘 밖에서 들려오는 피리 소리
花下聽來獨自行　꽃 아래서 들으며 홀로 걷는다.
宮漏已沉參倒影　궁중 시계 그림자가 물에 잠겨 끼도록
美人猶自學吹簫　미인은 지금도 피리 불기를 배우네.

영헌왕도 궁중에서 그녀가 부는 퉁소 소리를 들은 적이 있었다. 왕은 몽골과 접하는 변경지역인 대녕(大寧)에 번국(藩國)을 열었다. 군사 8만 명, 수레 6,000대와 전투에 뛰어난 몽골 기병을 휘하에 거느렸다. 정난의 변 당시 건문제가 그를 자신의 편에 가담시키려고 했으나, 그는 연왕에 가담했다. 연왕은 그에게 일이 성공하면 천하의 반을 나누어 주겠다고 약속했다. 이윽고 영락제의 세상이 펼쳐지자 영헌왕은 남쪽 지역으로 번국(藩國)을 옮겨달라고 청했다. 그는 소주(蘇州)나 전당(錢塘) 지역을 요구했으나 황제는 기내(畿內)라는 이유로 거절했다. 대신 강서성 남창부(南昌府)로 옮기도록 했다. 얼마 지나지 않은 시점에서 사람들이 영헌왕이 황제를 비방한다고 무고했다. 영락제는 은밀히 그를 정탐시켰으나 증거를 찾지 못했다. 이날 이후 영헌왕은 자신의 능력을 숨기고 정사(精舍)를 지어 거문고를 타며 독서에 매진했다. 그 탓에 영락제로부터 화를 당하지 않았다.

권비의 퉁소 소리가 마치 거문고를 뜯으며 유유자적하게 살아가는 자신의 처지를 투영시킨 시로 표현된 것은 아니었을까?

# 권비 독살사건과
## 그 파문

　권비가 죽은 지 4년 뒤인 태종 14년(1414), 그녀의 죽음은 몽골 친정 중의 병사가 아니라 조선 출신 여씨(呂氏)에 의한 독살사건으로 급변했다. 여씨는 다름 아닌 권비와 함께 영락제의 후궁이 된 여귀진의 딸이다. 사건은 피바람을 몰고 왔다. 파장은 조선 조정에도 미쳤고 정국은 소용돌이에 휘말렸다.

　이 해 영락제의 안부를 묻기 위해 파견되었던 사신 윤자당(尹子當)의 통사 원민생이 북경에서 돌아왔다. 그 6개월 전, 영락제는 50만 대군을 이끌고 몽골 친정을 떠났다. 황손[후의 선덕제]도 함께 종군했다. 6월 초 명나라 군대는 케룰렌·툴라 두 강의 분수령에 위치한 후란·후시운에서 몽골 주력군과 전투를 벌였다. 다섯 차례 친정 중에서 가장 치열한 전투였다. 명나라 군사는 신기총(神機銃)을 사용해 몽골군에게 타격을 입혔다. 명나라 군대도 몽골 기병대로부터 큰 손실을 입어 추격할 여력을 잃었다. 진격을 멈추고 전군이 8월 북경으로 귀환했다. 영락제는 북방을 평정한 사실을 천하에 통고했다. 통사 원민생은 황제의 성지를 태종에게 전했다.

황실의 시녀들

성지 황후가 죽은 뒤에 권비에게 명하여 육궁(六宮)의 일을 맡아 보게 했었다. 마침

여가[呂家, 즉 여미인(呂美人)이다]가 권씨를 만나 '자손이 있는 황후가 죽었으니,

네가 육궁을 몇 개월이나 맡겠느냐'며 무례하게 굴었다. 명나라 환관 두 놈이

조선의 환관 김득·김양과 형제처럼 굴었다. 환관 한 놈이 은장(銀匠) 집에서 비

상을 빌어 여미인에게 주었다. 영락 8년에 권비가 남경으로 돌아갈 때 순천부(順天府) 양향(良鄕)에 이르렀다. 비상을 갈아 가루로 만들어 호도차에 넣어 권비에게 마시게 하여 죽였다. 당초에는 내가 이러한 연고를 알지 못했다. 지난해 두 집안의 노비가 욕하고 싸웠다. 권비의 노비가 여미인의 노비에게 '너희 여미인이 약을 먹여 우리 권비를 죽였다'고 발설해, 겨우 진실을 알게 되었다. 사건의 경위를 묻고 꾸짖으니, 과연 사실이었다. 환관과 은장을 모두 죽였고, 여미인은 불에 달군 쇠로 몸을 지지는 형벌인 낙형(烙刑)에 처했는데, 1개월 만에 죽었다.

권비 독살사건을 보고받은 태종은 즉시 의정부와 육조를 불러 논의하고, 여미인의 어미와 친족을 의금부에 가두라고 명했다. 윤자당이 북경에서 귀국하자 태종은 편전에서 하륜·남재 등 대신과 육조판서(六曹判書)를 대면했다.

태종    최근 원민생의 말에 의하면 여씨의 친당(親黨)을 가두었다고 한다. 권씨가 비(妃)가 되고, 여씨가 미인이 되어 비록 존비(尊卑)의 차이는 있으나, 적첩(嫡妾)의 구분은 없는 것이다. 또 짐독(酖毒)으로 독살한 점도 애매한데, 우리들이 황제가 노한 것을 듣고서 갑자기 여씨의 친족을 베는 짓은 차마 할 수가 없다.

한상덕    권씨가 아직 황후가 되지 못했는데, 어찌 시해로 논해 삼족(三族)을 멸하겠습니까? 모고살인율(謀故殺人律)은 가벼우니, 모반대역(謀反大逆)으로 논하여 그 친족을 노예로 삼는 것이 어떻겠습니까?

태종    황제가 원민생에게 '내가 권씨에게 육궁의 일을 맡아보게 했다'고 했으니, 존귀하다면 존귀한 것이다.

하륜    율문(律文)을 상고하면 궁중에서 다투거나 싸운 자도 죽이는데, 하물며 이
       같은 음모를 자행한 일이야 두 말할 필요가 있겠습니까? 위로 천자의 노여
       움을 사고 아래로 본국에 수치를 끼쳤는데, 그 친척이 비록 음모에 참여하
       지 않았다고 하더라도, 이러한 허물 있는 자들을 살려두면 왕실에 화가 될
       것입니다. 이러한 변을 듣고 처벌을 늦출 수 없으니 속히 목을 베어 하늘의
       뜻에 응해야 할 것입니다.

태종    여씨의 죄는 대역(大逆)이다. 대역죄로 어미까지 목 베는 것은 있을 수 없
       다. 여씨의 어미를 관천(官賤)으로 삼고 그 나머지는 모두 석방하라.

하륜    전하의 지극한 어지심은 심히 좋으나, 시역죄(弑逆罪)는 그 부모에게까지 미
       칩니다. 아비가 이미 죽었으니, 그 어미를 죽여서 뒷사람을 징계해야 합니
       다. 이를 황제에게 주달(奏達)하면, 반드시 '짐(朕)의 마음을 알아서 죄를 주
       었다'고 할 것입니다.

남재    단지 원민생의 말만 듣고 죽이는 것은 곤란합니다. 권영균이 돌아오기를
       기다렸다가 황제의 뜻을 안 뒤에 처리하는 것이 어떻겠습니까?


조정 대신들은 모고살인죄, 즉 고의로 살인하거나 살인을 꾀하는 죄는
가볍다며 모반대역죄나 시역죄를 적용하여 여미인의 모친을 죽이거나
친족을 노예로 삼자고 건의했다. 태종은 이 의견에 반대하고 여미인의 어
미를 관천(官賤)으로 삼고 그 나머지는 석방하는 쪽으로 결론을 내렸다.

권비 독살사건 처리가 일단락되자 원민생은 부경하여 조선 조정의 조
치를 명나라에 알렸다. 영락제는 이를 옳게 여겼다. 황제는 권영균 일행
을 54일간이나 북경에 머무르게 하면서 연회를 후하게 베풀어 주었다.
아울러 은 등의 물품도 하사했다.

# 조선 임금을 도운
# 여비의 기지

권비 독살사건으로 조선 여인들이 영문도 모른 채 죽임을 당했다. 수많은 조선 여인들을 사건에 연루시킨 이는 황씨였다. 태종 17년(1417)에 여비와 함께 중국으로 떠난 황하신의 딸이었다. 이 사건이 발생했을 때 여비도 빈 방에 갇혀 여러 날 음식을 입에 대지 못한 상태였다. 문을 지키던 환관이 그녀를 불쌍히 여겨 때때로 먹을 것을 문 안에 넣어주어 죽음을 면할 수 있었다. 몸종들은 모두 잡혀서 죽임을 당했다. 그녀의 유모 김흑(金黑)도 투옥되었지만 사건이 종료된 뒤 특별히 사면을 받아 풀려났다.

황씨는 명나라 남경(南京)으로 들어가기 전에 불미스런 사건을 일으켰다. 그녀가 거처하는 방 밖에 형부가 앉아 있었다. 황엄이 이 광경을 보고는 놀라서 성을 내고 꾸짖었다. 남경으로 향하는 도중에 황씨는 복통을 일으켰다. 의원이 백약 처방을 내도 효험이 없었다. 그녀가 김칫국을 먹고 싶다고 하자, 황엄은 원민생에게 어떤 음식이냐고 물었다. 원민생이 담그는 법을 자세히 일러주었다.

황엄 사람의 살을 먹고 싶다고 한다면 내가 다리를 베어서라도 바치겠으나, 이러한 황무지에서 어떻게 그런 음식을 만들 수 있겠느냐.

새콤하고 시큼한 김칫국을 만들 수 있는 상황이 아니었다. 황씨의 복통은 좀처럼 가라앉지 않았다. 밤마다 몸종이 손으로 배를 문질렀다. 어느 날 밤 황씨가 오줌을 누는데 음부에서 이상한 물체가 나왔다. 크기가 가지만했다. 마치 가죽으로 싼 살덩이 같았다. 시녀가 몰래 내다버렸다. 황엄도 원민생도 그녀가 무슨 이유로 배가 아픈지를 전혀 눈치채지 못했다. 원민생이 황제를 알현했을 때 도중에서 병이 심해 걱정이 컸다고 아뢰었을 정도였다. 그 복통의 원인은 우연히 폭로되었다.

황씨 시녀의 수상한 행동을 본 다른 시녀가 이를 눈치채고는 소문을 냈던 것이다. 입소문은 영락제의 귀에도 들어갔다. 황제는 시녀를 심문했다.

영락제  황씨는 처녀가 아닌가?

시녀  일찍이 형부 이웃에 사는 노비와 정을 통했습니다.

노비와 정을 통하고 임신을 한 탓에 신 김칫국물이 마시고 싶었던 것이다. 황씨가 명나라에 들어오기 전에 노비와 정을 통했다는 사실에 영락제는 충격을 받았다. 대노한 황제는 조선을 문책하는 칙서를 작성하라고 엄명했다. 당시 황제의 총애를 받고 있던 궁인 양씨(楊氏)가 이 사실을 알아채고는 여비에게 은밀히 전해주었다. 여비는 황제를 찾아가 애걸했다.

여비  황씨는 일개 백성으로 본국의 국왕께서 어찌 그런 사실까지 알았겠습니까?

영락제는 여비 한씨가 조선 국왕을 보호하려는 말과 태도에 감동했다. 대신 그녀에게 황씨를 벌주도록 하자, 여비는 황씨의 뺨을 한 대 때렸다. 여비의 기지로 사건은 조용히 무마되었다.

황씨 사건은 조선에도 전파되었다. 태종 18년(1418) 조선에 사신으로 온 환관 육선재가 태종에게 아뢰었다.

"황씨는 성질이 험하고 온화한 빛이 없어, 꼭 전생에 몹쓸 짓을 한 여자가 다시 태어난 모습이었습니다."

영락제가 제5차 몽골 원정을 떠난 해인 세종 5년(1423)에 한양에 들어온 환관 해수도 세종에게 황씨 이야기를 전했다.

"황씨가 도중에서 복통이 심할 때, 조선말로 배가 아프다 하고 부끄러운 빛을 뚜렷이 띠우고 안으로 들어갔습니다."

여비와 함께 선발되어 용모가 아름답다고 평가받았던 황씨는 노비와 간통하고 성질이 극악한 여인으로 폄하되었다. 간통 사건이 발각되었어도 처벌을 당하지 않고 7년간 자금성에서 생활했던 것 같다. 그러나 결국 그녀는 권비 독살사건에 연루돼 국문을 받고 참형을 당했다. 이때 황씨는 많은 조선 여인을 연루시켜 죽임을 당하게 만들었다. 조선 처녀인 임씨·정씨는 목을 매어 자살했고, 이씨는 국문을 받아 참형을 당했다.

이씨 죽기는 마찬가지라, 어찌 다른 사람을 끌어넣을까. 나 혼자 죽겠다.

이씨는 죽음을 맞이하는 순간까지 다른 누구도 연루시키지 않았다. 이역 땅에 끌려온 것만도 서러운 일인데 조선 여인끼리 서로 질투하여 상대를 끌어들여 죽게 만들었으니 이 얼마나 비정한 처사란 말인가.

운 좋게 죽음이라는 운명에서 비켜선 여인도 있었다. 남경에 있던 조선 출신 여인 최씨가 바로 그 경우였다. 영락제가 남경에 있는 궁녀들을 북경으로 부를 때 최씨는 병에 걸려 길을 떠나지 못해 죽음을 피할 수 있었다.

# 어려의 난과
# 환관을 사랑한 여인들

　권비 독살사건이 일단락되어 사람들 뇌리에서 사라질 무렵, 이 사건의
전모가 새롭게 밝혀졌다. 권비는 태종 10년(1410) 10월에 죽었고, 그로부
터 4년 뒤 영락제는 여미인이 독살한 정황을 보고받았다. 황제는 그녀를
불에 달군 쇠로 몸을 지지는 형벌인 낙형(烙刑)에 처했다. 형벌을 당한 지
1개월 만에 죽었다. 이 사실을 북경에 들어갔던 윤자당의 통사 윤민생이
태종에게 전했던 것이다.

　그런데 사건은 또 다른 방향으로 흘렀다. 세종 6년(1424) 7월 몽골 친정
중이던 영락제가 내몽골 유목천[楡木川, 현 내몽골자치구 다륜현(多倫縣)]에서 병
이 나 죽은 사실을 조선에 알리기 위해 10월에 부고사(訃告使)로 환관 유
경(劉景)과 행인(行人) 진선(陳善)이 한양에 들어왔다. 이들은 영락제를 장사
지낼 때 조선 출신 여인들이 순사했음도 알렸다.

　더욱 충격적인 소식은 어려(魚呂)의 난이 일어났다는 것이었다. 사건이
일어난 시기는 명나라 사신들이 전하는 말 중에 벼락이 봉천전·화개전·
근신전 삼전에 떨어져 화재가 발생했다고 한 데에서 영락 19년(1421. 세종
3) 4월 전후라고 보면 틀림없다. 여기서 태종 14년(1414)에 죽은 여미인이

난의 주인공으로 재등장하고 있다. 도대체 사건이 어떻게 전개되었는지 명나라 사신들의 말을 일단 들어보자.

"명나라 상인의 딸 여씨(呂氏)가 자금성에 들어와 조선의 여씨(呂氏)와 동성이라며 친하게 지내려고 친밀감을 보였으나, 조선의 여씨가 살갑게 대해주지 않았다. 상인의 딸 여씨는 악감정을 품었다. 권비가 죽자 상인의 딸 여씨는 조선의 여씨가 독약을 차에 타서 살해했다고 무고했다. 영락제는 분노해 조선 여씨와 궁인·환관 수백여 명을 살해했다. 그 후 상인의 딸 여씨는 궁인 어씨(魚氏)와 함께 환관과 간통했다. 황제는 이러한 사실을 알면서도 여씨와 어씨를 총애한 심정에서 모르는 척 했다. 그러나 간통 사건이 발각될 것을 두려워한 두 여인은 목을 매어 죽었다. 영락제는 대노했다. 권비 독살사건도 상인의 딸 여씨의 무고에서 연유했다고 보고 그녀의 시녀들을 국문했다. 시녀들은 혹독한 고문을 받아 시역(弑逆)을 꾸몄다고 억지로 자백했다. 이 일에 연좌된 자가 무려 2,800여 명에 달했다. 영락제가 친히 나서 무고한 자들을 죽였다."

이 어려(魚呂)의 난은 조선 출신 여씨(즉, 여미인) 사건과는 전혀 성격을 달리하는 난이었다. 간통이 들통나 벌어진 사건이었다. 영락제는 화공으로 하여금 상인의 딸 여씨와 젊은 환관이 서로 포옹하고 있는 형상을 그려서 후세의 교훈으로 삼고자 했으나, 어씨(魚氏)를 생각해 실행에 옮기지 못했다. 어씨를 서황후가 잠들어 있는 수릉(壽陵) 곁에 묻었는데, 홍희제가 즉위하자 파내버렸다.

그런데 궁인 어씨를 이 해에 죽은 현비(賢妃) 유씨(喩氏)로 보는 설이 제기되었다. 어(魚)도 유(喩)도 중국음으로 '유yu'라는 것으로, 사건을 전달

궁중의 여인들과 환관

할 때 발음이 같아 조선에 잘못 전달되었다는 것이다. 그런데 『명실록』에
는 유씨가 죽자 영락제가 하루 동안 조회를 열지 않고 소순(昭順)이라는
시호를 하사하고 1년 전에 죽은 현명하고 덕이 많았던 소헌귀비(昭獻貴妃),
즉 왕귀비(王貴妃)와 같은 예로 장례를 치르게 하고, 2개월 후에 재차 충경
소순(忠敬昭順)이라는 시호를 더했다는 기록이 보인다. 과연 환관과 간통
을 한 여인에게 영락제가 이처럼 관대한 처벌을 내리고 시호까지 하사했

을까 하는 점에 의문이 든다. 중요한 것은 중국 상인의 딸 여씨가 권비를 독살한 이가 조선 여인 여씨였다고 무고한 사실이 드러났다는 점이다.

또 하나 재미를 끄는 것은 고문을 당하던 어떤 자가 황제 면전에서 욕을 내뱉었다는 사실이다.

"황제의 양기가 쇠하여 젊은 내시와 간통한 것인데, 누구를 허물하십니까?"

상인 딸 여씨와 궁인 어씨가 환관과 간통 사건을 벌였을 때 영락제의 나이는 63세였다. 황제의 정력 약화가 원인이라고 쏘아댔다. 사실 황제의 은총을 받는 여인은 극소수였다. 자연 건강한 여인들의 성적 욕망을 강제로 속박하는 것도 쉬운 일은 아니었다. 황제와 잠자리를 할 기회가 없던 후궁들 사이에서 동성애가 은밀히 이루어지기도 했다. 이를 대식(對食)이라고 한다. 여인들이 눈을 돌린 또 다른 대상은 젊은 환관들이었다. 환관들도 거세를 당하기는 했지만 본능을 억제하는 것은 대단히 힘들었을 것이다. 일부 궁녀들은 환관과 부부 인연을 맺기도 했다. 이를 채호(菜戶)라고 했다. 이는 궁녀에만 국한된 현상은 아니었다. 비빈들도 이런 행태를 벌이고 있었다. 단 황후나 귀비는 예외였다.

앞에서 서술했듯이 홍무제는 환관을 엄히 통제했다. 환관이 처를 두면 살가죽을 벗기는 형에 처했다. 그러나 영락제는 환관의 군공을 장려하는 동시에 혼인도 허락했다. 여진 출신 환관 유통(劉通)이 몽골 친정에 참가하여 공적을 세우자 저택을 하사하는 한편 왕씨의 딸을 배우자로 삼게 했다. 선덕제 때 베트남 출신 진무(陳蕪)라는 자가 있었다. 그는 영락제 때 황손이었던 선덕제를 모셨다. 황손이 황제위에 오르자 어마감(御馬監) 태감으로 승진했다. 왕근(王瑾)이라는 이름과 금인(金印)도 하사받았다. 게다가 궁녀 2인을 부인으로 삼게 했다. 그 때 한 신하가 "환관이 궁빈(宮嬪)의 예를 욕되게 했습니다"라고 간언하자 황제는 그의 혀를 자르라고 명했다. 황제가 공개적으로 채호를 인정했을 뿐만 아니라 자신이 총애하는 환관에게 궁인을 하사했던 것이다.

정통제 때가 되면 홍무제의 금령을 어기는 자가 대거 출현했다. 명나라 말기가 되면 그러한 경향은 더욱 성행했다. 민간의 여인이나 창부(娼婦)와 사이좋게 지내다 장가드는 환관도 출현했다. 궁인을 배우자로 두지 않는 환관이 없을 정도였다. 후대의 사례이기는 하지만 재미있는 사례를 하나 소개한다.

"익곤궁(翼坤宮) 황귀비(皇貴妃) 정씨의 궁인 오찬녀(呉贊女)는 오랫동안 환관 송보(宋保)의 시중을 받았으나, 후에 환관 장진조(張進朝)와 결연을 맺었다. 송보는 분함을 참지 못하고 관직을 버리고 승려가 되어 돌아오지 않았다. 동료들이 모두 그를 존경했다."

궁녀가 단 한 명의 환관만이 아니라 다른 환관들과도 사랑을 나누고 있었음을 알 수 있다. 물론 일반 백성들과 다름없이 한쪽이 죽으면 종신토록 재가하지 않는 경우도 있었다. 이를 의절(義節)이라고 해서 추앙했다.

어려(魚呂)의 난은 후궁들이 황제의 은총을 입지 못하자 환관과 정을 통하다 발각된 사건이었다. 어려의 난을 처리할 때 벼락이 궁전을 때렸다. 하늘도 영락제의 대학살에 눈살을 찌푸렸던 것이다. 4월 야밤에 천둥이 치고 비가 세차게 뿌렸다. 번개를 맞아 봉천전·화개전·근신전 3전이

화염에 휩싸였다. 궁전은 한줌의 재로 변했다. 사람들은 환호작약했다. 관료와 백성들은 황제가 천변을 두려워해 살육을 멈출 것으로 기대했지만 오산이었다. 주륙은 계속되었던 것이다. 하지만 3전이 불타고 난 3년 뒤 영락제의 목숨도 연기처럼 사라졌다.

세종 때 태감 윤봉의 전언으로 여씨를 모함한 것이 태감 황엄의 농간이었다는 사실이 백일하에 드러나기도 했다.

윤봉 여씨가 권씨를 독살했다 하여 능지형을 받았습니다. 그녀의 죄가 아니라 황엄이 참소한 것입니다. 황엄은 죽은 뒤에 관(棺)을 자르는 죄를 당했고, 아내와 노비는 관청의 종이 되었습니다. 권비 독살사건이 모함이었음이 백일하에 드러났습니다.

세종 황엄은 영락제 때 궁중을 전적으로 주관했는데, 여씨를 모함한 것이 이제 세상에 드러났소. 여씨의 죽음이 실로 본국의 수치였는데 이제 분이 조금 씻겼소.

여씨 모함 사건의 배후에 환관 황엄이 관련되어 있었다는 것이다. 결국 황엄은 부관참시형에 처해졌고, 아내와 노비들은 관아의 종이 되는 처벌을 받았다. 이 사건으로 세종도 명나라 황제에게 지고 있던 심적인 부담에서 벗어날 수 있었다.

# 4부

## 여비 순장당하다

조선 출신 공녀가 황제의 후궁이 된 경우 그 가족들에게는 상당한 혜택이 주어졌다. 여비의 남동생 한확은 명나라의 벼슬을 얻은 것은 물론 조선에서도 막강한 권력을 쥐었다. 세조 때의 한명회가 그의 조카다.

# 여비의 순사와
# 유모 김흑의 귀국

영락 22년(1424) 4월 영락제의 다섯 번째 몽골 친정이 단행되었다. 친정을 떠나기 전 영락제는 조선 처녀가 그리웠다. 영락제는 태종에 비해 세종의 지성이 부족하다고 불만을 토로했다. 세종은 처녀를 요구하려는 심사라고 간파했다. 즉시 의정부와 육조를 불러 논의했다. 중외에 혼인과 시집보내는 일을 중지시켰다. 동시에 진헌색을 설치하고 판돈녕 김구덕 등을 제조로 삼았다. 진헌색 별감과 내시를 각 도에 파견해 처녀를 선발했다. 지신사 곽존중이 서울의 처녀를 의정부에 모아두고 28명을 골랐다. 사직(司直) 우주(禹鑄) 딸의 용모가 제일이었다. 세종은 친히 처녀들을 시종할 비(婢)를 각 사(司)의 비자(婢子) 중에서 뽑았다. 의정부·육조판서는 28명의 처녀 중에서 7명을 선발했다.

6월 사막을 횡단한 명나라 군사는 아룩타이[阿魯台]가 출몰하는 누무르게 하반(河畔)에 도착했다. 그러나 몽골군은 이미 도주해 군대를 철수할 수밖에 없었다. 귀환하는 도중 황제는 유목천(楡木川)의 막영(幕營)에서 65세의 생애를 마쳤다. 황제의 죽음으로 명나라 궁궐은 분주해졌다. 장례 절차를 밟으면서 대신들은 홍무제의 사례를 본받아 후궁들을 순장하기

로 결정했다.

　운명의 아침. 뜰에 성대한 음식을 차려놓았다. 후궁들은 곧 죽을 목숨임을 눈치채고 음식에 손을 대지 못했다. 식사 시간이 끝났음을 알리자 후궁들은 정신이 혼미해졌다. 한 사람씩 마루 위로 끌려갔다. 여인들이 발버둥을 치자 환관들이 겨드랑이를 부추겨 일으켜 세웠다. 곡성이 전각을 진동시켰고 이를 지켜보는 자들도 치를 떨었다. 작은 평상 위에 여인들을 일렬로 서게 했다. 평상 위로부터 올가미가 늘어져 있었다. 맨 처음 목을 매는 여인이 마루 위로 올라가자, 홍희제가 들어와 이별의 말을 건넸다. 머리를 올가미에 넣고는 걸상을 밀치자 숨이 조여 왔다. 가녀린 손가락이 풀렸다. 이윽고 영락제의 사랑을 한껏 받던 여비 차례였다. 여비는 목이 매달리기 전에 유모 김흑에게 울면서 외쳤다.

"유모! 나는 가오. 유모! 나는 가오."

여비는 울면서 홍희제에게 소원을 말했다.

"저의 몸종은 나이가 들었으니 고국으로 돌려보내주십시오."

여비는 죽음을 앞에 두고도 몸종을 가엾게 여겨 고국으로 돌려보내달라고 애원했다. 홍희제는 여비의 간청을 허락했다. 말을 마치기도 전에 곁에 있던 환관이 걸상을 빼냈다.

돌이켜보면 자태가 곱고 아름다운 여인 1등으로 선발된 여비였다. 총명한데다 영리하여 영락제가 여비를 소중하게 여기지 않았던가. 고국을 떠나 구중궁궐에서 외롭게 생활한 지 8년만의 일이었다. 이때 조선 출신 여인 최씨도 운명을 같이했다. 순장당한 비빈이 16명이었다고 하는데 『조선왕조실록』에는 30여 명으로 기재되어 있다. 여비의 시호는 강혜

홍희제 영락제의 장자로, 그의 뒤를 이어 제4대 황제로 등극하였으나, 재위 1년도 안 되어 죽었다

장숙(康惠莊肅)이었다.

여비를 극진히 모시며 향수를 달래던 유모 김흑도 일찍이 권비 독살 사건 당시 옥에 갇혀 고초를 겪었다. 순장당한 여비가 죽기 전 유모 김흑을 고국으로 돌려보내달라는 소원을 어떻게 처리할 것인가에 대해 홍희제는 태감 윤봉과 상의했다. 홍희제는 김흑을 조선으로 돌려보내고 싶지만 여미인 사건을 누설할 염려가 있다는 속내를 감추지 않았다. 윤봉은 사람마다 마음이 다른데 자신이 어찌 알겠느냐며 말을 회피했다. 결국 김흑을 돌려보내지 않기로 결정했다.

여비와의 약속을 어긴 홍희제는 김흑을 자금성에 붙들어두기 위한 핑계거리를 만들었다. 김흑에게 고명(誥命)을 내렸다.

|고명| 짐은 생각하건대, 제왕으로서 어버이에게 효도를 다하는 자는 반드시 어버이가 사랑하던 사람에게 은혜를 미치게 한다. 사랑하던 사람을 보육하던 자에게도 은혜를 미치게 하니, 인(仁)의 지극함이요 의(義)의 융숭함이다. 슬프다. 너 김씨는 고(故) 강혜장숙(康惠莊淑) 여비의 유모이다. 여비는 공손히 선제(先帝)를 섬기어 현숙하다고 일컬어졌다. 황제가 승하하자 몸을 버려 순종하였으니, 봉작(封爵)과 시호(諡號)를 더하여 어진 행실을 표했다. 너는 옛날에 여비를 보육하는데 힘을 쓴 점을 생각하여 특별히 공인(恭人)에 봉하노라. 이 영광을 생각해 공경하고 게을리 하지 말라.

여비를 모셨다는 공로로 유모 김흑을 공인에 봉했다. 공인은 외명부(外命婦), 즉 문무 관료의 처 중 4품에게 내려주는 칭호였다. 일개 유모의 신분으로서는 고위 직책에 오른 셈이다. 귀국이 허락되지 않은 김흑은 태황태후(太皇太后), 즉 홍희제의 황후인 장황후(張皇后)를 모셨다. 태황태후는

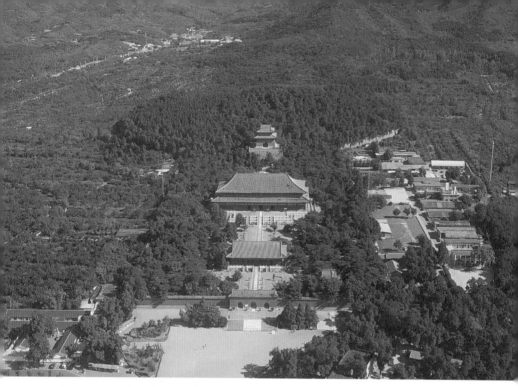

그녀에게 후한 대접을 해주었다. 하지만 김흑은 여비가 죽은 이후 삶의 의미를 상실했다. 오로지 고국으로 돌아가고 싶은 여념뿐이었다. 초롱불의 심지가 타들어 갈 때마다 그리움은 서러움으로 변해갔다.

김흑  태황태후 마마! 늙은 것이 은혜를 입은 것이 대단히 후하옵니다. 고향으로
      돌아가고 싶습니다.

태황태후 알겠노라. 소원대로 해주마.

김흑  집찬비(執饌婢)와 창가비(唱歌婢)도 함께 고국으로 돌아가게 해주십시오.

태황태후 그녀들도 북경에 있단 말이지? 그녀들도 돌려보내도록 하마.

귀향의 간절함이 태황태후의 마음을 움직여 그녀는 궁궐을 벗어날 수 있었다. 하직하는 날 태황태후는 김흑의 손을 잡고 울면서 작별의 정을 나누었다. 여비가 죽고 10여 년이 지난 시점이었다. 선덕제의 뒤를 이은 정통제가 내린 결정이었다. 정통제는 즉위하자 예부에 궁중의 음악을 담당하던 교방사(教坊司)의 악공(樂工) 수가 너무 많다며 3,800명을 집으로 돌려보냈다. 황제는 표면적으로 김흑이 너무나도 고향을 그리워하는 데다 부모형제가 그녀를 보고싶어 할 것이라는 점을 내세웠다. 은총을 베풀어 그녀를 돌려보내기로 결심했다. 그러나 실제는 권비 독살사건이 세상에 어느 정도 잊혔다고 판단했던 점도 영향을 미쳤다. 할아버지인 영락제의 무고한 살해 사건이 사람들 뇌리 속에서 사라지자 김흑 등 53명은 굳게 닫힌 자금성의 문을 열고 꿈에도 그리던 고향으로 길을 나설 수 있었다.

선덕 10년(1435, 세종 17) 정월에 황제가 죽고, 새로이 등극한 정통제가 내린 특별 조치였다. 3월에 조선 출신 환관 이충·김각·김복 등이 칙서를 받들고 처녀 종비(從婢) 9명, 창가비(唱歌婢) 7명, 집찬비(執饌婢) 37명을 데리고 조선으로 출발했다. 환관 이충은 권비를 따라 명나라에 들어갔던 인물이다. 김각은 전라도 옥과(玉果), 김복은 평양 출신으로 이들 모두 태종 3년(1403)에 북경에 들어간 화자였다. 황제는 그들을 집으로 돌려보내라고 명했다.

세종은 이들을 경복궁에서 맞아들였다. 왕은 꿇어앉아 환관 이충이 가지고 온 칙서를 받들었다. 이충에게 예를 표하려 하자 그가 손을 내밀어 말렸다.

이충 저희는 조선의 백성인데 어찌 감히 전하와 대등한 예를 행하겠습니까. 전하께서는 남향하여 앉으시고, 저희는 북향하여 예를 행하겠습니다.

세종 손님과 주인의 예는 그렇지 않소.

본래 황제나 국왕은 남향하고 신하는 북향하는 것이 예의였다. 이충이 강권하자 세종은 동남향하고 사신은 서북향 했다.

이충 전하께서는 남향하고 앉으셔서 김흑의 절을 받으시옵소서.

세종이 동남쪽을 바라보고 앉자 김흑 일행이 정전의 월대(月臺)로 올라왔다. 그녀들의 의복과 머리장식은 중국식이었다. 명나라의 예절로 임금에게 팔배(八拜)를 올렸다. 몸을 굽히고 머리를 숙이고 손을 모으고 구부렸다 우러렀다 했다. 마치 그 모습이 무용하는 것 같았다. 무릎을 꿇고 머리를 숙여 절을 하고 내려가자 남쪽 회랑에서 음식을 먹였다.

세종 여비의 몸종 김흑을 내가 가엾게 여겨 저마포(苧麻布)와 면포(綿布) 등 물품을 주려 하는데, 몇 필을 주어야 하겠는가?

황희 김흑은 저마포와 면포 각각 2필을 주고, 그 나머지 사람들에게는 저마포와 면포 각 1필씩을 주소서.

여비의 유모에게 물품을 우대하여 지급했다. 그녀가 명나라 궁궐에서 가지고 온 비단을 바치자 세종은 그녀의 성의에 보답하고자 쌀·콩·면포를 추가로 하사했다.

세종 처녀 종비(從婢)와 창가비와 집찬비 등은 비록 사천(私賤)이기는 하나, 공노비(公

奴婢) 자격으로 본래 주인에게 돌려주는 것이니, 일을 시키지 말고 각각 생업에 종사하게 하라.

세종은 김흑이 사노비이기는 하지만 명나라에서 고생한 인정·도리를 살펴 일을 시키지 말고 각자의 생업에 종사케 하라는 특별 조치를 취해주었다. 임금은 자금성에서 보고 들은 모든 것에 대해 비밀을 엄수하는 것이 중요하다고 생각하고는 귀국한 비자(婢子)들이 경솔히 누설하지 말도록 엄명했다. 만일 누설하는 경우는 말한 자와 물은 자를 모두 처벌하게 했다. 세종은 집찬비가 귀국할 때 태황태후가 후하게 위로하여 보내준 것에 대해 사례를 표하고자 호조참판 봉여(奉礪)를 진헌사로 임명하여 북경에 보내 사례하는 것도 잊지 않았다.

# 조선에 남은 가족들

이역 땅으로 끌려가는 딸의 모습을 안타까이 바라보는 부모나 친족의 가슴은 찢어질 듯했다. 한없이 비참한 심정이었다. 이들 처녀를 위로해주기 위해 명나라 황제나 조선 국왕은 여러 가지 방안을 강구했다. 황제는 처녀들의 서운함과 적막함을 조금이라도 덜어주기 위해 부친이나 인척을 남경으로 불러들였다.

태종 14년(1414)에 권비의 오빠 권영균이 남경으로 출발했다. 영락제가 몽골 친정을 떠나자 황제의 기거를 문안한다는 명목이었다. 태종은 광연루에서 그를 전송하고, 마포와 인삼 등의 물품을 지급했다. 이들이 3개월 만에 귀국했을 때도 태종은 광연루에서 연회를 베풀어 주었다.

처녀의 부친이나 오빠가 명나라의 관직을 제수받으면 이에 걸맞은 급여를 지급해야 했다. 문제는 이들이 조선에 살고 있다는 점이었다. 영락제는 예부로 하여금 광록시경 권영균, 소경 정윤후·여귀진·이문명과 홍려시경 임첨년, 최득비에게 녹봉을 책정했으나 조선까지는 길이 멀다며 태종에게 공문을 보내 대신 지급해줄 것을 요구했다.

〈 명조의 봉록과 조선의 녹과 〉

| 성명 | 명조의 관직 | 봉록 米(단위: 石) | 조선의 관직 | 조선의 봉록 |
|------|-------------|------------------|-------------|-------------|
| 권영균 | 광록시경 | 26 | 정2품 | 미 2석2두, 태 1석5두 |
| 정윤후 | 광록시소경 | 16 | 종3품 | 미 1석2두, 태 1석2두 |
| 여귀진 | 〃 | 16 | 종2품 | 미 1석2두, 태 1석2두 |
| 이문명 | 〃 | 16 | 종3품 | 미 1석2두, 태 1석2두 |
| 임첨년 | 홍려시경 | 24 | 종2품 | 미 1석11두, 태 1석5두 |
| 최득비 | 홍려시소경 | 14 | 정4품 | 미 1석2두, 태 13두 |

그 급료의 액수를 보면, 광록시경은 월 미(米) 26석(石), 광록시소경은 16석, 홍려시경은 24석, 홍려시소경은 14석이었다. 의정부는 권영균 등의 녹봉을 새로이 산정해야 했다. 명나라와 조선의 품관에 따른 봉록에 차이가 있었기 때문이었다. 권영균의 경우 아중대부(亞中大夫)는 명나라의 정3품으로 조선의 종1품에 해당하지만, 1등급을 감하여 정2품 녹봉으로 결정했다. 다른 처녀의 부친들도 이러한 규칙을 적용하여 녹봉을 지급했다. 이 결정에 대해 사헌부는 문제점을 지적했다.

사헌부   이조에서 권영균 등에게 녹봉 지급 문서인 녹패(祿牌)를 지급했습니다. 명나라의 벼슬을 이조에서 증서를 내주는 것은 마땅하지 않습니다. 또 원윤(元尹)·정윤(正尹)은 작질(爵秩)이 2품이라도 직사(職事)가 없기 때문에 내려서 4품의 녹(祿)을 따릅니다. 지금 권영균 등은 직사가 없어 조선의 직에 준하여 한 등급을 감하여 녹을 받는 것도 마땅하지 않습니다. 임첨년 등의 사령장이 아직 도착하지 않았습니다. 별도의 사례로 매년 풍저창(豊儲倉)에서 지급하게 하소서.

태종   이는 의정부가 논한 것이지, 내가 아는 바가 아니다.

사헌부   일 없이 녹을 먹는 자를 시록(尸祿)이라고 합니다. 한가하게 일 없이 앉아서 후한 녹을 허비하는 것은 관직을 설치하고 봉록을 주는 취지에 맞지 않습니다. 광록시·홍려시는 명나라의 관작인데, 이조에서 문서를 주는 것도 마땅치 않습니다. 적당히 쌀을 주십시오.

사헌부는 명나라의 관직을 제수받은 권영균 등에게 봉록을 지급하는 문제를 제기했다. 그들은 실질적으로 일도 하지 않는 데다가 명나라 관직에서 한 등급만을 강등하여 녹봉을 지급하는 것도 거슬렸다. 이에 논의 끝에 월봉(月俸)만 주는 것으로 결착되었다.

명나라 황제가 특히 신경 쓴 부분은 처녀들의 부모나 인척이 죽은 경우였다. 광록시소경 이문명이 죽자 아들 이무창(李茂昌)이 부친의 유지를 받들어 남경으로 들어갔다. 영락제는 그에게 광록시경을 제수시켰다. 광록시소경 여귀진이 병으로 죽자 태감 황엄은 제문(祭文)과 향(香)을 가지고 한양으로 들어왔다. 그는 여귀진의 묘소에 가서 제사를 지냈다. 이때 북경에서부터 양·돼지·거위 등의 제수품을 준비해 왔다.

광록시소경 정윤후가 죽었을 때는 세종이 통사 전의를 명나라에 들여보내 예부에 알렸다. 정윤후의 딸이 황제의 후궁으로 있었기 때문이다. 부음을 알리자 태감 왕현(王賢)이 제사를 지내러 압록강을 건넜다. 세종은 백관을 영솔하고 모화루에 나아가 그를 영접했다. 이어 태평관으로 자리를 옮겨 하마연(下馬宴)을 베풀었다. 왕현은 황제와 황비의 제문을 받들고 정윤후의 집을 찾아가 제사를 지냈다. 황엄이 '정윤후의 아들을 북경에 보내 황제가 제사를 지내준 데에 대한 감사의 뜻을 표하라'고 하자, 예조판서 허조가 반대했다.

허조 정윤후는 아들이 한 명이라 그를 보내면 상주(喪主)가 없게 됩니다. 북경에 들여보낼 수 없습니다.

세종 3년 동안 복상하는 것은 천하의 통례로, 정윤후의 아들이 상복을 입고 있는 중이오. 상복을 벗고 조회에 참여하는 것은 예절에 합당치 않은가 하오.

황엄 전하의 말씀이 지당합니다. 작은 일로 큰 예절을 폐기하는 것은 불가합니다. 황제께서 물으시면 그렇게 아뢰겠습니다.


황엄이 상중인 정윤후의 아들을 북경에 보내려고 했던 제안은 상례에 어긋난다는 반박을 받아 중지되었다.

세종 6년(1424) 한확의 모친이 죽었다. 세종은 미두(米豆) 20석, 종이 100권과 관곽을 내렸다. 황제와 여비에게 모친의 죽음을 알리기 위해 첨지사역원사 조충좌(趙忠佐)는 자문을 가지고 요동으로 출발했다. 요동에서 북경으로 부고가 전해지자 영락제는 태감 왕현(王賢)을 보내 제사를 지내게 했다. 태감 왕현은 한확의 모친이 죽자 황제의 제문만이 아니라 여비가 모친 김씨에게 바치는 제문도 받들고 왔다. 그 제문의 내용은 다음과 같다.

| 황제의 제문 | 생각하건대 혼령은 명문 집안에서 태어나 좋은 집안에 시집갔도다. 성품과 자질은 단정하고 정숙하여 내조가 아름다웠다. 매우 현명한 딸을 낳아 궁궐의 빈(嬪)으로 만들었다. 참으로 평안하고 영화로움을 함께 누리면서 수(壽)와 복(福)을 많이 받을 것인데, 어찌 병이 들어 갑작스럽게 운명했는가? 친족을 생각하면 진실로 감동하고 애도함이 깊도다. 이에 특히 사람을 보내어 생례(牲醴, 제사 때 사용하는 희생과 감주)로써 제사지내니, 혼령이 있다면 부디 흠향하소서.

황제는 김씨를 명문집안 출신인 데다 성품과 자질도 훌륭한 여인, 즉 본받아야 할 전형적인 여성상으로 추켜세워 추도했다. 아울러 현명한 여비를 낳았다는 사실도 잊지 않고 드러냈다. 김씨의 부친은 삼도수군도지휘사(三道水軍都指揮使)를 역임한 의성군 김영렬(金英烈)이었다.

| 여비의 제문 | 생각건대 우리 어머니, 자식을 기르시는데 고생하셨습니다. 덕은 후하시고 은혜는 깊어 보답할 수 없습니다. 여식이 연약한 체질로 궁궐의 빈(嬪)으로 선발되었습니다. 황상의 총애를 받아 부귀를 누리고 성대한 하사를 더하시니 영화가 집안에 미쳤습니다. 바야흐로 우리 어머님의 눈썹이 세도록 오래 사셔서 영원히 건강하고 평안을 누리실 것을 기약했더니 어찌 하루아침에 돌연히 돌아가셨습니까? 삶과 죽음을 추모하면 어찌 애통함을 이기오리까. 이에 특별히 제사를 지내 작은 정성을 표합니다. 영혼이 계시거든 살펴 흠향하소서.

여비는 어머니가 3남 2녀의 자식들, 그 중에서도 연약한 자신을 돌봐 황제의 빈(嬪)이 되게 해주신 데에 대해 고마움을 표했다. 장수하여 영화를 누릴 것을 기원했는데 돌아가셨다며 애석함을 금하지 못했다.

이 해 영락제의 총애를 받던 권비의 오빠 권영균도 죽었다. 그는 여동생 덕에 갑자기 부귀하게 되어 조정의 권력자들과 교제했다. 점차 교만해졌고 주색에 빠져 젊은 나이에 죽음에 이르렀다. 세종은 부의로 쌀 30석과 관곽을 내렸다. 그의 부음이 북경에 알려지자 황제는 환관 김만을 조선에 파견하여 백금 200냥과 비단을 부의로 보내 제사지내게 했다.

# 여비의 동생 한확,
# 조선 최고의 실세가 되다

한확(韓確)은 청주(淸州) 출신으로 고려 개국공신 한란(韓蘭)의 후손이다. 부친은 지순창군사(知淳昌郡事)를 지낸 한영정이고, 모친은 병조참판 의성군 김영렬의 딸이다. 부인은 이조판서를 역임한 홍여방(洪汝方)의 딸이다. 큰누이가 영락제의 총애를 받는 여비가 되었다. 영락제는 여비의 명민함을 칭찬한 나머지 한확을 광록시소경으로 삼고 말·금·은·각종 비단을 하사했다. 환관 육선재를 조선에 보내 특별히 여비의 집에 상사(賞賜)를 보낼 정도였다. 영락제는 그를 '돈후한 자질을 타고났으며 성실한 태도를 지니고 있다'며 마음에 들어 했다.

영락제는 한확을 매일 궁중에 불러 황엄과 같이 식사를 하게 했다. 황제는 그를 융숭하게 대우했고, 항상 좌우에 두었다.

영락제   내 큰아들의 딸을 그대의 아내로 삼고자 하는데 어떤가?
한확   고향에 노모가 있어 사양하겠습니다.

영락제는 넌지시 큰아들(후의 홍희제)의 딸과 결혼할 것을 제안했으나 한확은 고향의 노모를 핑계로 거절했다. 쿠빌라이의 재현이라고 칭해지는 위대한 영락제를 배후로 둔 한확은 조선과 명나라 사이에 개재된 외교문제를 해결하는 데 있어서도 큰 역할을 했다.

태종이 늙어 양위를 청하자 영락제는 한확을 조선으로 들여보냈다. 그가 태종의 셋째 아들인 이도(李祹) 즉, 세종을 국왕으로 책봉하는 고명(誥命)을 받들고 조선으로 오자 임금은 노비 10명과 밭 70결을 하사했다. 아울러 그의 아우 한전(韓碵)을 의영고(義盈庫) 승(丞)으로 삼고, 호조에 명하여 7품관에 해당하는 봉록을 지급하도록 했다.

태종을 이은 세종은 명나라에 바치는 금·은의 조공품을 면제받고자 애썼다. 고려 말부터 금·은을 조공품으로 바쳤으나, 조선의 산출물이 아니어서 면제를 받으려고 외교적 노력을 경주했다. 한번은 원민생이 주문사(奏聞使)로 북경에 갔을 때, 황엄이 통사 원민생에게 이런 말을 건넸다.

"내년에 그대가 한확과 함께 같이 와서 금·은의 감면을 청하면 뜻을 이룰 것이오."

황엄의 조언대로 이듬해 예조참판 하연(河演)을 북경에 보내 금·은 조공의 면제를 청할 때 한확을 동행시켰다. 황제에게 진상할 후지(厚紙) 3만 5,000장과 석등잔(石燈盞) 10벌, 황엄에게 줄 초피(貂皮)로 만든 갖옷 한 벌을 갖추었다. 금·은 조공 면제를 해결하려는 선물이었다.

세종 우리나라는 새해 정월 초하루인 원단(元旦)의 축하와 황제의 탄신일인 성절(聖節), 황태자의 탄신일인 천추절(千秋節)이 되면, 금·은 식기·저마(苧麻)·세포(細布)·인삼·화석(花席) 등의 예물을 바쳤습니다. 금·은은 예로부터 본국에서는 생산되지 않습니다. 원나라 때 외국 상인들이 왕래하면서 약간의 금·은을 소장하고 있었는데 지금은 거의 다 써버렸습니다. 임시 기념일이라도 되면 그 수를 채우지 못할까 두렵습니다. 바라건대, 황제께서 금·은 식기를 면제하고 토산 물품으로 대신하게 하소서.

조선은 황제와 황태자의 탄신일에 금·은 등의 물품을 바쳤는데, 명나라에서 요구하는 액수를 마련하기가 만만치 않았다. 여러 번 면제를 요청했지만 명나라 예부가 응해주지 않았다. 이에 한확을 외교의 전면에 내세웠다. 그런데 생각지도 못한 문제가 돌출했다. 사신이 바친 상주문에 날짜를 기입하지 않은 치명적인 외교적 실수를 범했던 것이다. 영락제는 급히 한확을 불러 이렇게 질책하는 말을 세종에게 전하게 했다.

영락제 그대(세종)의 부친인 태종은 나를 지성으로 섬겼으나, 젊은 왕인 세종은 마음을 쓰지 않아 날짜도 기입하지 않았다. 그 책임을 물으려 했으나, 짐이 그대 나라를 매우 후하게 대우하기 때문에 중지했다. 돌아가거든 국왕에게 전하라.

문서에 날짜를 기입하지 않은 치명적인 외교적 결례로 세종이 질책을 당할 위기에 처했을 때 한확 덕분에 영락제의 질책을 모면할 수 있었다. 다만 본래의 목표였던 금·은 조공 면제는 해결을 보지 못했다. 그 후 선덕제가 조선은 조공이 빈번하여 매번 금·은 식기를 바치는데 어려움이 뒤따를 것이라며 중지하라는 명을 내렸다. 세종이 즉시 조카 이재(李宰)를 보내 감사의 뜻을 표하자 황제는 금·은 대신에 토산물로 바치라고 명했다.

영락제가 죽자 조선은 진위사와 진향사를 파견했다. 이때 북경에 들어가는 황친들의 노자비로 각각 포(布) 80필을 지급했다. 특별히 한확에게는 여비의 진향 명목으로 물품을 더 하사해 주었다. 이런 한확의 성품을 알 수 있는 일화가 있다. 그는 사람들이 창기의 집에서 자는 것을 몹시 싫어했다. 이극감(李克堪)이 서장관이 되어 그를 수종했을 때의 일이다.

이극감  공은 집에 첩을 몇씩 두고 있으면서 특별히 다른 사람이 창기의 집에서 자는 것을 싫어함은 무슨 까닭입니까?

한확  사람들이 그 때문에 화를 당하게 되기 때문이네. 옛날에 한 중신(重臣)이 외방에 장군으로 나가 무뢰한 한 사람을 데려다가 부하로 삼자 사람들이 이상히 여겼지. 얼마 안 되어 무뢰한이 가벼운 군율을 범했는데 군리(軍吏)가 심문하고 장군에게 아뢰었네. 장군이 '극형에 처하라'고 판결했지. 군리가 물러나가 방문 밖에 서서 혹시 다른 분부라도 있을까 하며 대기하고 있었어. 장군이 장막 안에서 옆으로 돌아누우면서 원망하는 말이 '에잇! 고약한 저 놈이 내가 사랑하는 계집을 훔쳤어'라고 중얼거리는 소리가 들려왔다네.

군리는 장군이 이전에 무뢰배와 여인을 가운데 두고 오랫동안 쌓인 구원(仇怨)이 있다는 사실을 떠올렸다. 한확이 이 일화를 끄집어낸 이유는 창기와 동침하다 처벌당할 수 있다는 점을 경계하라는 것이었다. 창기를 두기보다는 여러 명의 첩을 두는 것이 낫다는 생각이었다.

창기를 멀리했던 한확이 전 감무(監務) 김성정(金成鼎)의 첩의 딸 고미(古未)와 간통했다가 관직에서 물러나는 사건이 벌어졌다. 고미는 시녀로 일찍이 궐내에 있다가 어미 집으로 돌려보내졌던 미천한 신분의 여인이었다. 시녀의 어미가 한확이 자기의 딸과 간통했다며 고소하자 사헌부에서 그를 처벌할 것을 청했다. 이에 임금은 이렇게 답했다.

**세종** 이 사람은 내가 죄줄 수 없는 사람이다.

세종이 한확을 처벌할 수 없었던 이유는 자신의 서자 계양군(桂陽君) 이증(李璔)과 한확의 둘째딸이 혼인한 탓도 있겠지만, 그보다는 그의 누이가 여비로 다시 말해 한확이 황제의 외척이었기 때문이다. 왕이 황제의 외척을 함부로 처벌할 수 없었던 것이다.

한확의 위세를 짐작할만한 일화는 또 있다. 한확이 세종의 수레를 수종하고 양주에 이르렀을 때 장인 홍여방이 죽었다는 부음이 전달되었다. 그는 어둠을 무릅쓰고 달려 한양에 도착했으나 문은 벌써 닫혀 있었다. 문을 지키는 진무(鎭撫)에게 통사정을 하고 문을 열어줄 것을 간청했다. 진무는 문을 여는 표신(標信)이 없다며 매정하게 거절했다. 한확이 강경하게 대들자 어쩔 수 없이 문을 열어주었다. 후에 이 일이 발각되었다.

**사헌부** 한확은 마음대로 성문을 열고 들어왔으니 법으로 처리해야 합니다.

이 사건으로 한확은 파면당했으나, 두 달도 채 지나지 않아 중추원사(中樞院事)에 제수되었다. 사간원은 권선징악의 의미가 없다며 봉박했다. 세종은 장인이 죽은 절박한 상황에서 벌어진 일이라 용서해 줄만하다며 응하지 않았다.

후에 한확은 함길도 관찰사에 임명되었다. 야인과 접하고 있는 지역으로 적에게 대응할 방법과 진(鎭)을 설치하는 계책이 막중하여 본인이 감당할 수 없다고 사양했으나 세종은 허락하지 않았다. 결국 관찰사직을 수행하는 중에 재차 파면당하는 일이 벌어졌다. 사건의 전말은 이렇다.

"백정 이난수(李難宇)와 그 아들이 남의 소를 도적질했다. 함길도 홍원현 감 김긍(金兢)이 법률을 잘못 집행하여 그들을 죽게 만들었다. 이난수의 아내가 이웃인 사직 안영록(安英祿)에게 고소장을 써달라고 부탁했다. 소장을 관찰사 한확에게 제출하여 원통함을 호소했다. 안영록은 본래 현감 김긍에게 감정을 품고 있어 그의 과실을 소장에 기록했다. 그런데 한확은 이난수의 아내를 가두고, 고소장을 쓴 안영록을 장(杖) 90대에 처했다."

이 사건을 보고받은 세종은 이조정랑 조석문(曹錫文)을 보내 사건의 전모를 재조사하게 했다. 결국 사건을 잘못 판단하여 처리한 죄로 한확은 파면을 당했다.

문종이 즉위한 해에 한확의 부인 홍씨가 죽자, 임금은 쌀·콩 합계 20석(石), 종이 100권, 관곽(棺槨)·석회(石灰)를 부의로 내렸다. 다음해 그는 명나라 경태제(景泰帝)가 문종에게 고명을 하사한 일과 세자 책봉에 대한 사례 임무를 띠고 북경에 파견되었다.

단종이 즉위하자 명나라 이부랑중 진둔(陳鈍)·행인사 사정 이관(李寬)이 황태자를 새로 책봉하는 조서를 받들고 북경에서 출발했다. 당시 정통제는 토목(土木)의 변(變)으로 몽골 오이라트부의 에센(也先) 칸의 포로가 되었다가 풀려나 자금성 밖 동남쪽의 남궁(南宮)에 유폐되어 있었다. 정통제의 이복동생 경태제는 정통제의 아들인 견심(見深, 후의 성화제)을 황태자에서 폐하고 자신의 아들인 견제(見濟)를 세웠다. 이를 알리기 위해 명나라 사신이 조선에 들어온 것이다. 본래 명나라 사신이 조선에 들어오면 숙소

사신 맞이하기 　명나라에서 사신이 파견되어 오면 조선 조정은 극진한 예로 이들을 맞이했다.

에서는 연향을 베풀고, 역참을 지날 때에는 술과 밥을 바치는 것이 규정
이었다. 그런데 때마침 국상 중이었다.

명나라 사신　　의주에 도착한 날에 이미 전하가 명나라 조정을 공경하는 지성을 알
　　　　　　았는데 어찌 이와 같이 번거로이 하는가? 이 물품들은 모두 백성들을
　　　　　　수고롭게 하고 재물을 낭비하는 것이오. 우리들도 술 마시기를 좋아하
　　　　　　지 않으니, 이제부터 연향을 없애시오.

한확          이제부터는 한결같이 대인의 명에 따르겠습니다.

　명나라 사신이 한양에 들어오기 2개월 전인 5월에 문종이 죽어 국상 중이었다. 한확을 원접사(遠接使)나 선위사(宣慰使) 등의 직책에 임명해 그들을 응대하는 임무를 맡겼다.

　명나라 사신들도 한확은 함부로 대할 수 없었다. 명나라 조정에서 위세를 떨치던 환관 윤봉과 창성조차도 조선에 들어오면 반드시 한확의 집에 가서 술자리를 베풀었다. 그들도 여비의 여동생 한계란을 의식하지 않을 수 없었다. 세종 19년(1437)에는 한확의 딸이 세종의 둘째 서자인 계양군과 혼인해 그의 권력 기반은 더욱 공고해졌다.

　단종은 우의정 한확에게 다음과 같은 교시를 내린 적이 있다.

　"덕이 성한 자는 벼슬로 높이고 공이 높은 자는 상으로 권장한다. 이것은 고금을 통한 의리요, 국가의 떳떳한 법이다. 경은 고관대작의 자손으로 질박하고 중후한 자질을 지녔고, 행동은 정대하고, 사물에 대처함이 매우 밝다. …… 지난번에 지친(至親) 이용(李瑢)이 권세 있는 간신들과 결탁하여 몰래 불궤를 꾀하여 화가 헤아릴 수 없었는데, 경이 험난한 때에도 변하지 않는 지조와 나라를 경륜하고 세상을 구제하는 지략으로써 숙부 수양대군을 도와 흉한 무리를 쳐서 없애어 오늘이 있게 했다. 종사가 무너지지 않은 것은 그대의 공에 힘입은 것이다. 이에 공훈을 책정하여 1등으로 삼고, 부모와 아내에게 작(爵)을 주며, 후세에까지 영원히 죄를 용서해주노라. …… 아아! 사직에 공이 있어, 이미 많은 어려운 일을 구제했다."

단종은 세종의 셋째아들이자 수양대군의 동생인 안평대군이 김종서·
황보인 등과 함께 정변을 기도했을 때 이들을 진압했다는 공로로 한확을
1등공신으로 책정했다. 한확의 집안이 죄를 지어도 영원토록 용서해주겠
다는 특별 은사 조치까지도 베풀었다.

그러나 아이러니컬하게도 단종의 한확에 대한 애정 어린 교지는 산
하가 봄에서 여름으로 변할 여유도 주지 않은 짧은 시간 속에 연기처럼
사라졌다. 세조는 계유정난으로 정권을 잡자 한확을 우의정에 앉히려
고 했다.

> 한확 도원군(桃源君)이 제 사위입니다. 대군께서 권력 있는 간신을 베어 없애고 수상
> (首相)이 되어 정치를 보좌하는데, 제가 사돈으로서 삼공이 되면 세상의 평판
> 이 어떻겠습니까?

한확의 여섯째딸이 도원군(훗날의 의경세자, 덕종으로 추존), 즉 세조의 큰아
들과 혼인했던 까닭에 그는 세간의 수군거림을 우려해 우의정을 사양했
다. 얼마 지나지 않아 정난의 공을 정할 때 한확은 한명회 등과 함께 1등
에 책정되었고 우의정에 봉해졌다. 사간원은 한확이 공로 없이 외람되게
공신의 열에 끼게 되었다며 공신의 호(號)를 삭제해 줄 것을 간언했으나
세조는 듣지 않았다.

조카를 죽이고 정권을 잡은 세조는 도덕적 명분에서 대단히 취약했다.
세상의 인심과 명나라를 의식하지 않을 수 없었다. 조정 대신과 백성들
로부터의 원성과 반감을 줄이기 위해서는 하루라도 빨리 명나라 황제로
부터 국왕에 책봉되어 정당성을 부여받아야 했다. 마침내 세조 2년(1456)
주문사 통사 김유례(金有禮)로부터 명나라 사신 윤봉·김흥이 국왕과 왕비

를 책봉한다는 조칙과 고명을 가지고 2월에 출발한다는 소식을 전해왔다. 명나라 사신은 4월에 한양에 들어왔다. 세조는 조칙과 고명을 하사해준 데에 대한 감사의 표시로 사신을 파견하기로 결정했다. 그 책임의 적격자가 바로 한확이었다. 세조는 한확에게 19세의 적장자인 도원군을 세자로 책봉해줄 것을 청하는 일도 완수해낼 것을 주문했다. 한확이 북경으로 들어가게 되자 내관 전균(田畇)은 술을 가지고 가서 위로했다. 당직을 서는 자를 제외하고 모든 관리들이 술자리에 참여했다. 사위인 세자와 그 세자빈도 한확의 집에 가서 잔치를 베풀었고, 우승지 한명회도 술을 따르며 위로의 말을 건넸다.

한확은 북경에 들어가 세자를 책봉하는 일을 완수하고 귀국하던 도중 요동 칠가령(七家嶺)에 이르러 병을 얻었다. 집안 일에 대해서는 한마디도 하지 않고 사하포(沙河鋪)에 이르러 죽었다. 57세였다. 부음이 조정에 들리자 세조는 놀라고 슬퍼하여 예관(禮官)을 보내 압록강 가에서 관을 맞이하고, 도승지 한명회로 하여금 영구를 호송하게 했다. 관이 광녕(廣寧)을 지나자 요동총병관(遼東總兵官)·도어사(都御史)·도사(都司)가 탄식하고 애석해 마지않았다. 도사는 믿기지 않는다는 듯이 내뱉었다.

도사 한광록이 죽었어?

한광록은 다름 아닌 한확이다. 명나라의 관직이 광록시소경이었기에 이렇게 부른 것이다. 도사는 예를 갖추어 제수를 올렸다.

세조는 조회와 저자에서의 매매를 정지하고, 탄신일의 하례도 생략했다. 죽은 그에게 왕세자 책봉 공로를 인정해 노비 8명, 안장을 갖춘 말 1필을 하사했고, 계유정년의 공적이 크다며 좌익1등공신(佐翼一等功臣)으로

경기 남양주에 소재한 한확의 묘

인정하는 교서를 내렸다.

　다음은 『홍재전서(弘齋全書)』에 실린 한확의 묘소에 치제한 글의 일부이다.

| 福如汾陽 | 복록은 분양과 같고 |
| 勳如西平 | 공훈은 서평과 같으며 |
| 親如中山 | 친밀함은 중산 같은데 |
| 光祿少卿 | 광록시 소경이 되었어라. |
| 儲祉沙麓 | 사록에 복을 길러서 |
| 遂嬪京室 | 그 딸이 마침내 왕실의 빈이 되니 |
| 聖子神孫 | 성스럽고 신령한 자손들이 |
| 緜緜瓜瓞 | 끊임없이 이어짐이 오이넝쿨 같도다. |

한확을 당나라 때 삭방절도사(朔方節度使)를 지낸 곽자의(郭子儀), 한나라 때 승상에 오른 우정국(于定國), 한나라 황제의 아들인 중산왕에 빗대고 있다. 춘추시대 진(晉)나라에 사록이라는 산이 있었다. 이 산이 무너지자 사관(史官)이 점을 쳤다. "후세에 성녀(聖女)가 이 땅에서 태어날 것이다"라는 점괘가 나왔다. 후에 한나라 원제(元帝)의 황후가 이곳에서 탄생했다. 즉, 황후의 탄생을 비유한 것으로, 한확의 딸이 의경세자, 즉 덕종의 비(소혜왕후·인수대비)가 되었음을 읊은 것이다.

사관은 한확을 "풍채와 용의(容儀)는 준엄하고, 성품과 도량은 온화하고 정성스러우며, 사람을 대하고 물건을 접함에 온화하고 부드러웠다. 일에 임해서는 결단력이 있어 회피함이 없었다. 아우 한전·한질이 모두 세상을 떠나자 고아가 된 조카들을 자기 자식과 다름없이 양육했다"고 평했다. 부인 남양홍씨와의 사이에서 3남6녀를 두었다. 아들이 한치인·한치의·한치례이고, 6녀 중 둘째가 계양군에게 시집갔고, 여섯째는 성종의 왕후에 간택되었다. 바로 소혜왕후(昭惠王后)이다. 청주한씨 족보에 의하면 측실에서 6남을 두었는데 모두 중국에서 태어나 자랐다고 한다.

고위 관료들이 죽었을 경우 사관들의 좋은 평가를 받기 어려운 것이 실상이다. 한확의 경우는 달랐다. 누이동생은 명나라 황제의 후궁이요, 여식은 국왕의 며느리였음에도 외척으로서 권세를 휘둘렀다는 비판이 보이지 않는다. 준수한 관료였던 데다가 일찍 죽은 형제들의 자식들까지 다 떠안아 양육했다는 좋은 평가를 내렸다.

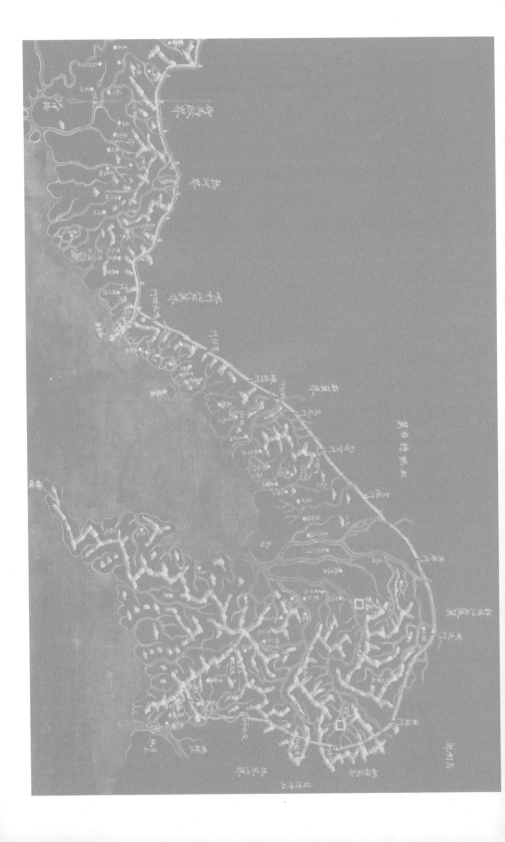

# 5부

## 한계란

# 선덕제의 후궁이 되다

여비(언니 한씨)의 뒤를 이어 그 동생 한계란도 명나라 공녀로 선발되었다. 오라비는 울부짖는 그녀를 데리고 북경으로 향했고, 순장 당한 언니의 뒤를 따를 그녀를 보고 사람들은 '산송장'이라며 눈물을 흘렸다. 동생 한계란은 언니 여비가 모신 영락제의 손자, 선덕제의 후궁이 되었다.

# 선덕제의 황후와
## 후궁들

홍희제는 부친 영락제의 뛰어난 공적을 수성하겠다고 공언했으나 몸
이 허약해 겨우 재위 8개월 만
에 죽었다. 그의 뒤를 이어 큰
아들이 제위에 올랐으니 바로
선덕제다. 그의 출생 시에 할아
버지 영락제는 부친이 대규(大
圭), 즉 큰 홀(笏)을 주며 이를 자
손에 전하면 영원히 번창하리
라는 꿈을 꾸었다. 태어난 손자
의 얼굴에서 영기가 넘쳐나는
것을 보고 만족해했다. 자신이
꿈에 본 그대로였다. 기대를 한
몸에 받은 손자가 제위에 오른
것이었다. '태평의 천자'로 기
대된 황제였다.

선덕제  한계란을 후궁으로 맞이한 명나라의 제5대 황제다.

격구사류

〈 선덕제의 황후와 후궁들 〉

| 구분 | | 성씨 | 순장 |
|---|---|---|---|
| 황후 | | 호씨(胡氏) | |
| 비 | 귀비 | 손씨 | 하씨(혜비) |
| | 현비 | 오씨 | 조씨 |
| | 혜비 | 하씨 | 오씨 |
| | 숙비 | 유씨(劉氏) | 초씨(焦氏)·제씨(諸氏) |
| | 경비 | | 조씨(曹氏) |
| | 순비 | | 서씨 |
| | 여비 | | 원씨(袁氏) |
| | 충비 | | 이씨 |
| | 성비 | | 하씨 |

황제는 하늘로부터 특별한 재주도 부여받았다. 서화 솜씨는 신하들이 따라가질 못했다. 그뿐만이 아니었다. 말을 타고 공을 치며 버드나무를 꽂아 싸맨 표적을 겨눠 활을 쏘는 놀이인 격구사류(擊毬射柳)에도 능했다. 할아버지인 영락제가 동원(東苑)에 행차해 문무대신과 조선 등 외국 사신, 남경의 노인들과 함께 경기를 관람했다. 푸른 하늘에 바람 한 점 일지 않

아 경기 하기에 더없는 날씨였다. 황태손[즉, 선덕제] 이하 제왕·대신들이 차례대로 공을 치며 화살을 쏘아댔다. 황태손은 백발백중이었다. 영락제는 매우 기뻤다. 경기가 끝나자 황태손을 위로하면서 한마디 했다. 그 전에 손자에게 잘 생각해서 대답하라고 일렀다.

영락제　　　만방에서 폐백을 들고 사신들 모였도다(萬方玉帛風雲會).
황태손(선덕제)　통일된 산하에서 해와 달이 빛나네(一統山下日月明).

　황태손의 영특한 답변을 들은 영락제는 대단히 기뻐하며 명마와 비단 등을 하사했다. 영락제가 북정에 나설 때 황태손도 수시로 종군했다. 이처럼 선덕제는 어려서부터 태평의 천자로 기대되던 황제였다.

　선덕제의 황후 호씨(胡氏)의 이름은 선상(善祥), 산동성 제녕(濟寧) 출신으로 금의위 백호 호영(胡榮)의 딸이다. 영락 15년(1417)에 선발되어 황태손 비가 되었다. 곧이어 황태자비가 되었고 선덕제가 즉위하자 황후에 책립되었다. 호황후는 여러 번 출산했으나 아기들이 번번이 일찍 죽었다. 점치는 자가 황후는 아들이 없는 몸이라고 아뢰었다. 황후는 병에도 잘 걸렸다. 황제는 황후가 자주 잘못을 저질렀다며 강제로 황후 자리에서 끌어내 장안궁에 거주케 하고 칭호를 정자선사(靜慈仙師)로 낮추었다. 후에 정통제가 그녀의 칭호를 황후로 회복시켜 주었다.

〈 선덕제의 황후 관계도 〉

① 호황후(폐위)　=　선덕제　=　② 손귀비(손황후)　=　③ 오현비(오태후)
　　　　│　　　　　　　　　│　　　　　　　　　│
　　무자(無子)　　　　정통제　　　　　　　경태제

황후의 관

옛날부터 어머니는 아들로 인해 귀해졌다. 호황후가 퇴위당하자 황제는 아들을 출산한 손귀비를 총애했다. 이윽고 손귀비가 황후로 책봉되었다. 당시 호황후 폐위를 반대해야 할 책임이 있던 삼양(三楊)의 한 명인 양영(楊榮)은 황제에 동조했다. 반면 양사기(楊士奇)는 중궁은 어머니요 군신은 아들이라며 폐위를 반대했다. 송나라 인종이 황후를 폐하고 뒤에 후회했다며 신중히 처리할 것을 간청했다. 양사기는 호황후와 손귀비를 똑같이 대해줄 것을 청했다. 황제가 이를 수락하고 식언하지 않겠다고 다짐하자 양사기도 뜻을 굽혔다.

선덕제의 모친인 장태후(張太后)는 폐위 문제가 거론될 때 황제와 신하들이 논의하라며 한 발 물러나 있었다. 태후는 호황후의 현명함을 가엾게 여기고는 늘 그녀를 청녕궁으로 불러들여 함께 살았다. 내정에서 연회를 베풀 때 폐한 호황후를 손황후 윗자리에 앉게 하자 손황후는 불만이 가득해 속이 쓰렸다. 이윽고 장태후가 죽자 호황후는 통곡하기를 그치지 않았다.

잘못이 없는데도 황후 자리에서 폐해진 호황후를 천하 사람들이 동정했다. 비빈에 대한 황제의 은총이 날로 커지자 자연 그녀들의 권위도 세졌다. 황후의 지위는 이전과는 비교가 되지 않을 정도로 위축되었다. 비빈들이 교만해지고 방자해 직분을 넘는 사건들이 자주 발생했다. 후에 선덕제도 이를 후회했다.

선덕제 짐의 어릴 적 일이다.

황제는 자신이 어려서 판단력이 흐려 호황후를 폐했다고 변명했다. 먼 훗날 손황후가 죽자 선덕제의 장남인 정통제[天順帝]의 전황후(錢皇后)가 건의했다.

전황후 호황후는 현명하고 죄가 없는데도 황후 자리에서 폐해져 선사(仙師)가 되었습니다. 삶의 의지를 잃었을까요? 해를 넘겨 그녀도 생을 마쳤습니다. 호황후가 죽자 사람들이 손황후를 두려워하여 그녀의 신분에 걸맞지 않은 예(禮)로 장사지냈습니다.

손황후의 위세가 등등해 호황후의 장례식도 소홀했던 것이다. 전황후는 그녀에게 황후라는 위호(位號)를 되돌려줄 것을 황제에게 권하여 허락을 받아냈다.

그렇다면 손황후는 어떤 여인이었을까? 그녀는 산동성 추평현(鄒平縣) 출신으로 어려서 용모가 남달랐다. 부친은 손충(孫忠)으로 영성현(永城縣) 주부(主簿, 정9품)였다. 지금으로 치자면 말단 공무원인 셈이다. 장태후의 모친은 영성현 출신으로, 그녀가 손충에게 현숙한 자녀가 있다고 황제에게 귀띔한 인연으로 궁궐에 들어가게 되었다. 손씨는 나이가 10여 세에 불과해 영락제가 장태후에게 양육을 맡겼다.

선덕제가 황태자 시절에 혼인하자 호씨를 비로, 손씨를 빈으로 삼았다. 황제위에 등극하자 손씨는 귀비에 봉해졌다. 고사에 황후는 금보(金寶)·금책(金冊)이고, 귀비 이하는 책(冊)은 있어도 보(寶)는 없다. 쉽게 말하자면 금보는 황후의 존호를 새긴 금도장이고, 금책은 황후로 책봉하는 조서를 금으로 만든 것이다. 이러한 규정이 있었음에도 손비는 황제의 총애를 받아, 황제가 태후에게 청해 금보를 제작하여 하사받았다. 명나라 때 귀비에게 보(寶)를 준 것이 이로부터 시작되었다.

손귀비도 아들이 없었다. 몰래 궁인(宮人)의 아들을 데려다 자기의 자식으로 삼았으니 그가 바로 정통제이다. 이 일로 인해 선덕제의 은총은 더욱 중해졌다. 호황후가 퇴위하자 조정에서는 하루 빨리 황태자를 정할 것을 청했다.

> 손귀비 호황후는 병이 완쾌되어 아들이 생겼습니다. 내 자식이 어찌 호황후의 아들
> 보다 먼저 태자가 될 수 있겠습니까?

손귀비는 발톱을 감추고 한발 물러서 훗날을 도모했다. 호황후의 아들이 죽고 퇴위당하자 손귀비는 황후로 책봉되었다. 마침내 그녀의 세상이 된 것이다. 자식을 황제로 삼는데 큰 장애물이 제거된 셈이다.

그리하여 아들이 즉위하니 바로 정통제이다. 명나라는 일세일원(一世一元), 즉 황제는 하나의 연호만을 사용하는 것을 원칙으로 했으나, 정통제는 후에 복위해 천순제(天順帝)로 개원했다. 두 개의 연호를 사용한 유일한 황제다. 정통제는 오이라트[瓦刺] 에센[也先] 칸 정벌에 나섰다가 포로가 되는 토목의 변을 당했다. 누란의 위기에 처한 손황후는 황제의 이복동생 성왕(郕王)을 구원투수로 내세워 경태제로 즉위시키고 정정불안을 잠재웠다. 당시 정통제는 수차례에 걸쳐 북경 조정에 추위를 막을 수 있는 옷가

지를 보내달라고 요청했다. 1년이 채 안 되어 에셴 칸이 정통제를 풀어주자 황제는 북경에 돌아올 수 있었다. 하지만 동생인 경태제가 옥좌를 차지하고 있었다. 정통제가 상황이 되어 남궁(南宮)에 유폐되자 손황후는 자주 남궁에 들러 정통제를 문안했다. 경태 8년(1457) 정월 무청후(武淸侯) 석형(石亨), 부도어사(副都御史) 서유정(徐有貞) 등이 모의해 쿠데타를 일으키려고 비밀리에 손황후에게 고하자, 그녀는 쿠데타를 승인했다. 소위 '탈문(奪門)의 변'이라는 것으로 남궁에 유폐되어 있던 상황 정통제를 복위시킨 것이다. 황제는 천순(天順)으로 개원했다. 호황후는 남편 선덕제의 능묘인 경릉(景陵)에 합장되지 못한 반면 손황후는 합장되었다. 아들이 황제위에 복위하는데 성공했기에 가능한 일이었다.

손황후의 부친 손충의 처음 이름은 우(愚)였으나 선덕제가 충(忠)이라고 고쳤다. 손충은 처음에 영성현의 주부였으나 후에 명나라 역대 황제의 능묘가 위치한 천수산에서 묘를 조영하는 일을 감독했다. 그 공로로 외교를 담당하는 홍려시 서반(序班)으로 옮겨졌다. 딸이 귀비가 되자 중군(中軍) 도독첨사(都督僉事)로 승진하였고, 호황후가 폐해지고 자신의 딸이 황후에 책봉되자 회창백(會昌伯)에 봉해졌다.

손충의 노비가 백성들에게 돈을 빌려주고 수 배의 이익을 취했다. 그 고통을 견뎌낼 수 없던 백성들이 조정에 호소하자 언관들이 교대로 그를 탄핵했다. 그의 노비는 변방에 수자리 살게 되었으나 손충은 불문에 부쳤다. 손충은 5명의 아들을 두었고, 그 중 두 명은 금의위에 소속되어 있었다. 황실이나 고위관료, 혹은 환관들의 형제로 편성해 관료를 감시하고 체포하는 막강한 권력을 쥐고 있던 부서였다. 손충은 탈문의 변에서 공적을 세워 후작(侯爵)을 세습하게 되었다. 죄를 범해도 자신은 두 번의 사형을, 자식들은 한 번의 사형을 감면받을 수 있는 특권을 향유하게 되었다.

그의 노비들로 관직을 제수 받은 자도 17명에 달했다. 승진을 꿈꾸는 자들이 손충의 큰아들에게 관직을 구걸하는 폐해가 발생했다. 이와 관련하여 천순제는 모친인 손태후에게 이렇게 말한 바 있다.

> **천순제** 손씨 일문의 장자는 후(侯)에 봉하고, 차자는 관품을 높여주었습니다. 자손 20여 명이 관직을 얻었는데, 이만하면 족하지 않으십니까?
>
> **손태후** 이들이 나라에 무슨 공이 있습니까? 관직을 남발하여 제수하셨습니다. 물(物)은 성하면 쇠하는데, 이들이 죄를 지으면 저는 비호할 수 없습니다.

손충 집안의 노비까지 관직을 제수받고, 권력을 좇는 자들이 집안에 몰려드는 상황을 우려한 손태후는 자신의 일문이 죄를 지어도 간여하지 않겠다는 발언을 쏟아냈다. 황제에게 외척의 발호를 경계시키려던 대학사 이현(李賢)은 명나라가 개국된 이래 외척은 군정에 참여하지 않았다는 점을 황제에게 주지시켰다.

비로는 현비 오씨(吳氏)가 있다. 『명사』에 오씨는 강소성 단도(丹徒) 출신으로, 선덕제의 동생인 경태제를 출산했다고 기록되어 있다. 그런데이 오씨의 신분에 대해 다른 설이 전해지고 있다. 즉 오씨가 조선 진천(鎭川) 사람이라는 것이다. 조선측 사료인 『성호사설』은 『고사촬요(故事撮要)』의 기록을 인용하여, "세종 9년(1427)에 우군사정 오척(吳倜)의 딸 등 7인을 선발하여 사행에 딸려보내 진상했다. 바로 이 여인이 오비(吳妃)이다. 후궁이 되어 경태제를 출산했다. 후에 경태제가 그녀를 높여서 태후(太后)로 삼았다. 태후는 고국을 그리다 못해 자신의 얼굴을 그려서 조선에 보냈다. 조정은 난처해했다. 이를 어떻게 처리할까 고민하다 절에 보관했다. 지나가던 초동과 목수들이 발길을 멈추고 구경했다"고 적었다. 성호 이익은 이처럼 오씨의 화상이 있어 숨길 수 없는 진실임에도 불구하고『명사』가 오씨가 조선 사람이라는 사실을 드러내지 않고 숨기려 했다고 보았다.

경태제는 선덕 3년(1428)에 출생했고, 오씨는 그 한 해 전에 처녀로 선발되어 북경에 들어갔다. 당시 나이 12세였다. 그렇다면 어린 나이의 오씨가 1년만인 다음해에 곧바로 경태제를 낳은 셈이다. 선덕제가 부친인 홍희제의 상(喪)이 아직 끝나지 않은 상태에서 조선의 젊은 처녀를 탐해 자식을 낳은 셈이다. 아니면 오씨가 두 명 존재하여 생긴 해프닝일까? 그러나 선덕제가 어린 처자를 탐닉했다는 이야기도 있어 조선 출신 오씨일 가능성을 완전히 부정할 수는 없겠다. 오씨에 대해『죄유록(罪惟錄)』은『명사』와는 전혀 다르게 기록했다.

"오씨는 영락제의 둘째아들 한왕(漢王) 고후(高煦)의 궁인이다. 선덕제는 모반을 획책한 한왕을 주살했다. 오씨는 한왕의 궁으로 복귀하지 못하고 환관 집에서 양육되었다. 궁녀 수 명이 그녀를 봉양했다. 경태제를 낳았는데 세상에서는 이러한 사실을 잘 알지 못했다. 그가 7세가 되었을 때 선덕제는 병환으로 위급해지자 태후에게 한 명의 형을 환관 집에서 키우고 있으니 급히 불러오라고 성화를 부렸다. 태후가 그 모자를 궁에 불러들이자 황제는 그를 끌어안고 소리 내어 울었다. 얼마 안 있어 성왕(郕王)에 봉해졌다. 정통제가 몽골 오이라트부의 에센 칸의 포로가 되자 성왕이 황제위에 올랐다. 이가 경태제로 생모를 황태후로 삼았다."

영락제의 큰아들은 홍희제, 둘째아들은 주고후, 바로 한왕이다. 정난의 변에 큰 공을 세운 인물이다. 앞에서 서술했듯이 홍희제가 재위 겨우

8개월 만에 죽자 황태자가 계위하니 바로 선덕제이다.

선덕제가 즉위한 지 얼마 지나지 않은 그 해 8월, 정난의 변에서 큰 공적을 세우고 황제를 꿈꾸던 삼촌 한왕(漢王)이 모반을 일으켰다. 황제가 친정에 나서자 한왕이 항복해 전쟁은 싱겁게 끝났다. 한왕은 불에 타 죽는 형벌에 처해졌고 그의 아들도 연좌되어 사형을 당했다. 단지 한왕의 궁인 오씨만이 몰래 환관들 손에서 자라났다.

선덕제가 죽기 전 아들이 한 명 있음을 태후에게 알리고 성왕으로 봉했다. 그가 바로 정통제가 포로가 되었을 때 황제위에 오른 경태제라는 것이다. 『명사』에는 선덕제의 장자는 정통제, 차자는 경태제로 기록했다. 다만 모친은 다르다. 정통제의 모친은 귀비 손씨(孫氏)이다. 그런데 『죄유록』은 경태제를 동생이 아니라 형으로 표현하고 있다. 어디까지가 사실인지 분간이 안 될 정도이지만, 명나라 초기에 황제나 그의 자식들도 고려 혹은 조선의 여인들을 아내로 맞아들이는 풍조가 있어 오씨의 출신을 특정하기 어렵다. 탈문의 변으로 경태제가 퇴위하게 되자 황태후 오씨도 이전 칭호로 강등되었다.

조선에 들어온 태감 윤봉은 자금성 내 여인들의 암투를 세종에게 이렇게 털어놓은 적이 있다.

윤봉  후궁들이 질투하여 궁인이 낳은 아들을 몰래 죽였습니다.

자금성 내 후궁들의 질투가 황제의 자식을 살해할 정도로 냉혹한 세계임을 폭로했다. 그 때문일까. 선덕제는 황후 2명과 많은 후비를 두었으면서도 자녀는 2남3녀에 지나지 않았다.

빈(嬪) 곽씨(郭氏)의 이름은 애(愛)이다. 안휘성 봉양현(鳳陽縣) 출신으로 현명하고 글재주가 뛰어났다. 궁에 들어간 지 스무날 만에 죽었다. 스스로 죽는 날을 알고는 절명시(絶命詩)를 남기고 눈물을 떨구었다.

| 修短有數兮 | 목숨이 길고 짧은 것은 |
| 不足較也 | 사람마다 비교하기 어려워라. |
| 生而如夢兮 | 삶이란 꿈같은 것 |
| 死則覺也 | 죽게 되면 알 것이네. |
| 先吾親而歸兮 | 부모님에 앞서 죽으려 하니 |
| 慚予之失孝也 | 나의 불효 부끄러워라. |
| 心悽悽而不能已兮 | 괴로운 마음 그칠 수가 없으니 |
| 是則可悼也 | 이에 슬퍼할 따름이네. |

〈 선덕제의 순장된 궁비들 〉

| 궁비의 성씨 | 추증 | 시호 |
| --- | --- | --- |
| 혜비(惠妃) 하씨(何氏) | 귀비(貴妃) | 단정(端靜) |
| 조씨(趙氏) | 현비(賢妃) | 순정(純靜) |
| 오씨(吳氏) | 혜비(惠妃) | 정순(貞順) |
| 초씨(焦氏) | 숙비(淑妃) | 장정(莊靜) |
| 조씨(曹氏) | 경비(敬妃) | 장순(莊順) |
| 서씨(徐氏) | 순비(順妃) | 정혜(貞惠) |
| 원씨(袁氏) | 여비(麗妃) | 공정(恭定) |
| 제씨(諸氏) | 숙비(淑妃) | 정정(貞靜) |
| 이씨(李氏) | 충비(充妃) | 공순(恭順) |
| 하씨(何氏) | 성비(成妃) | 숙희(肅僖) |

곽비는 부모보다 자신이 먼저 죽어 불효했다는 사실에 슬픔을 견디지 못했다.

선덕제가 죽자 선조 황제들과 똑같이 비빈들도 순장당했다. 봉호(封號)도 없이 순장당한 10명의 여인은 후에 정통제가 시호를 내려주었다.

| 순장 여인을 추증하는 글 |  여기에 몸을 바쳐 의로운 길을 걸어, 황제의 수레를 따르는 귀빈들이기에 빛나는 휘호를 올려 절개 있는 행실을 드러내노라.

황제의 시신을 실은 어가를 따라 순사당하는 여인들의 슬픔과 비통함을 몇 글자의 휘호로 달랠 수 있을까? 명나라 초 홍무제가 죽자 순장된 궁인들 수에 대해 사료마다 약간 차이가 나지만 대략 46명에 달했다. 건문제·영락제는 이들 여인들에게 두터운 은혜를 베풀었다. 건문제는 할아버지 홍무제 때 순장된 딸들의 부친 장봉(張鳳) 등에게 금의위 소진무(所鎭撫)·시백호(試百戶) 등의 관직을 제수하고, 산기대도사인(散騎帶刀舍人)은 천호·백호에 승진시켰다. 또한 그 직책을 자손 대대로 세습시켰다. 사람들이 이들 집안을 '태조 때의 조천여호(朝天女戶)'라 호칭했다. 쉽게 풀이하면 '태조 홍무제를 모시다 순장된 여자의 집'이라는 뜻이다.

영락제 이후 홍희제·선덕제도 순장을 행했다. 홍희제는 5명, 선덕제는 10명이 순장당했다. 그러나 비의 신분이라고 전부 순장당하지는 않았다. 선덕제가 죽기 2개월 전에 태사(太師) 장보(張輔)의 딸은 경비(敬妃)에 책봉되었다. 그녀가 순장당하지 않은 이유는 조부나 부친이 훈구대신으로 특별한 은혜를 받았기 때문이었다. 정통제는 죽기 전 순장을 폐지했다.

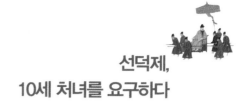

# 선덕제,
# 10세 처녀를 요구하다

　앞에서 선덕제 비빈(妃嬪)의 한 명이 조선 출신 오씨라는 설이 있었음을 언급했다. 태평천자이자 글씨와 그림에 뛰어나 문화인 황제라는 훌륭한 평판을 얻은 선덕제는 '안으로는 여색(女色)에 빠지지 말고 밖으로는 사냥에 빠지지 말라'는 교훈을 잊었다. 여색에 빠지면 사람의 생명을 해치고, 사냥에 빠지면 사람의 마음을 방탕하게 한다는 사실을 망각한 것이다.

　조선 출신 환관 윤봉은 자신들이 모신 황제들의 흉을 보았다. 명나라 조정에서 알면 죽음에 처해질 수 있는 위험한 발언이었다.

　윤봉　홍희제와 지금 황제인 선덕제는 모두 놀이를 좋아합니다. 홍희제는 안남(安南, 즉 베트남)이 모반했다는 말을 듣고는 밤새도록 잠을 자지 못했습니다. 참으로 담력이 없는 황제입니다. 홍희제는 주색에 빠진데다, 시도 때도 없이 정치를 들어 백관들이 힘들어 했습니다. 지금 선덕제도 궁중에서 잔치를 벌이고 늘 잡스러운 장난이나 놀이만 하고 있습니다.

**선덕제 때의 황실 놀이문화**　선덕제는 장난이나 놀이를 즐기고 사냥에 몰두했다.

홍희제와 선덕제의 성품이 장난이나 놀이를 즐겨했음을 알 수 있다. 선덕제는 사냥을 즐겨했다. 어사가 제왕의 학문에 힘쓰고 사냥을 중지할 것을 간언하자 그의 가인(家人) 10여 명을 체포했고, 그의 부친을 옥에 가둬 굶겨 죽였다. 황제는 귀뚜라미 싸움이나 닭싸움, 경마를 즐겼다. 귀뚜라미 싸움은 투분(鬪盆)이라 불리는 사발 위에서 싸우게 하는 것으로 도박의 대상이다. 한 마리 귀뚜라미를 헌상하려다 집이 몰락하고 죽는 자도 나왔다. 명나라 때는 조야를 막론하고 이 놀이에 열광하였다. 황제는 소주지사(蘇州知事) 황종(黃宗)에게 귀뚜라미 1,000마리를 헌상하라고 명했다. 귀뚜라미 한 마리에 수십 금이나 했다. 군영에서는 귀뚜라미를 잡는 것이 적의 머리를 자른 공적에 비견될 정도였다. 이러한 놀이에 심취해 열흘이 되도록 황태후를 알현하지 않은 적도 있었다.

선덕제는 즉위하자마자 조선에 처녀를 요구했다. 세종 8년(1426) 태감 윤봉이 조선으로 발걸음을 재촉했다.

선덕제 선발한 나이 어린 여자를 내년 봄에 데려오라.

선덕제는 명나라 황제 중에서도 그림과 예술에 뛰어났다. 반면 음악을 즐기고 여색을 밝혔다. 특히 어린 여자아이에 대한 편집증을 보였다. 한 번은 대신이 저택에서 연회를 베풀었다. 흘깃 보니 가족 중 대단히 아름다운 어린 여자아이가 눈에 들어오자 기뻐한 나머지 옆으로 불러 술을 시중들게 했다. 후에 황제가 그녀에게 반지를 하사했는데, 손가락이 너무 가녀려 반지가 헐거웠다. 이처럼 나이 어린 처녀에게 정신을 빼앗긴 황제가 윤봉을 조선에 보냈던 것이다. 간택에서 떨어진 어린 아이까지 데리고 오라고 요구했다.

세종은 즉시 중앙과 지방에 명을 내려 혼인을 중지시켰다. 진헌색을 설치하고 처녀와 수종할 화자를 충청·경상·전라·황해·평안도에는 각 5명씩, 경기·함길·강원도에는 각 3명씩 배당했다. 소경과 무당으로 하여금 조정 신하들의 처녀를 대상으로 선발 작업을 진행케 했으나 원활히 이루어지지 않았다. 이에 문무관 및 오부(五部)의 한량과 산관, 양가(良家)의 호(戶)에서 나이가 10세 이상 16세 이하인 딸과, 친형제나 일가 딸의 이름을 빠짐없이 기록해서 올리도록 했다. 동시에 내관과 진헌색 별감 각 1인은 도(道)의 감사와 함께 대소 문무 관원, 한량(閑良)과 산관(散官), 향리(鄕吏)의 각 호(戶)의 처녀를 선발했다. 다만 고려의 왕씨(王氏)로 조정에 귀부한 자와 국가의 죄인에 관련된 자의 딸은 제외했다. 딸을 내놓지 않으려고 나이가 많다거나 어리다고 핑계를 대는 자, 혹은 병이 있다고 칭탁하는 자들은 엄벌에 처했다. 통정대부(정3품) 이하의 관료는 잡아들여 가두어 심문하여 죄를 처결하고, 2품 이상의 관료는 조정에 보고해 처결하도록 했다.

각 도에서 선발되어 한양에 올라온 처녀들을 세종이 몸소 편전에서 간택했다. 지방의 처녀가 한양에 머물고 있는 경우에는 양식·소금·장·어물을 지급했다. 어린 처녀들이 선발되자 지사간 고약해(高若海)는 『주자가례(朱子家禮)』의 '여자는 나이 14세에서 20세까지 모두 시집갈 수 있다'는 구절을 들어, 10세 되는 어린 처녀들의 간택을 문제로 삼았다. 황제의 10세 처녀 요구에 응하지 말고 14세 이상의 처녀를 뽑아서 보내자고 건의했다. 아무것도 모르는 나이 어린 처녀가 부모와 형제를 멀리 떠나게 되면, 반드시 원망을 초래하여 생기가 손상될 것이라는 것이 그 이유였다. 세종은 황제의 면전에서 일하는 처녀를 구하는 일이라 그 명령을 따르지 않을 수 없다며 응하지 않았다.

세종은 윤봉과 처녀 선발 작업을 계속 진행했다. 진헌할 처녀의 집에는 조부모·외조부모·친형제·숙질 외 나머지 잡인들의 출입이 엄금되었다. 처녀 선발이 완료되는 즉시 윤봉은 그 사실을 문서로 작성해 황제에게 직접 보고해야 했다. 때마침 적호피(赤狐皮) 1,000령(領)을 가지고 북경으로 들어가는 상호군 김시우(金時遇)가 있어 그 편에 부쳐 보냈다. 윤봉은 상주본에 도성과 각 도의 주·부·군·현의 문무 양반, 군민의 집에서 선발한 여자아이들 5명의 생년월일 및 그 부친의 직업·성명·관적(貫籍)을 낱낱이 기록했다.

선발된 처녀들의 연령은 대략 11세부터 16세까지였다. 11세가 2인, 13세·14세·16세가 각각 1인이었다. 출신지는 전라도가 4인, 경기도가 1인이었고, 현 거주지는 한성부가 3인, 김포와 진천이 각 1인이었다. 부친의 관직을 보면 수의부위(修義副尉)의 종8품에서부터 무산계(武散階)인 과의장군(果毅將軍)의 정3품까지로 대략 무관 집안에서 선발했다.

〈 세종 8년(1426) 7월 간택된 5명의 처녀 신상 〉

| 성씨 | 연령 | 생년월일 | 적관 | 부친명 | 부친의 관직 | 현거주지 |
|---|---|---|---|---|---|---|
| 김씨 | 16 | 신묘(1411) 윤12월 14일 인시(寅時) | 광주 (光州) | 김중균 (金仲鈞) | 과의장군(果毅將軍) 웅무시위사(雄武侍衛司) 상호군(上護軍) | 한성부 |
| 박씨 | 14 | 계사(1413) 3월 27일 묘시(卯時) | 순천부 (順天府) | 박안명 (朴安命) | 위의장군(威毅將軍) 중군도총제부(中軍都摠制府) 경력소경력(經歷所經歷) | 한성부 |
| 최씨 | 13 | 갑오(1414) 2월 16일 술시(戌時) | 화순현 (和順縣) | 최미 (崔瀰) | 수의부위(修義副尉) 중군부사정(中軍副司正) | 김포현 (金浦縣) |
| 노씨 | 11 | 병신(1416) 9월 28일 자시(子時) | 교하현 (交河縣) | 노종득 (盧從得) | 수의교위(修義校尉) 좌군부사직(左軍副司直) | 한성부 |
| 오씨 | 11 | 병신(1416) 10월 26일 인시(寅時) | 보성군 (寶城郡) | 오척 (吳倜) | 수의부위(修義副尉) 우군부사정(右軍副司正) | 진천현 (鎭川縣) |

윤봉의 상주본을 열람한 선덕제는 성에 차지 않았는지 재차 처녀를 선발하라고 지시했다. 세종은 처녀의 혼인 금지령을 발포하지 않을 수 없었다.

진헌색 제조　진헌할 처녀와 수종할 화자는 각 도에 이첩하여 미리 뽑아 놓고 기다리게 하소서.
세종　　　　알았다. 그렇게 진행하라.

각 도에서 선발한 처녀를 좌의정 이직(李稷)·예조판서 신상(申商)·총제 원민생·첨총제 김시우(金時遇)가 흥복사에서 선별했다.

세종은 어째서 황제의 지시에 반발 한번 하지 못하고 순응했을까? 표면적으로는 사대의 지성을 들기도 했다.

세종　처녀들이 갈 적에 어미와 자식이 서로 이별하게 되니 그 원통함은 이루 말할 수 없었다. 그러나 이 일은 국내의 이해만이 아니라 외국에 관계되는 일이다. 조정 신하들은 간할 수도 없고 다만 황제의 명령만 따를 뿐이다. 이 일이 조선의 이해에 관계된다면 마지못해 주달했을 것이다.

세종은 처녀 진헌이 조선의 이해와 관계없이 오로지 황제에게 정성을 다해 행하는 일이라는 사실을 강조했다. 이것이 세종의 진심이었을까?

선덕제는 즉위하자마자 4월에 베트남의 여리(黎利) 정벌에 나섰고, 8월에는 삼촌인 한왕 고후가 반란을 일으키자 제압에 나섰다. 고후가 항복해서 국내의 환란은 용이하게 잠재웠다. 반면에 베트남에서는 악전고투의 연속이었다. 이듬해 여리를 용서하고 사신을 파견해 진숭(陳暠)을 안남국왕으로 임명하면서 국외의 난제도 일단락되었다. 선덕제는 할아버지 영락제의 몽골 친정을 재현하려는 듯 북변인 하북성(河北省) 희봉구(喜峰口)로 군사를 이끌고 나아가 몽골족인 우량하이[兀良哈]를 대파했다. 선덕 5년(1430, 세종 12)에는 정화의 제7차 남해대원정을 출발시켰다.

세종은 명나라의 군사적·외교적 능력을 충분히 인식했다. 명나라와 화호를 유지하는 일은 변방의 우환이 되고 있는 여진족 초무를 원만히 진행할 수 있는 데다, 나아가 국내 정치의 안정화와 왕조의 영속을 꾀할 수 있는 최선의 방안이라 판단했던 것 같다. 그 희생양이 가녀린 처녀들이었다.

# 여비의 동생 한계란,
# 산송장의 목숨이 되다

편전에서의 처녀 선발은 세종 8년(1426) 말부터 이듬해 세종 9년(1427) 2월까지 쉼 없이 행해졌다. 백성들의 불만과 고통을 헤아려 18세 이상의 처녀에게는 혼인을 허가했다. 3월에 명나라 사신 창성·백언·윤봉이 의주를 거쳐 한양으로 들어왔다. 소식을 들은 세종은 이렇게 투덜거렸다.

세종 황제가 초상(初喪)에 사람을 시켜 처녀를 구하니 실로 그 뜻이 매우 성급하다.

부친 홍희제가 죽고 3년상도 채우지 않은 상황에서 선덕제가 태감을 보내 처녀를 구한다는 사실이 세종은 마뜩지 않았다. 하지만 어쩌겠는가? 세종은 서둘렀다. 예조판서 신상(申商)은 지방에서 선발되어 온 처녀만 급료를 주고, 한양에 사는 처녀는 지급하지 말자고 건의했다. 도성에 거주하던 처녀에게는 급료를 지급하지 않겠다는 제안을 세종은 물리쳤다. 비용을 줄이는 방안이 윤리와 정서 측면에서 타당성을 결여했기 때문이었다. 처녀의 눈물과 원성에 비하면 양식·소금·장·어물(魚物)은 하찮은 물품이었다.

세종은 편전에서 창성·백언·윤봉에게 다례를 행하면서 총제 성달생의 딸을 포함해 처녀 7명과 음식을 담당할 비자(婢子) 10명을 선발했다. 처녀들의 통곡이 편전에 가득했다.

〈 세종 9년(1427) 4월에 간택된 처녀들의 신상 〉

| 성씨 | 연령 | 생년연월일 | 적관 | 부친명 | 관직 | 현거주지 |
|---|---|---|---|---|---|---|
| 성씨 | 17 | 신묘(1411) 8월 17일 신시(申時) | 창녕현 (昌寧縣) | 성달생 (成達生) | 총제(摠制) 정헌대부(正憲大夫) 공조 판서 | 한성부 |
| 차씨 | 17 | 신묘(1411) 10월 21일 해시(亥時) | 연안부 (延安府) | 차지남 (車指南) | 판목사(判牧事) 가선대부(嘉善大夫) 우군 동지총제 | 한성부 |
| 정씨 | 14 | 갑오(1414) 12월 29일 묘시(卯時) | 청주 (淸州) | 정효충 (鄭孝忠) | 판관(判官) 선략장군호용시위사우령호군(宣略將軍虎勇侍衛司右領護軍) | 한성부 |
| 최씨 | 13 | 을미(1415) 2월 16일 해시(亥時) | 화순현 (和順縣) | 최미 (崔彌) | 서승동정(署丞同正) 수의부위 중군부사정 (脩義副尉 中軍副司正) | 김포현 (金浦縣) |
| 노씨 | 12 | 병신(1416) 9월 28일 자시(子時) | 교하현 (交河縣) | 노종득 (盧從得) | 부사직(副司直) 창신교위좌군사직 (彰信校尉左軍司直) | 한성부 |
| 오씨 | 12 | 병신(1416) 10월 26일 인시(寅時) | 보성군 (寶城郡) | 오척 (吳倜) | 목감직(牧監直) 진용부위우군사정 (進勇副尉右軍司正) | 진천현 (鎭川縣) |
| 안씨 | 11 | 정유(1417) 윤5월 12일 인시(寅時) | 죽산현 (竹山縣) | 안복지 (安復志) | 부사정(副司正) 진용부위우군사정 (進勇副尉右軍司正) | 한성부 |

이때 선발된 처녀들의 연령은 11세부터 17세까지로, 11세 1인, 12세 2인, 13세 1인, 14세 1인, 17세 2인이다. 전년도에 선발한 처녀들의 연령대와 거의 차이가 없었다. 성달생은 평안도 도절제사(都節制使)로 무관 신분이었다. 그는 평안도 한 지역의 군대를 맡아 지휘하던 무관으로, 정2품의

고위 관료였다. 그 외 처녀들의 부친들도 종7품 이상의 무관직이었다. 문관의 딸들이 일절 선발되지 않은 점도 이상하다. 사족(士族)의 처녀들은 선발에서 빠져 나간 것은 아닐까? 전년에 선발된 박안명과 김중균의 딸 이름도 보이지 않는다. 최종 선발에서 제외된 듯하다.

편전에서의 처녀 간택이 연이어 행해졌다. 진헌할 처녀들이 거처할 집을 수리하는 데 있어 담당 관리들이 늑장을 부릴 것을 우려해 지신사(知申事)와 총제 원민생, 내관 김용기(金龍奇)가 매일 검찰했다.

이 해 5월 처녀 한씨(韓氏), 즉 한영정의 막내딸이자 한확의 막내 여동생인 한계란이 추가로 간택되었다. 큰언니가 바로 영락제 때 순장된 여비(麗妃)이다. 한계란은 얼굴이 아름다웠다. 간택된 다른 여인들보다 나이가 조금 많은 18세였다. 조선 출신 환관들은 이미 그녀의 용모에 대해 숙지하고 있었을 터, 그들의 손아귀에서 벗어날 수 없었다. 그녀가 병이 들자 오라비 한확이 약을 지어왔다. 한계란은 얼굴을 돌렸다.

한계란 누이 하나를 팔아서 부귀가 이미 극에 달했는데, 무엇 때문에 다시 약을 가져왔습니까?

오빠의 영달하려는 욕심이 작용했을까? 아니면 임금과 황제의 뜻을 저버릴 수 없었을까? 동생을 이국땅에 보내야 하는 그의 심중을 이해할 수 없었다. 한계란은 오빠가 원망스러웠다. 언니가 순장된 것도 모자라 자신마저 명나라에 판다는 사실에 가슴이 저미어왔다. 그녀는 칼로 자신의 침구를 찢고 모아두었던 재물 전부를 친척들에게 나누어주었다. 침구는 장래 시집갈 때를 위해 장만해 놓았던 것이었다. 피눈물이 두 볼을 타고 흘렀다.

세종은 창성·윤봉 등과 함께 서울에 있는 종친, 문무 양반과 각 도의 부·주·군·현의 양반·군사·민간의 여인을 간택하였다.

지신사 정흠지(鄭欽之)는 선발된 처녀들의 좌석 차례를 창성·윤봉에게 물었다. 창성은 성씨(成氏)를 맨 윗자리에, 그 다음에 차씨(車氏)·안씨(安氏)·오씨(吳氏)·정씨(鄭氏)·최씨(崔氏)·노씨(盧氏) 순서로 배치했다.

7월 중궁이 경회루에 나가서 처녀 7인을 불러 살펴보고는 전별연을 베풀었다. 처녀의 어머니와 친족들도 연회에 참가했다.

윤봉 등 사신이 대궐에 나아가 하직하니, 세종이 근정전에서 맞아들여 다례를 행했다. 다례가 끝나자 윤봉과 함께 상림원(上林園)에 나아가 처녀들의 용태를 살폈다. 세종은 처녀 차씨의 어머니에게 노비 3명과 쌀과 콩 합계 40석을 내렸다. 진헌사 안수산(安壽山)에게도 갓과 의복을 하사했다.

〈 세종 9년(1428) 7월 처녀의 일족에게 내린 벼슬 〉

| 성씨 | 관계 | 성명 | 관직 | 하사품 |
|------|------|------|------|--------|
| 차씨 | 오빠 | 차효생(車孝生) | 중군사정(中軍司正) | |
| 안씨 | 부친 | 안복지(安復志) | 우군사정(右軍司正) | |
| 최씨 | 숙부 | 최지손(崔智孫) | 우군사정(右軍司正) | |
| | 외숙 | 최홍재(崔洪載) | 사직(司直) | |
| 오씨 | 부친 | 오척(吳倜) | 우군사정(右軍司正) | |
| 정씨 | 부친 | 정효충(鄭孝忠) | 호군(護軍) | |
| 노씨 | 부친 | 노종득(盧從得) | 좌군사직(左軍司直) | |
| | 숙부 | 노증(盧証) | 호군(護軍) | |
| 성씨 | 부친 | 성달생(成達生) | 평안도 도절제사(都節制使) | 갓과 의복 |

세종은 또 처녀들에게 금비녀 1벌과 부채 27자루를 나누어 주었다.

윤봉 7인의 처녀를 4개의 교자에 나누어 태우겠습니다. 처녀를 한사람씩 타게 하면

7개의 교자가 길게 늘어져 20여 리까지 이르게 되는 폐단이 있으니, 옳지 못합니다.

윤봉의 이 말을 세종은 곧이곧대로 믿지 않았다. 조선의 폐단을 덜어준다고 하지만 실상은 명나라 사람들의 이목(耳目)을 피하고 황제에게 아첨하려는 행동임을 간파했다. 성천자가 조선의 어린 처녀를 탐했다는 소문이 나서는 안 되었다. 대외적으로 말 5,000필을 보내라는 명목으로 처녀 입공 문제를 포장해 덮어버렸다.

7인의 처녀들은 상림원(上林園)으로부터 근정전으로 들어가 덮개 있는 교자에 나누어 탔다. 1등으로 선택받은 성씨만 한 교자를 타고, 나머지는 두 사람이 한 교자에 올라탔다. 윤봉이 친히 가마에 자물쇠를 채웠다. 집찬비와 수종하는 시녀에게는 말을 내줬다. 건춘문(建春門)에서 길을 떠나니 처녀들의 안색이 푸르러졌다. 한 번 가면 다시 못 올 길이었다. 그녀들의 부모와 친척들은 거리를 막고 울면서 가슴을 쳤다. 늙은이 젊은이를 가릴 것 없이 구경하는 사람들도 눈물을 흘렸다. 친척의 얼굴도 목소리도 점점 아득해졌다. 가마꾼의 거친 호흡만 전해져 왔다. 북경으로 출발하는 윤봉이 처녀 한두 명을 추가로 더 요구하자 세종은 난처해 했다.

윤봉 한두 명의 처녀를 더 뽑아서 한씨와 함께 보내십시오.
세종 황제의 칙서가 없어 그렇게는 안 되오.

세종은 '황제의 칙서가 없어' 처녀를 더 이상 선발할 수 없다고 거절했다. 이전에 선발된 한계란은 병으로 출발하지 못했다. 윤봉은 양두구육의 심성을 가진 인물이었다. 세종 면전에서는 바른 말로 조선의 폐단을 덜어

주는 체하면서 황제에게 아첨하려고 조선 처녀를 추가로 선발해 놓으라는 요구를 서슴없이 했다.

이조판서 허조는 처녀들이 명나라로 떠났으니 다른 처녀들의 혼인을 허가해줄 것을 세종에게 청했다.

> 세종  혼인을 허가하면 백성들이 한씨가 북경으로 들어갈 때 더 뽑을 것이라고 의심할 것이다. 그러면 겨우 10세가 된 어린 처자도 혼인할 것이다. 고의로 혼인을 금지시켜 명나라의 마음을 맞추려는 것이 아니라, 다만 어릴 때 혼인하는 일이 이치에 옳지 못하기 때문이다.

세종은 혼인 금지령을 해제하면 막 10세가 된 어린 여아들도 결혼할 것을 우려했던 것이다.

북경으로 가는 도중 처녀 성씨·차씨·노씨가 병이 났다. 세종은 내관과 의원을 보내 진료시켰다. 8월에 진헌사 안수산(安壽山)이 처녀들의 근황을 알려왔다. 처녀 성씨와 윤봉 일행이 이달 17일 요동에 도착하자, 도지휘사 왕진(王眞)·유청(劉淸) 등이 유하(柳河)에서 맞이했고, 덮개 있는 수레 8채로 여사(女使)와 집찬비를 태우고 성으로 들어가서 정료전위(定遼前衛)에 숙박시켰다는 내용이었다.

> 왕진  처녀를 영접하려고 (명나라) 조정으로부터 환관 3인이 광녕(廣寧)에 도착했고, 2인은 옥전현(玉田縣)에 남아서 기다린다.

선덕제는 마음이 달았던 모양이다. 처녀를 한시라도 빨리 만나보려고 안달이 났는지 연행길인 광녕(현 북진시)과 옥전현(현 당산시 소속)까지 환

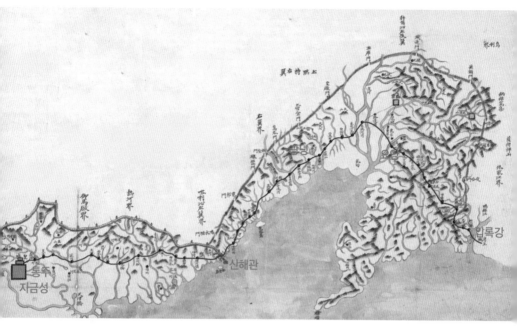

〈여지도〉의 사행로

관을 파견했다. 처녀들이 요동에 이르자 환관 백언(白彦)은 먼저 북경으로 출발했다. 며칠 뒤 그는 십삼산역(十三山驛)으로 되돌아왔다. 옛 동궁(東宮)의 저택 수리가 완료되지 못해 처녀들을 수용할 곳이 없었기 때문이었다. 처녀들은 부득이 광녕에서 더 머물러야 했다. 당시 선덕제가 부친상을 마친 지 얼마 지나지 않은 데다가 여러 왕들도 혼인하지 않아 처녀들이 거처할 곳이 마땅치 않았다. 일각이 여삼추였다. 하루라도 빨리 자금성으로 들어가 선덕제에게 공을 뽐내고 싶었던 창성·윤봉은 불쾌한 기색을 드러냈다.

9월 1일, 일행은 금주위(錦州衛)에서 체류했다. 10일에 길을 떠나 26일에 북경에 도착해 제화문(齊化門) 밖에서 머물렀다. 늦은 2경(更, 밤 9~11시)

에 처녀들만 성 안으로 들어갔다. 남은 사람은 다음날 성안으로 들어가 부군전위(府軍前衛)에 짐을 풀었다.

7명의 처녀를 보낸 후 한숨을 돌린 세종은 황제가 처녀들의 친족을 대우하는 모습을 보고 더 이상 처녀를 요구하지 않을 것이라고 판단했다. 그러나 이는 착각이었다. 명나라에서 처녀를 더 뽑겠다는 소문이 들려왔다. 세종은 사신이 또다시 한양에 나올 것으로 보고 이미 선발한 처녀들을 치장시킨 후 대기하도록 지시했다.

신상  치장뿐만이 아닙니다. 채붕(綵棚), 즉 나무로 단을 만들고 오색 비단 장막을 늘어뜨린 일종의 장식 무대를 만드는 데 필요한 것도 미리 준비해야 될 것입니다.

세종  알겠노라.

소문은 사실이었다. 서둘러 행사 무대를 꾸며야 했다. 이듬해인 세종 10년(1428)에 환관 윤봉·창성 등이 한양에 다시 들어왔다. 이들은 한계란의 집을 방문했다. 그녀는 이전에 간택되었으나 병이 나서 북경으로 출발하지 못했다. 3개월 뒤인 10월에 윤봉이 한계란과 화자 정선·김안명을 데리고 북경으로 출발하자, 세종은 모화루에서 전별연을 베풀어 주었다. 진헌사 조종생(趙從生)과 한계란의 오라비 한확도 동행했다. 도성 안 사람들과 사녀(士女)들은 한계란의 붉은 뺨에 흐르는 눈물을 보고 이렇게 탄식했다.

"언니 한씨가 영락제의 후궁이 되었다가 순장당한 것만도 애석한 일이었는데, 이제 동생이 또 가는구나."

此中國僱乳母之圖也又名奶媽子皆人家産
生嬰兒缺乳者須僱鄉間之人哺其嬰孩此項
婦人願爲捧人銀錢大半多係京東人按月給
工價之外必贈詩醫珠衣服等物

유모

행여 동생마저 순장당하는 것은 아닌가 하며 여기저기서 눈물을 흘리
며 땅을 치는 사람들도 있었다. 몰려든 백성들이 그녀를 생송장(生送葬),
즉 산송장이라고 불렀다. 세종도 마음이 무거웠다. 수시로 처녀들의 안부
를 물었다.

세종 처녀들이 지금 어디에 이르렀는가?

김자 안주(安州)에 도착했습니다.

세종 이전에 태감 황엄이 처녀를 수종하고 갈 때는 공경하고 두려워하기를 황후나
비빈을 대하는 것처럼 근신했다. 창성·윤봉은 몹시 태만하고 불경하여, 처녀
가 중도에서 병을 얻었다. 창성 등은 말을 타고 있을 때에도 교자의 창을 어루

만져 보기도 하고, 혹은 처녀와 마주앉아 손을 잡기도 했으며, 혹은 한 방에서 거처하기를 청했다고 하니, 저들이 환관이기는 하나 너무도 무례하다.

대언 환관으로 무례하기가 이 무리보다 더한 자는 없었습니다.

산송장이라 불린 한계란은 명나라 궁궐에 들어가 선덕제의 후궁이 되었고, 이후 성화제를 양육한 공로로 황제의 총애를 받았다. 명나라 때 황제는 1인 이상의 유모(乳母) 혹은 보모(保母)를 두었다.

동안문 밖에 예의방(禮儀房)이라는 관서가 있었다. 속칭 내자부(奶子府)라고 했다. 사례감 태감과 그 휘하의 환관들이 일체의 혼인과 길례(吉禮)를 담당했다. 매년 2월·5월·8월·11월에 젊은 유모를 선발했다. 나이와 용모, 젖은 잘 나오는지, 숨겨진 질병은 없는지 등을 살폈다. 남아를 낳은 여인 10명, 여아를 낳은 여인 10명에게 식료를 지급하고 내자부에 거주시켰다. 궁중에 희포월자방(喜鋪月子房)이 있어 남아와 여아를 생산한 여인 1~2명을 문화전(文華殿) 서북쪽 하천에 임한 작은 방에 거주시켰다.

시기에 따라 내구(奶口), 즉 유모의 선발 인원에는 약간의 차이가 있었다. 3개월에 한 번씩 내구 40명을 선발해 내정에서 지내게 했는데 이들을 좌계내구(坐季奶口)라고 칭했다. 별도로 80명을 선발해 문서에 기록해놓고 자신의 집으로 돌려보냈다. 이들을 점묘내구(点卯奶口)라고 칭했다. 내구는 남편이 있는 15세 이상 20세 이하로, 용모가 단정하고 세 번째 아기를 출산하고 3개월이 된 자를 선발했다. 젖이 풍부해야 했다.

황자가 출생했다는 소식이 들리면 여아를 낳은 유모, 황녀가 태어나면 남아를 낳은 유모로 하여금 젖을 먹이게 했다. 여관(女官)이나 비빈 신분으로는 유모가 될 수 없었다.

그런 규정이 있었음에도 불구하고 한계란은 유모가 되었다. 선덕제가 죽은 지 오래되었고 그녀가 아이를 두었는지는 불분명하지만 궁궐 법식에도 정통했고 다른 많은 후궁들로부터 존경도 받았기에 가능했을 것이다. 이들 유모를 통괄하며 성화제를 양육하는 책임자 역할을 했던 것으로 추정된다. 그녀가 이 직책을 맡게 된 또 하나의 주요한 요인은 조선 출신이었다는 사실이다. 한족 출신인 후궁의 외척들이 조정에서 횡행하는 것을 미연에 방지할 수 있었기에 한계란이 유모로서 간택되었던 것은 아니었을까.

# 6부

# 황제를 움직인 한씨 자매

명나라 황제들은 조선의 여인 못지않게 조선의 음식도 즐겼다. 조선 출신 황실 여인들도 고향의 맛을 그리워했다. 이들을 위해 조선 조정은 각종 음식 재료와 요리사 등도 북경에 보내야 했다. 한편, 조선 출신 후궁과 고위 환관들은 조·명 간의 무역이나 각종 외교 업무에서 황제를 움직일 수 있는 최고의 지렛대이기도 했다.

# 황제를 사로잡은
# 자매의 손맛

중국은 기본적으로 요리를 만드는 데에 있어 '만물은 때가 있다'는 관념을 적용하였다. 음식도 이에 맞춰 요리해 황제와 황후·비빈의 상에 올렸다. 정월 대보름이 되면 후궁들은 누각에 올라 홍등의 불빛이 펼쳐놓는 세계를 관람했다. 이날 진미가 상에 가득 올라왔다. 은어 등의 물고기를 비롯해 서해에서 산출되는 굴·해조류, 요동 지역의 해삼 등 셀 수 없을 정도의 요리가 눈과 입을 홀렸다. 궁궐에서는 달마다 그 계절에 나는 신선한 채소나 해산물로 요리한 음식이 바쳐졌다. 명나라 말 궁정의 요리인은 4,100명에 달했다.

조선에서 선발되어 들어간 집찬비, 즉 음식을 만드는 처녀들은 자금성에 들어가자 상식국(尙食局)에 소속되었다. 상식국은 상식 2인으로 반찬을 가지런히 차리는 일을 맡았으며 황제에게 음식을 올릴 때 먼저 시식했다. 그 소속으로 사선(司膳)·사온(司醞)·사약(司藥)·사희(司饎)가 편성되어 있었다. 사선은 고기를 베어 삶고 졸여 간을 맞추는 일을, 사온은 술을 빚는 일을, 사약은 병 치료 약물관리를, 사희는 식량과 땔나무 준비하는 일을 도맡았다.

**황제의 식탁** 황궁은 최고의 기술자들이 최고의 재료로 만든 각종 기물들로 채워져 있었고, 황제의 식탁에는 중국 본토는 물론 조선 등에서 바친 재료로 만든 진기한 음식들이 올랐다.

| 상식 | 2인 | 사선<br>(司膳) | 사선(司膳) | 4 | 고기를 베어 삶고 졸여 간을<br>맞추는 일 |
|---|---|---|---|---|---|
| | | | 전선(典膳) | 4 | |
| | | | 장선(掌膳) | 4 | |
| | | | 여사(女史) | 4 | |
| | | 사온<br>(司醞) | 사온(司醞) | 2 | 술 빚는 일 |
| | | | 전온(典醞) | 2 | |
| | | | 장온(掌醞) | 2 | |
| | | | 여사(女史) | 2 | |
| | | 사약<br>(司藥) | 사약(司藥) | 2 | 병 치료 약품 관리 |
| | | | 전약(典藥) | 2 | |
| | | | 장약(掌藥) | 2 | |
| | | | 여사(女史) | 4 | |
| | | 사희<br>(司饎) | 사희(司饎) | 2 | 식량과 땔나무 준비 |
| | | | 전희(典饎) | 2 | |
| | | | 장희(掌饎) | 2 | |

※ 『명사(明史)』 권74, 직관지(職官志)3 「여관(女官)」.

영락제 이후에는 상식국의 일이 환관들에게 이전되었다. 조선의 여인들은 상식국 중에서도 사선에 소속되어 환관들과 더불어 요리를 만들어 황제의 상에 올렸을 것으로 추정된다.

황제들은 기름기 있는 음식에 질릴 때면 조선의 감칠맛 나는 음식이나 어물·젓갈·해조류를 찾기도 했다. 서해 바다에서 산출되는 석화(石花), 즉 굴이나 미역·다시마·파래·김은 진미로 황제의 음식상에 올랐다.

명나라 환관이 조선에서 귀국할 때마다 황제에게 진헌할 건어물을 수레에 싣고 갔다. 특히 여비(麗妃)가 올린 음식은 영락제의 입을 사로잡았다. 당시 황제는 제5차 마지막 몽골 원정을 앞두고 있었다. 65세의 노인에게 모래사막을 넘어야 하는 힘들고 짜증나는 열기 속에서 기름기 많은 중국 음식보다는 입맛을 산뜻하게 돋아줄 조선 요리가 싱그럽게 다가왔다.

밴댕이와 대구 중국황제에게 바쳐진 조선의 대표적 수산물이다.

그러나 조선에서 바친 해산물이 산더미같이 있어도 이를 요리로 만들지 못하면 그림의 떡이었다. 조선 본연의 맛을 내려면 조선의 요리사가 필요했다. 영락제가 주문사 원민생에게 건어물의 진헌을 요구할 때, 옆에 있던 환관 해수가 처녀 2명을 같이 진헌하라고 거들었다. 영락제도 흔쾌히 동의했다.

영락제 좋다. 20세 이상 30세 이하로 음식을 만들고 술 빚는 데 능숙한 여종 5~6명도 뽑아 오도록 하라.

황제는 처녀만이 아니라 해산물의 요리는 물론 술을 빚을 줄 아는 여종이 필요했다. 연령은 후궁이 된 처녀들보다는 많은 20~30세 사이였다. 원민생은 귀국하자마자 집찬비를 선발해서 보내라는 황제의 명을 세종에게 전달했다.

영락제 노왕(老王)인 태종은 지성으로 나를 섬기어 건어(乾魚, 말린 생선)에 이르기까지 진헌하지 않는 물품이 없었다. 그런데 소왕(小王)인 세종은 지성으로 나를 섬기지 않는다. 전날에 노왕이 부리던 화자를 보내달라고 했는데 다른 내시를 보냈다. 짐이 늙어 입맛이 없으니 소어(蘇魚)와 붉은 새우젓과 문어 같은 것을 가져다 올리게 하라. 권비가 살아있을 적에는 진상하는 음식이 모두 마음에 들었다. 그녀가 죽은 뒤로는 음식을 올린다든가 술을 양조한다든가 옷을 세탁하는 등의 일이 모두 마음에 들지 않는다.

영락제는 권비가 죽은 이후 입맛과 삶의 의미를 잃은 듯 세종에게 자신의 신세를 한탄하였다. 자신이 늙어 입맛이 없다며 소어, 즉 밴댕이를 비롯해 젓갈·붉은 새우젓·문어 등의 해산물을 준비해서 바치라고 했다. 조선에서도 밴댕이는 임금님의 밥상에 올리는 진상품이었다. 썩어도 준치라는 말이 있다. 준치보다 더 맛있는 물고기로 대접받았다. 밴댕이는 탕이나 적 또는 회로 쳐서 먹으면 제맛이 났다. 단오가 지나면 소금에 절여 젓갈로도 만들었다.

영락제의 입맛은 손자인 선덕제에게도 전해졌다. 황제는 조선 요리를 즐겨 찾았다. 윤봉은 선덕제의 말을 세종에게 전했다.

"음식을 만들 줄 아는 여종도 선발하여 보내라."

선덕제 역시 어린 처녀만이 아니라 음식을 요리할 줄 아는 여종도 원했다. 세종은 즉시 차 끓이고 밥 지을 줄 아는 부녀(婦女) 10명과 여사(女使) 16명을 가려 뽑았다.

〈 다반을 지을 부녀와 여사의 이름 〉

| 다반을 지을 부녀 10명 | | 여사(女使) 16명 | |
|---|---|---|---|
| 소옥(小玉) | 연아(燕兒) | 돈일(頓一) | 정월(正月) |
| 중금(重今) | 수정(守貞) | 사계(四季) | 장미(薔薇) |
| 조운(朝雲) | | 장명(長命) | 황부(黃富) |
| 보대(寶臺) | | 작약(芍藥) | 칠보(七寶) |
| 진주(眞珠) | | 팔월(八月) | 권득(權得) |
| 연연(娟娟) | | 이아(李兒) | 연지(燕脂) |
| 이화(李花) | | 고지(古芷) | 최장(崔莊) |
| 선장(善莊) | | 연이(衍伊) | 소구(小狗) |

　　중궁이 경회루에서 명나라로 들어가는 처녀들에게 전별연을 베풀 때, 이들 집찬비 10인과 수종하는 비 16명도 경회루 아래에서 음식을 먹였다. 식사가 끝나자 부녀와 여사들도 말을 탔다. 건춘문(建春門)에서 길을 떠나니 그녀들의 부모와 친척들이 거리를 막고 울면서 소매를 붙잡고는 놓으려 하지 않았다. 길 가에서 구경하는 남녀노소 모두 눈물을 흘려 가슴을 적셨다.

　　집찬비와 여사가 북경에 도착하자 고향이 수원인 조선출신 환관 백언은 즉시 이들로 하여금 술·두부를 만들게 해 황제의 찬상에 올렸다. 선덕제는 맛을 보고는 기분이 상쾌해졌다. 황제는 이들만으로 만족하지 않았다. 세종 11년(1429)에 태감 창성·윤봉이 선덕제의 유시를 전하러 다시 한양으로 들어왔다.

선덕제  차를 끓이고 밥을 지을 줄 아는 부녀자, 음악을 배울 어린 종을 데리고 오라.

　　이번에는 음식만이 아니라 가무를 할 줄 아는 어린 아이를 선발해서 북경으로 들여보내라는 것이었다.

**등달기** 명나라 황실의 대보름 풍속이었다. 끝없이 어이지는 연회와 각종 행사들을 위해 조선에서는 집찬비와 창가비 등 요리하는 여인이나 예인들까지 뽑아서 보내야 했다.

**창성** 어리고 가무를 잘하는 사람으로 뽑고자 합니다.

윤봉은 젊고 노래와 춤을 잘 추는 여자를 찾았다. 그러던 어느 날 그는 노래와 춤은 북경에 들어가서 배우면 된다고 말을 바꿨다. 노래와 춤에 능하지 못하더라도 좋으니 그 숫자가 많으면 좋겠다고도 했다. 세종은 명나라에 들어가서 노래와 춤을 배운다면 굳이 조선 처녀를 데리고 갈 필요성이 없다고 여겼다. 명나라에도 소녀들은 많지 않은가? 세종은 은근히 부아가 치밀었다.

창성은 영향력 있는 북경의 관료들에게 자신의 공을 과시하고, 위로는 황제에게 잘보이려는 생각이 가득했다. 황제에 아첨하려고 가무에 능통한 어린 여자를 데려가려고 했던 것이다. 선덕제는 처녀들만이 아니라 조선의 젊은 화자에게도 노래와 춤을 익히게 했다. 훗날 정통제가 즉위하자 궁궐의 악공 3,800여 명, 요리사 6,400명을 집으로 돌려보냈을 정도로 선덕제가 가무와 요리에 탐닉했음을 알 수 있다.

세종은 명나라에 진헌할 창가비 8인, 집찬비 11인을 선발하고 이들에게 음식을 대접했다. 여인들은 슬피 흐느낄 뿐 음식은 거들떠보지도 않았다. 물러나갈 때에는 소매로 낯을 가리고 우니 부모와 친척들이 서로 부둥켜안고 떨어질 줄 몰랐다. 곡성이 뜰에 가득해 보는 사람들의 적삼을 적셨다. 세종은 그녀들 부모의 신역(身役)을 면제시켜주었다.

임금이 근정전에 나가 창가녀 등을 불러 노래를 들었다. 한 여자가 이번에 가면 다시 오지 못한다는 뜻을 지닌 노래를 애절하게 불렀다. 그 가사가 몹시 처량하고 한스러워 세종과 대신들의 가슴은 미어지는 듯했다. 명나라 사신을 따라 집찬녀 중비(重婢) 등 12인과 창가녀 설매(雪梅) 등 8인이 한양을 뒤로 했다.

그 후 세종 16년(1434) 말 천추사 박신생(朴信生)이 칙서 세 통을 받들고 북경에서 돌아왔다. 임금이 세자 이하 여러 신하들을 거느리고 모화관에 거둥해 칙서를 받들었다.

선덕제 왕이 먼젓번에 보낸 집찬비들은 음식을 조화롭고 정결하게 만든다. 요리를 만드는 것도 빠르고 민첩하다. 두부를 만드는 일은 더욱 정묘하다. 그 다음번에 온 집찬비는 잘하기는 하나 이전 여인들에게는 미치지 못한다. 왕은 요리에 뛰어나고 영리한 여자 10여 인을 뽑아 반찬·음식·두부 등을 만드는 것을 익히게 하라. 전번에 보낸 여인들과 같이 숙달하게 하여, 후에 환관이 조선에 도착하거든 경사로 보내도록 하라.


선덕제는 5년 전에 들여보낸 집찬비들의 요리 솜씨를 탓하고는 음식을 잘 하는 여인 10여 인을 선발해서 보내라고 요구했다. 특이한 점은 두부 만드는 것을 익혀 보내라는 주문이었다. 서거정은 수종사(水鐘寺)의 윤상인(允上人)이 두부를 보내 준 데에 대하여 사례하는 시를 지은 적이 있는데, 여기에 조선의 두부에 대한 정보가 조금 들어 있다.


餉來豆腐白於霜　　보내온 두부 빛깔 서리보다 더 하얀데
細截爲羹軟更香　　잘게 썰어 국 끓이니 부드럽고 향기롭네.


두부가 선명한 흰색을 띠었다고 했고, 잘라서 국에 넣는 조선 시대의 요리 방법을 알 수 있다. 서거정의 다른 시에 의하면 부드러운 두부는 구워서도 먹었던 것 같다. 이루 말할 수 없는 연한 두부를 만든 곳은 장의문(藏義門), 즉 자하문 밖의 마을이었다. 고려시대에는 두부를 기름에 튀겨서 국에 넣기도 했다.

선덕제에 바친 해산물을 살펴보면 민어·문어·농어·연어·대구 등 다양하다. 그 수량도 진어, 즉 주치는 1,800여 마리, 대구와 조기는 1,000마리에 달했다. 건어물과 함께 젓갈과 김·미역·다시마 등 각종 해조류도 진헌했다. 술은 황주와 소주·이화주(梨花酒)였다. 이들 물품을 싣고 가는 수레가 줄을 이었다. 세종은 품질이 좋은 어물을 골라서 간을 맞췄다. 진헌하는 날에 창성이 먼저 맛을 보았다.


창성　너무 짜서 진헌하기에 적당하지 못합니다.

어물이 짜다고 투정부렸던 창성은 곧 '진헌하는 해물은 맛이 매우 짜야 될 것입니다'라고 말을 바꿨다. 창성의 속마음은 오로지 황제에게 감미(甘味)를 맛보게 하기 위한 것이 아니라, 많은 수량을 얻으내려는 속셈이었다. 품질이 좋고 나쁜 것을 가리지 않았다.

윤봉과 김흥이 세조의 고명을 가지고 또다시 한양에 들어왔다. 윤봉은 천순제가 큰 문어를 좋아하니 속히 진헌하라고 재촉했다. 연행사들이 북경에 들어갈 때 문어 400~500마리 혹은 700~800마리를 바치라고 했다. 문어는 썰어서 볶으면 맛이 깨끗하고 담담했다. 잔치를 열 때 맛좋은 안주감이기도 했다. 세조는 즉시 함길도·강원도 관찰사에게 문어 500미(尾)를 갖추어 진상하라고 일렀다. 함경도의 큰 폐해가 된 것은 생문어(生文魚)의 진상이었다. 경성(鏡城) 이북은 생문어를 진공할 때 남자들이 아니라 여자들이 배로 운반해 왔다. 겨울철에는 문제가 없었지만 여름철에는 얼음에 채워도 부패해 못 쓰는 경우가 다반사였다.

세조 초 예조참판 조효문(曹孝門)이 명나라에 들어가 원단(元旦)을 하례할 때 문어 400마리와 대구 600마리를 가지고 갔다. 성종 연간에 들어 한계란의 조카 한치례와 인척 한치형이 성절사의 임무를 띠고 갈 때도 문어를 진상했다. 태감 정동이 은밀히 사은사 한치례에게 속삭였다. 문어만이 황제의 식탁에 올리는 해산물이 아니라는 것이었다.

**정동** 성화제가 대구를 좋아하십니다.

대구는 일찍부터 조선이 명나라에 바치는 진헌품의 한 종류였다. 겨울에 반쯤 건조한 것이 상품으로 가장 뛰어났다. 대구는 남해·거제도 등지

명나라 때의 호화로운 잔칫상

에서 배란한 후 동해를 거쳐 북상하는 어종으로 중국에서는 잡히지 않는 귀한 생선이었다. 어부들이 바다에서 대구를 잡으면 역리(驛吏)들이 조정에 바쳤다. 조선에서는 안줏거리로 대구만한 것이 없다고 노래 불려질 정도로 기호품이었다. 이 대구가 명나라 황제뿐 아니라 조정 대신들에게도 인기가 그만이었다.

상 앞에 가지런히 놓인 음식 전부에 황제가 젓가락을 대기는 힘들었다. 황제가 남긴 음식을 황후나 마음에 드는 비빈, 여관이나 환관들에게 나누어 주었다. 황제는 비빈과 후궁의 존경을 받는 한계란에게도 고국의 문어 요리와 대구탕, 조기구이를 가져다 주라고 일렀다. 그녀는 이날만큼은 기름기 있는 요리에 젓가락을 대지 않았다. 상큼한 젓갈이나 김 등 해조류에 입맛을 다셨다. 한 번은 성화제가 그녀에게 고국의 술까지 내려준 적도 있었다.

정동  이번 조선 사신들이 황주와 이화주도 진상했습니다.

성화제 조선에서 가져 온 이화주를 유모 한씨에게도 가져다주어라.

정동  한씨는 술을 입에 대지 못합니다.

성화제 알고 있노라. 특별히 친척이 가지고 온 것이니 고향을 생각해서 내리는 것
    이니라.

정동은 황제가 내준 이화주를 들고 한계란을 찾았다. 그녀는 뚜껑을
열고 술 향기를 맡았다. 솔잎 내음이 퍼져왔다. 이내 환관 정동에게 술동
이를 건넸다. 이화주는 곱게 빻은 쌀에 솔잎을 사용하여 만든다. 진하고
단맛이 나는 술과 맑고 콕 쏘는 두 종류 술이 있다.

성절사로 북경에 다녀 온 한치형을 성종이 선정전(宣政殿)에서 맞아들
여 명나라 조정의 사정을 물었다.

한치형 아침에는 반드시 소박한 반찬을 황제에게 올린다고 합니다. 환관이 "버섯·
    다시마·전복·대구를 좋아하십니다. 대구와 전복을 돼지고기·양고기와 섞
    어서 탕을 만들어 드리고 반드시 일정 부분을 남겨 두었다가 다시 올립니
    다"고 했습니다.

조선에서 바친 대구와 전복에 돼지고기·양고기를 섞어서 탕으로 만든
음식이 황제의 입맛을 돋웠다. 성화제가 이들 요리를 즐겨 찾자 일정량은
남겨 두었다 재차 바쳤다. 문어·대구 말고도 전복·오징어, 그리고 다시마

등의 물건도 황제의 식사에 빠질 수 없는 재료였다. 전복 요리는 중국인이 극미로 칭찬하는 4대 요리 중의 하나였다. 서해에서 채취하는 전복은 더욱 일미였다.

조선 출신 환관들도 고향의 맛을 잊지 못하고 북경으로 돌아갈 때 다양한 해산물이나 젓갈류를 얻어갔다. 세종은 환관 백언에게 말린 고등어 2궤짝, 풋 오이와 섞어 담근 곤쟁이젓 2항아리를 영접도감 편에 보내기도 했다. 정동은 은어젓·숭어젓·연어젓·알젓·송어젓·연어알젓·밴댕이젓·새우젓·전복젓 등 다양한 젓갈을 수레바퀴가 삐걱거릴 정도로 싣고 한양을 떠났다.

이들에게도 고향의 맛, 특히 어머니의 거친 손으로 쓱싹 만들어 내놓은 요리는 평생 무엇과도 비교할 수 없는 맛이었다.

# 윤씨 폐비 사건을 해결한
# 한계란과 환관 정동

조선에서 온 처녀들도 세월이 흐르자 나이가 들거나 병이 들어 세상을 떠났다. 한계란은 적막감에 사로잡혔다. 그녀는 한씨 집안 사람들이 사신으로 들어올 때마다 억제할 수 없을 정도로 들떴다. 조선은 외교적 난제를 해결하려면 알게 모르게 한계란과 정동의 힘에 의지하지 않을 수 없었다. 표면적으로 대신들은 이들을 이용하는 것을 극력 회피하려고 했으나 외교적 현실은 그리 녹록치 않았다.

한계란은 정동과 함께 황제의 막후에서 조선과의 외교에 힘을 발휘했다. 명나라가 여진을 토벌할 때 조선이 군사를 내어 도와준 데 대한 감사의 뜻을 표하러 정동과 강옥이 압록강을 넘었다. 정동 일행이 의주 의순관(義順館)에 도착한 후 의주 선위사 박중선(朴仲善)에게 다음과 같이 말했다.

정동 사은사는 반드시 한씨 족친을 삼아야 하며, 한씨에게 따로 드리는 물품이 있어야 할 것이다.

한양에 도착하기도 전에 사은사로 한계란의 족친을 보내라는 압력성 발언이었다. 이윽고 이들이 도성으로 들어오자 성종은 모화관에 거둥해 잔치를 베풀었다. 정동과 강옥이 술에 취해 모화관을 나서자 성종은 계단 아래에서 전송했다. 성종은 자리로 돌아와 종친과 재추(宰樞)에게 남은 술 잔을 들 것을 권했다. 한명회는 몹시 취해 대신들에게 춤을 추자고 했다. 성종이 허락하자 한명회는 일어나 덩실덩실 춤을 추었다. 성종은 손을 흔들어 자리에 있는 대신들에게도 춤을 추라고 권했다. 신이 난 한명회는 기생 여덟 사람에게 춤을 추게 했다. 성종은 환궁한 후 도승지 김승경을 정동과 강옥 처소에 보내 문안하고 윤씨 폐비 사건에 대해 자문을 구했다.

윤씨 폐비 사건은 조선 역사상 너무나도 유명한 사건이다. 연산군의 생모 윤씨는 성종의 왕비에 봉해졌으나, 비상으로 왕과 후궁을 독살하려 했다는 혐의, 왕의 얼굴에 손톱자국을 낸 일로 인해 폐위당했으며 끝내는 사사(賜死)되고 말았다.

김승경  왕비를 실덕(失德)으로 폐했는데, 지금 황제가 (왕비에게) 하사한 물건을 어떻게 처리해야 하겠습니까?

정동  명나라 조정에서는 왕비를 폐한 것을 알지 못하고 오직 저와 한계란만이 알 뿐입니다.

김승경  후일 왕비 책봉을 청할 때 어떻게 말을 해야 하겠습니까?

정동  훗날 주청할 때에 제가 옆에서 '이전에 조선에 사신으로 갔을 때 왕비가 병이 있다는 것을 들었습니다'라고 거들겠소.

정동은 성종에게 자신이 자금성으로 돌아가면 왕비 책봉 문제를 도와

주겠다는 의지를 내보였다. 주문사 한명회는 부실(副室) 윤씨의 고명과 관복을 주청하러 북경으로 들어가게 됐다. 한명회는 한확과 9촌 숙질간이다.

정동이 북경으로 돌아가는 도중 평양에 이르자 통사 장유화에게 귓속말을 전했다.

정동 주문사 한명회가 북경에 가면 황제가 반드시 전비(前妃)는 무엇 때문에 폐했고, 원자(元子)는 어떻게 조처했는지 물으실 것입니다.

이를 전해들은 한명회는 도승지 김승경과 윤씨 폐비 사건에 대해 어떻게 황제를 면대할 것인지 숙의했다. 한명회는 정동이 '윤씨를 폐비한 것은 병이 중해서'라고 황제에게 주달했다고 하면, 지금 자신이 소지한 상주본과 내용이 일치하지 않는다는 점을 우려했다. 황제가 그 이유를 묻는 경우 폐비가 병이 중한 데다 독약을 감추고 있었다고 답하면 어떻겠느냐는 방안을 제시했다. 도승지는 한명회의 고뇌를 성종에게 전달했다.

성종 질병이 없는데 질병이 있었다고 주달하는 것은 옳지 못하다. 왕비는 한 나라의 어머니인데 어찌 가볍게 폐할 수 있겠는가? 그녀의 덕이 종묘(宗廟)를 함께 받들 만하지 못했기 때문에 부득이 폐한 것이니, 사실대로 아뢰는 것이 마땅하다.

성종은 윤씨 폐비를 사실 그대로 언급하는 게 좋겠다는 뜻을 비쳤다. 결국 한명회의 상주본에는 "윤씨는 성품과 도량이 잘못되어 국왕의 명을 공경히 받들지 못했고, 실덕한 것이 심해, 신하와 백성들의 소망에 크게 어긋나서 폐위"한 것으로 기록했다. 정동이 황제에게 고한, 병이 중해 폐비했다는 내용과는 차이가 났다.

북경 회동관에 거처하고 있던 한명회는 동화문(東華門)으로 나가 황제와 한계란에게 보내는 물품을 정동에게 전했다. 한계란은 답례로 환관을 시켜 비단, 은 50냥, 술과 안주, 아침저녁으로 소용되는 물품을 보내주었다. 한명회는 본격적으로 정동에게 윤씨 폐비 문제에 대해 황제에게 어떻게 답변하면 좋을지 자문을 구했다. 나중에 황제가 물었을 때 한명회는 이렇게 답했다.

성화제 왕비가 아들을 낳았는데 무슨 과실이 있어서 폐했는가?
한명회 폐비가 덕을 잃어 어쩔 수 없이 폐했습니다.

한명회는 성종이 일러준 대로 황제에게 아뢰었다. 한편으로는 한계란에게도 서신을 보내 도움을 청했다.

| 서신 | 폐비 윤씨는 성격이 어그러지고 포악하여 왕의 조모(祖母)와 왕의 모친(王母)에게 불순하고, 덕을 잃는 행동이 상당히 많아 종사(宗社)를 잘 받들 수가 없습니다. 전하께서 조모님과 어머님의 말씀을 받들어 종묘·사직에 고하고 궁 밖의 사택에 폐하여 두었습니다. 돌아보건대 내조는 오랫동안 비워둘 수 없어 부실(副室) 윤씨를 왕비로 삼았습니다. 이렇게 사정을 진술하여 아뢰오니, 엎드려 바라건대 이러한 사유를 갖추어 황제에게 곡진히 주달하여 고명과 관복을 특별히 하사하게 해주소서.

윤씨 폐비 사건의 경위를 한계란에게 자세히 기록해서 보내 부실 윤

동화문  한명회를 비롯한 족친들은 이곳에서 한계란과 정동에게 사적으로 진헌하는 물건들을 바쳤다.

씨의 고명과 관복을 하사받을 수 있도록 황제를 움직여줄 것을 간청했다. 회동관에서 초조한 나날을 보내는 중에 정동이 찾아와 은밀히 부실 윤씨의 고명 건을 황제가 허락했다는 기쁜 소식을 들려주었다. 한계란과 정동의 도움을 얻어 외교적 난제의 해결을 보는 순간이었다. 그리하여 부실 윤씨가 왕비로 책봉되었는데, 그녀가 바로 윤호(尹壕)의 딸인 정현왕후(貞顯王后)로 중종의 생모이다.

하지만 한명회는 귀국하자마자 대신들의 열화 같은 봉박을 당했다. 대사간 강자평(姜子平)은 한명회가 황제와 한계란에게 사적으로 물품을 진헌했고, 아울러 한계란에게 사적으로 서신을 전한 점을 문제 삼았다. 집의 박숙달(朴叔達)은 사사로이 진헌하는 일을 중지해야 마땅했고, 정동의 흑각(黑角)을 함부로 받아와 활을 만들 것을 청한 것은 환관에게 아첨한 것이라며 국문에 처하라고 탄핵했다. 성종은 대신들의 의견을 물었다.

강자평　정승이 북경에 갔을 때 유기(鍮器)를 청했고, 물화(物貨)를 탐하였습니다. 정동이 한명회를 후하게 대접한 것도 다만 이익을 보았기 때문일 뿐입니다. 한명회를 구금하소서.

성종　대간의 말은 옳다. 그러나 부득이한 형편이었다. 정동은 소인으로 한명회에게 권하여 사사로이 바치게 했다. 정승의 잘못이 아니다. 또 궁각(弓角)의 일은 태감 김흥이 '내가 사신으로 조선에 갈 것이니 먼저 가지고 가기를 청한다'고 하여 거절하지 못하고 가지고 온 것이다.

성종은 한명회를 두둔했다. 한계란의 사적 진헌은 정동에게 등을 떠밀려 한 행동이었다는 논리였다. 영사 노사신(盧思愼)도 한명회가 사사로이 진헌한 것은 부득이한 상황이었다고 옹호했다. 강자평은 한명회가 잡물을 대량으로 휴대하고 요동에서 북경에 이르기까지 공공연히 뇌물을 쓴 덕에 명나라 사람들이 노재상이라고 칭했다며 그의 공적을 평가 절하했다. 사헌부 대사헌 조간(曹幹)도 정동에게 아첨하고 환심을 사려는 태도라며 봉박했으나, 성종은 대간들의 국문하라는 청을 물리쳤다.

경연이 끝나자 지평 정이공(鄭而恭)·정언 정광세(鄭光世)는 한명회가 사사로이 물품을 바친 숨은 의도는 황제로부터의 하사품을 노리려는 것이었고, 정동이 스스로 자기 물품을 내준 이유는 후에 조선에서 갑절로 상사품을 받으려고 꾀한 것이라며 분개했다. 더구나 후일 명나라에 들어가는 사신이 사사로이 물건을 바칠 수 없게 되는 경우 환관이 화를 내게 될 것이라고 여겼다. 이 모든 잘못이 한명회에게서 연유된 것이라고 비판했다. 연이은 사헌부와 사간원 관리들의 한명회 봉박에 질린 성종은 대간의 목소리를 그대로 수긍해야 하느냐며 일갈했다. 그럼에도 한명회 탄핵을 외치는 목소리는 점점 더 고조되었다.

박숙달  한명회는 정동을 개성에서 맞이하기를 청했습니다. 국문하소서.

성종  그건 정승 한명회가 북경에 갔을 때 황제가 노재상(老宰相)이라고 하여 여러 번 음식물을 내려주었고, 심지어 전별의 위로까지 해주었기 때문이었다. 그때 정동이 '재상은 나를 어디에서 맞이할 것인가? 평양이 아니면 개성일 것이다'라고 하여 내가 허락했던 것이다.

이처럼 한명회가 정동을 어느 곳에서 응접할 것인가의 문제까지 거론해 봉박하는 사태가 벌어졌다. 성종은 대신들의 연이은 봉박에 신경이 날카로워졌다. 우울한 공기가 조정을 감싸고 돌자 한명회는 입궐하여 무릎을 꿇었다. 자신의 학술이 부족하여 일어난 일이라며 정동과 관련된 일에 대해 해명했다.

한명회  대사헌과 사간원 관리들이 본인이 상사품을 바라고 이러한 행동을 했다고 하는데, 신은 세조·예종·성종 3조(朝)에서 벼슬을 지내 관직이 높고 봉록이 후합니다. 풍족한 상태인데 어찌 명나라의 상사품으로 여생을 보내려고 하겠습니까? 신은 가슴이 아픕니다.

성종은 한명회의 변명하는 말투가 무례하고 불쾌했다. 하지만 실정이 드러나지 않아 원훈(元勳)을 내칠 수 없다는 단호한 입장을 견지했다. 대사헌 김승경은 한명회가 사신의 임무를 띠고 갈 때 유둔(油芚)을 청한 일, 인신(人臣)이 사사로이 교제하는 죄를 범한 일 등 실책이 많았다고 탄핵했다. 이때 서거정은 발언을 회피하여 사관(史官)의 비판을 받았다. 다음은 한명회에 대한 사관의 평가다.

> 한명회는 성질이 허풍을 떨고 재물과 음식을 탐내 처음으로 명나라에 갈 때 조정에 청하여 많은 인정 물건을 가지고 갔다. 또 주·군을 토색하여 많은 물품을 싣고서 갔다. 입조함에 있어서는 김보·정동을 인연하여 한씨에게 알려 가까운 일족이라 칭해 하사하는 물품을 많이 얻었다. 명나라 사람들이 그를 황친의 노한(老韓)이라고 불렀다. 여러 번 동화문으로 들어가서 황제의 명을 따랐다. 그가 얻은 비단 및 사화(私貨)·완상용 골동품이 수를 헤아릴 수 없었다.

사관의 비난을 요약하면 한명회가 물품에 대한 탐욕과 조선 출신 환관 김보·정동과 결탁해 한계란의 선물을 장만한 점, 황제로부터 다량의 선물을 하사받았다는 점에 집중되었다.

# 수우각
# 무역

　조선은 북으로는 야인과 접하고, 남으로는 대마도와 인접해 활은 병사들에게 불가결한 무기였다. 군사들이 창검을 익히지 않고 오로지 궁시(弓矢)만을 업으로 삼아 적을 방어했다. 활을 만드는 데 수우각(水牛角), 즉 무소뿔만한 것이 없다. 궁각(弓角), 혹은 불에 달구면 검어져 흑각(黑角)이라고도 한다. 활시위가 자주 빠져도 수우각은 부러지지 않는 우수한 특성을 지녔다. 수우각은 본래 조선에서는 생산되지 않는다. 수우, 즉 물소는 인도네시아·필리핀 등지에 주로 서식하는 동물이다. 조선 초에는 오로지 명나라에 의존했고, 일부 일본 지방 영주들이 바치기도 했다.

　안정적으로 수우각을 확보하기 위해 소를 방목하려는 시도도 있었다. 일찍이 송나라 상인이 고려에 물소를 바친 적이 있다. 조선으로 왕조가 교체되자 세종은 명나라로부터 물소를 교역해 들여와 따스한 전라도 지역에서의 방목을 고려했다. 물소는 털이 얇고 추위를 탔기 때문이다. 소우리를 튼튼히 지어 한겨울을 견뎌내면 물소를 살릴 수 있다고 판단했다. 우선은 명나라 예부에 자문을 보내어 물소를 청해보고 허락하지 않을 경우 황제에게 직접 상주하는 방안을 강구했다. 그러나 황제에게 상주하는 계획은 실행에 옮겨지지 않은 것 같다. 왜냐하면 문종이 수우각 확보의 중요성을 절감하고 태감 윤봉과 정선에게 물소 수입에 우선 도움을 청했기 때문이다. 왕은 암수 20두를 해도(海島)에서 사육해 그 뿔로 활을 제조할 요량이었다. 윤봉은 자신들이 귀국해 황제에게 주문(奏聞)하면 윤허를 얻어낼 수 있다며 의욕을 보였다. 이후의 기록이 없어 명확히 알 수는 없지만 물소는 들어오지 않은 듯하다. 다만 통사로 하여금 요동에서 수우각을 무역해 오고 있었다.

세조는 나라의 보물로 말·소 그리고 흑각을 들었다. 병비에 흑각이 필수불가결한 물품이었음을 절감할 수 있다. 세조 때 일본 대내전(大內殿), 유구국(琉球國)에서 각각 물소 암수 두 마리를 바쳤다. 경상도 웅천(熊川)에서 일단 사육했다. 봄이 되자 창덕궁 후원(後苑)으로 옮겨 사복시(司僕寺) 관원이 교대로 보살폈다. 의생(醫生) 4명에게 소를 사육하는 방법을 배우게 했다. 그러나 17년이 지난 성종 10년(1479) 무렵까지 여러 고을에서 기르는 물소[水牛]가 송아지를 낳은 것은 겨우 70여 마리에 불과했다. 사육 물소는 수우각을 얻는 데 크게 도움이 되지 못했을 뿐만 아니라 밭갈이에도 무용이어서 조정의 골칫거리로 등장했다.

명나라는 활 재료인 궁각의 유통을 철저히 통제했다. 금령이 엄격하게 집행되어 이를 매매하는 자들이 처벌을 받고 먼 곳으로 옮겨갔다. 당시 건주야인(建州野人)이 모련위(毛憐衛) 등을 규합해 변경을 침입하는 일을 그치지 않았다. 조선은 활 재료인 수우각을 오로지 명나라에 의존하고 있는 실정이었다. 하지만 명나라 조정은 조선에게도 궁각 수매를 좀처럼 허락하지 않았다. 태감과 금의위 교위는 회동관에서 금지 품목의 매매를 정탐했다. 성종 8년(1477) 성절사의 통사 예형창(芮亨昌)이 은밀히 수우각을 구매하다 발각된 적이 있다. 그는 거간꾼인 아자(牙子)로 하여금 4대의 수레에 수우각을 실어 통주에서 만나기로 기약했다. 이 사실을 교위가 탐지해 태감에게 고해바쳤다. 수우각은 몰수당하고, 아자는 군인에 편입시켰다.

수우각 밀매 사건은 조선과 명나라 사이의 외교적 분쟁으로 비화되었다. 조선은 궁각의 금령을 범한 사건을 어떻게 처리할지에 대해 심각하게 논의했다. 한명회는 금령을 범했는지의 사실 여부, 명나라의 처분을 아직 모르는 상태이니 주문사가 귀국하거든 재론할 것을 제안했다. 실제로 이전에는 연행사가 북경에서 수우각을 무역했지만 일일이 주문(奏聞)하지는 않았다. 대사간 최한정은 사유를 갖추어 황제에게 아뢸 것을 건의했다.

> 최한정 명나라에서 외국 사신은 작은 병기조차 지니고 중국의 경계 안으로 들어오지 못하게 했습니다. 우리나라 사신만은 궁시(弓矢) 등을 휴대하도록 허가하여 안팎을 차별하지 않는 뜻을 보였습니다. 수우각 무역 금령이 본국에까지 미치는 줄 모른 까닭에 사신 편에 무역시켰던 것입니다. 금령을 범했다고 논했다니 황공하여 견딜 수 없습니다.

이에 따르면 조선의 연행사들은 관례대로 수우각을 구매했다. 이 행위가 금령에 저촉되었는지를 깨닫지 못했던 것이다. 의금부는 공무역을 행함에 있어 주의를 게을리 하여 금제(禁制)를 범했다며 예형창을 장(杖) 100대에 해당하는 속죄(贖罪)로 처벌해야 한다고 아뢰었다. 다시 말하면 장형에 처하는 대신 포(布) 등의 재물을 바치고 죄를 면제받는 형에 처하라는 것이다. 성종은 태(笞) 40대로 경감시켰다.

궁각 금령이 발동된 이후 연행사들이 산해관을 통과할 때 경비 책임을 지고 있던 병부주사(兵部主事)의 검열이 엄격해졌다. 야인들을 대하는

**물소의 뿔**   수우각은 활대를 만드는 중요한 재료인데 조선에서는 자체 생산할 수가 없었다. 이에 명나라에 수차에 걸쳐 판매해줄 것을 요청하였으나 쉽지 않았다.

것처럼 짐을 샅샅이 뒤졌다. 사은사 윤자운이 병부주사에게 항의하자 황제에게 주청하라며 말을 잘랐다. 윤자운은 실제로 성화제를 알현하게 되었을 때 궁각 금령에 대해 언급했다. 그러자 황제가 오히려 되물었다.

성화제   해내(海內)의 여러 나라에서 주청하는 경우 허락하지 않은 일도 있지만, 조선에서 주청하는 것은 일일이 들어주었다. 궁각을 어째서 조선 내에서만 사용하지 않고 해서달자(海西達子)에게 전매하느냐?

윤자운   절대로 그런 일이 없습니다. 조선에서 쓰기에도 부족합니다. 해서달자의 땅은 모련위(毛憐衛)·건주위(建州衛)를 지나가야 하는데 어찌 적의 경계를 넘어서 전매할 수 있겠습니까?

정동    재상은 말하지 마시오. 내가 자세히 아뢸 것이오.


이처럼 성화제는 조선이 구입해 간 궁각을 개원·길림 일대에 거주하는 해서여진(海西女眞)에 매매한다고 의심했다. 궁각 금령은 병부시랑 마문승(馬文升)이 제안하면서부터 시행되었다. 그는 조선 연행사와 건주·해서·타안(朶顔) 삼위(三衛) 여진인이 입공해서는 명나라 군민과 궁재(弓材)·화살촉·철기 등을 사사로이 무역하고 있다고 인식했다. 궁각 수매 허락이 명나라에 전혀 이익이 되지 않는다며 금지시킬 것을 제안해 황제의 허락을 받았다. 병부는 즉시 북경과 변경지역에 방을 내걸었다. 금령을 범하는 경우 원변(遠邊)에 유배시키고, 회동관 및 연변의 사신을 호송하는 관리로 방임하는 자는 죄로 다스리며, 수우각을 휴대하고 관(關)을 나서다 발각되면 체포하여 관아에 그 가격을 상환하고, 매매한 사람은 추궁할 것이라고 엄포를 놓았다.

조선이 수우각 구입 문제로 머리를 싸매자, 태감 정동은 홍무제가 화포를 하사해준 일과 세조 때 건주여진 정벌 시 군사를 동원해 협조해준 일을 가지고 주청하면 궁각 구입을 허락받을 것이라고 해결 방책을 귀띔해 주었다.

윤자운 일행이 귀국 시 정동은 조양문(朝陽門) 밖 20리 되는 곳까지 나와 전송했다. 그는 통주까지 발걸음을 옮겼다. 노하(潞河)의 누선(樓船)에서 사신들을 맞아 즐겁게 마시고 한밤이 되어서야 연회를 파했다. 이별할 즈음에 정동이 사은사에게 은밀하게 속삭였다.


정동    조선에서 궁각 일을 주청하려면 한치례를 시켜 진헌하는 토산물과 한씨가 구하는 물건을 넉넉하게 갖추어 일시에 진헌해야 합니다. 한 가지라도 부족해서는 안 됩니다.

궁각 무역을 해결하려면 한치례를 사신으로 파견하고, 조선의 토산물과 한계란에게 진헌하는 물품을 넉넉히 준비하라는 조건을 제시했다. 정동은 한치례 외의 다른 사신이 오는 경우에는 자신이 상견할 까닭도 없고, 궁각을 주청하기도 어렵다는 뜻을 내비쳤다. 한치례는 한계란의 오라비 한확의 아들이니 한계란의 조카이다. 이로써 정동의 속내가 드러났다.

당시 성화제도 사사로이 예전 법령을 바꿀 수 없으나 한계란의 일족인 한치례가 사신으로 오면 궁각 구입이 가능할 수도 있다는 뜻을 넌지시 내비쳤다. 정동의 사전 조율로 황제를 움직였던 것 같다. 태감 강옥도 정동을 거들었다. 자신도 조선이 활 제조에 어려움을 겪고 있는 정황을 인지하고 있다며 많은 수량을 수매할 수 있도록 황제에게 아뢰겠다고 호언장담했다.

성종은 홍무제가 화약·화포에 있어서도 다른 번국(藩國)들과는 다른 특별한 대우를 해주었다는 점을 상기시키면서, 궁각 수매도 호인(胡人)들과 똑같이 취급하지 말아줄 것을 요청했다.

이로써 정동을 통해 황제에게 주청하여 궁각 매매 허락을 얻어내자는 방안이 나왔다. 주청사 윤필상을 파견해 궁각 수매 해제를 청하는 사유서를 갖추어 정식으로 상주했다. 또 한편으로는 정동을 동원하는 방안을 동시에 실행했다. 성절사 한치례가 회동관에 체류하고 있을 때 정동을 만났다. 정동은 임금의 안부를 묻고 궁각을 주청할 것인지의 여부를 물었다.

정동 궁각을 청하는 문서를 작성하면 내가 한계란에게 전달하겠소.

한치례는 그 임무는 주문사 윤필상이 맡았다며 짐짓 모른 체 했다.

한치례 그건 내 임무가 아니오.

한치례가 궁각 주청 건은 자신의 임무가 아니라며 완강히 거절했음에도 정동은 궁각을 청하는 일을 문서로 작성해 한계란에게 전달하여 도움을 받자고 조언했다. 그는 문서를 작성해줄 것을 독촉했다. 한치례는 정동이 꾸민 일로 의심했으나, 곧 그 의구심은 걷혔다. 한계란의 인장이 찍힌 문서를 확인했기 때문이다. 한치례는 궁각 수매를 청하는 사유를 써서 정동을 통해 한계란에게 전달했고, 그녀는 이러한 요구를 황제에게 아뢰었다. 그 효과는 즉시 나타났다.

병부　조선은 삼가 조공하여 신하의 예절을 지키는 것이 다른 이인(夷人)과 다릅니다. 궁각 매매를 일절 금지한다면 효순(孝順)한 마음을 잃을까 걱정이 됩니다. 호시(互市)를 허락하되 그 수는 제한하십시오.

성화제　알겠노라. 조선 국왕의 상주가 간절하니 매년 궁각 50부를 매매하는 것을 허락하노라.

병부가 조선은 여타 오랑캐와 다르다는 점을 강조하자 성화제는 특별히 궁각 50부를 수매할 수 있도록 허락했다. 궁각 1장으로 활 2개를 만들었다. 하지만 이 액수로는 군사용 활을 공급하는 데 절대 부족했다. 성종은 최근 야인이 변경을 침범하고 있어 병비를 소홀히 할 수 없다며 궁각 수매를 증량시켜줄 것을 청했다. 주문사 한명회는 이 규정을 폐지해줄 것을 청하면서 조선은 절대로 궁각을 여진인에게 전매한 일이 없다고

**황실의 조회 모습**  한명회 등 조선의 사신들은 자금성에 들어가 황제를 알현하고 주어진 외교적 임무를 수행해야 했다.

강변했다.

성종 12년(1481) 2월 병부좌시랑 장등(張等)이 복주(覆奏)하여 매년 150부를 구매할 수 있게 되었다. 기존의 50부에서 세 배가 늘어난 수량이었다. 궁각은 순천부 대흥현(大興縣)과 완평현(宛平縣) 두 현에서 제조해 조선에 공급하라는 명령이 하달되었다. 이러한 성과를 거두게 된 뒷이야기를 이로부터 두 달 뒤인 4월에 주문사 한명회를 수행한 서장관 권건(權健)이 중국에서 견문한 사실을 임금에게 아뢰면서 드러났다. 즉, 한명희가 한계란에게 서신을 보내 궁각을 더 구매할 수 있게 도와달라고 간청했던 것이다. 궁각 구매의 숫자를 늘리는 데 측면 지원한 이는 정동과 한계란이었음을 부정할 수 없다.

정동    궁각을 청하여 허락을 받았는데, 모두 제가 주선했습니다.
김승경    대인의 공에 힘입은 바를 전하께서 이미 알고 계십니다.

정동은 노골적으로 자신의 공을 내세웠으나 그 실체는 분명하지 않다. 조선이 명나라를 성심으로 섬기는 결과였는지 아니면 정동의 힘이 작용했는지, 게다가 한계란의 보이지 않는 손이 얼마나 작용했는지 확실하지는 않다. 다만 조선 입장에서 황제를 옆에서 보좌하며 입김이 작용하는 한계란과 정동의 힘을 무시할 수는 없었을 것이다.

수우각의 확보가 충분하지 않자 일찍이 단종은 5품 이하 조관(朝官)의 수우각 품대(品帶) 사용과 안장 장식을 금지시켰다. 성종은 눈을 돌려 유구(琉球)에서도 수우각을 들여왔다.

# 7부

# 자금성의 군상들

역사는 한낮의 어전회의를 통해서만 결정된 것이 아니다. 황
제의 지근거리에 있던 여인들과 환관들의 밤의 역사, 비공식
의 역사를 만들어냈고 그 여파는 조선에 결코 작지 않게 작용
하였다. 황제를 움직인 사람들은 누구였고, 이들은 어떤 역사
를 만들어 냈을까?

# 황제를 포로로 만든
## 태감 왕진

한계란이 모시던 선덕제는 재위 겨우 10년 만에 건청궁에서 죽음을
맞이했다. 여색을 밝힌 것이 죽음을 재촉한 요인의 하나였다는 설도 있
다. 9세인 황태자가 황제위에 올랐다. 정통제다. 태황태후 장씨는 편전에
서 어린 정통제에게 원로대신들인 장보(張輔)·양사기(楊士奇)·양영(楊榮)·양
부(楊溥), 예부상서 호영(胡濙)과 함께 정치를 함에 있어 이들의 동의를 얻
지 못하면 정책을 시행해서는 안 된다고 조언했다. 정통제는 태황태후의
조언에 귀 기울였다. 당시 조정에서 권력을 쥐고 있던 이는 태감 왕진이
었다. 왕진은 정통제가 동궁, 즉 태자시절부터 모셨다. 그는 동궁의 6개
부서에 소속된 국랑(局郞)이 되었다. 정통제는 즉위하자 환관 흥안(興安)과
왕진을 아끼고 총애했다. 왕진은 황제의 환심을 사서 선배인 환관 김영(金
英) 등의 권위를 뛰어 넘었고, 환관 최고 권력기관인 사례감을 장악했다.

정치가 왕진 손에 넘어갈 것을 극히 우려한 태황태후는 황제를 위해
왕진을 제거하려고 마음먹었다. 왕진을 내전으로 불러들이자 그는 들어
와 꿇어 엎드렸다.

**정통제** 선덕제의 뒤를 이어 9세에 황제가 되었다. 토목의 변으로 몽골 오이라트의 포로가 되었다.

**환관 왕진** 동궁 시절부터 모시던 정통제가 황제위에 오르자 궁내의 실권을 장악했다.

태황태후 너는 황제를 모시고 기거함에 있어 법도를 지키지 않았다. 너에게 죽음을
　　　　　내리겠다.

태황태후는 분기탱천했다. 시중들던 여관(女官)이 칼을 들어 왕진의 목
을 치려고 했다. 그 순간 정통제는 무릎을 꿇고 왕진을 살려줄 것을 간청
했다. 다른 대신들도 무릎을 꿇었다.

태황태후 옛날부터 이런 부류가 나라를 망쳤다. 황제가 어려 어찌 이런 사실을 알았
　　　　　겠는가? 황제의 청으로 잠시 너를 용서하겠지만 국사를 그르치는 행실은
　　　　　절대 용서하지 않겠다.

태황태후는 왕진을 단호하게 처결하고 싶었지만 정통제와 대신들의 반대로 일을 성사시키지 못했다. 국정의 난맥을 불러올 왕진을 제거할 절호의 기회를 놓쳤다.

태감 왕진은 산서(山西) 대동부(大同府) 울주(蔚州) 출신이다. 몽골과 접하는 변경 군사지역이 고향이다. 그는 영락 연간에 궁정에 들어가 환관이 되었고, 환관학교인 내서당(內書堂)에 들어갔다. 글을 깨우치고 글의 의미를 깨닫게 되었다.

일찍이 홍무제는 환관이 정치에 참여하는 것을 금지했다. 다만 내관감(內官監)을 설치해 전부(典簿)가 문적(文籍)을 담당하게 하고, 서산(書算)에 능통한 어린 환관에게만 그 일을 맡겼다. 또한 상보감(尙寶監)을 설치해 옥보(玉寶)와 도서(圖書)를 맡게 했으나, 이들도 겨우 글자를 깨우칠 정도에 지나지 않았다. 글의 깊은 의미에 대해서는 알지 못한 자들이었다. 홍무제는 역대 왕조의 흥망에 환관이 깊숙이 개입되어 있었다는 역사적 교훈을 충분히 인식하고 있었다.

홍무제의 엄격한 환관 통제 지침이 무너진 계기는 정난의 변이었다. 영락제가 조카 건문제를 무너뜨릴 때 환관들의 공이 컸다. 환관들이 건문제 측의 정보를 영락제에게 흘렸다. 적진의 움직임을 훤히 꿰뚫은 덕에 영락제는 전쟁에서 승리했다. 정권을 잡게 된 황제는 환관들을 중용하기 시작했다. 황제는 서당을 내부(內府)에 개설했다. 관직 임용을 기다리고 있던 교관들이 내정에 들어가 환관을 가르쳤다. 이때 형부주사 유충(劉翀)이 한림원 수찬(修撰)에 임명되어 오로지 어린 내사들에게만 글을 가르쳤다. 그렇다고 모든 것을 용인한 것은 아니었다. 영락제는 단호한 풍모도 지니고 있어 그들에게 중임을 맡기면서도 법을 어길 때는 가차 없이 극형에 처했다. 황제의 권위와 위세에 눌려 환관들은 함부로 나서지 못했다.

**내서당에서의 환관 교육**　유학자 관료들이 어린 환관들에게 글과 문장을 가르쳤으며, 환관들 역시 스스로를 공자의 제자라고 자부했다.

영락제가 죽자 환관들은 서서히 정치의 전면에 얼굴을 내밀기 시작했다. 선덕제는 환관들에게 글자를 배우거나 독서하지 못하도록 하는 홍무제의 지침을 완전히 폐지했다. 내서당을 설치해 어린 환관들에게 글을 가르쳤다. 대학사 진산(陳山)과 수찬 주조(朱祚)가 내서당의 학장과 교수가 되었다. 황제를 보필하는 유자들이 거세된 자들을 교육시키는 전대미문의 일이 발생했다. 내사 중에서 연령이 10세 전후인 자 200~300명을 선발해 독서를 시켰다. 이후 인원은 400~500명으로 증가했고, 한림관 4명이 항상 그들의 교육을 전담했다. 교과 수업 중에 『충감록(忠鑑錄)』을 학습하는 시간도 편성되어 있었다.

학장이 회초리를 들지는 않았지만, 처벌 권한을 가지고 있었다. 가벼운 벌칙인 경우에는 작은 나무판으로 손을 때리고, 무거운 경우에는 공자상(孔子像) 앞에 무릎을 꿇렸다. 더 큰 잘못을 저지르면 공자상을 바라보고 꼿꼿이 선 후 허리를 굽힌 상태에서 두 손에 향을 쥐고, 향을 든 손을 두 다리에 끼워 다리를 구부리게 했다. 행여 자세가 흐트러지면 작은 나무판으로 발과 손을 내리쳤다. 이들 환관들은 택일해 공자묘에도 배알했다. 환관 학생 한 명씩 초와 향을 갖추어 예물로 바쳤다. 자신들도 공자의 제자임을 세상에 공공연히 드러냈다. 양(陽)의 제자가 한림(翰林)이라면, 음(陰)의 제자는 자신들 환관이라는 의식의 발현이었다.

글을 체득한 내서당 출신 환관들은 내각(內閣)이 황제에게 올리는 상주문을 전달하는 임무를 맡았다. 내각대학사(內閣大學士)는 황제의 비서실장이라고 해도 틀린 말은 아니다. 조서(詔書)의 초안을 작성하거나 상주문을 검토하고 그에 대한 황제의 답변을 작성했다. 다시 말하자면 예비 답안을 준비해 황제에게 보였다. 또한 황제가 상주문을 읽고 거기에 붉은 글씨로 의견이나 지시사항을 써넣는 일에 관여하였다. 자연적으로 환관에게 아부하는 관료들과 결탁하고 서로 왕래하게 되는 사태가 벌어졌다.

내서당은 환관의 엘리트 코스였다. 내서당 출신이 아니면 환관 고위직에 오를 수 없었다. 선덕제가 군사를 이끌고 변방을 순행할 때 태감 양영(楊瑛)·이덕(李德) 등이 황성 내외의 모든 사무를 감독할 정도로 그 권위가 커졌다.


왕진의 기세에 기름을 부은 것은 태황태후의 죽음이었다. 자신을 견제하던 태황태후가 죽자 그는 의기양양해졌다. 왕진의 세상이 온 것이다. 이른바 조정의 정치를 책임지는 삼양(三楊) 중에서 양영은 벌써 죽었고, 양사기도 자식 문제로 집에서 칩거하고 있었다. 단지 양부만이 조정의 업무에 참여하고 있었으나 늙고 세력도 없어 고립된 상태였다. 게다가 새로이 임용된 대학사 마유(馬愉) 등의 인망은 가벼웠다. 왕진은 이들을 꺼려하지 않을 정도로 권력이 강대해져 조정 대신들이 그를 통제할 수 없는 지경에 이르렀다.

영락제 때 불탔던 삼전이 정통 6년(1441) 10월에 완공되자 백관들에게 연회를 베풀었다. 고사에 의하면 환관이 황제의 총애를 받는다 하더라도 왕정(王廷)의 연회에는 절대 참여할 수 없었다. 이날 정통제는 사람을 보내 왕진의 동향을 살폈다. 왕진은 분노가 부글부글 끓어올랐다. 자신을 성왕(成王)을 모시던 주공(周公)에 빗대고는 연회에 참석하지 못한 데 대한 분을 삭이고 있었다. 보고를 받은 정통제는 좌불안석이었다. 마음이 편치 않자 자금성의 동쪽 문인 동화문(東華門)의 중문을 열어 왕진이 연회에 참석하도록 배려했다.

정통제는 왕진의 이름을 부르지 않고 '선생'이라고 칭했다. 황제의 마음은 왕진에게 기울어져 갔다. 그를 칭예하는 문장은 지극히 아름다웠다. 왕진의 권세는 하늘을 날 듯했다. 공후훈척(公侯勳戚)들조차도 그를 '옹부(翁父)'라고 불렀다. 죄를 범해 처벌을 받게 된 자들도 다투어 왕진에게 빌붙어 뇌물을 주고 형벌과 죽음을 피했다.

이렇듯 황제의 총애를 받게 된 그는 교만해져 서서히 외정(外廷)의 일에도 간여하기 시작했다. 그는 황제에게 대신들을 엄격하게 통제하도록 압박했다. 이때부터 대신들은 종종 하옥 당하는 치욕을 맛보았다. 그와 궁정 밖에서 마주치기라도 하면 육부(六部)의 고관들조차도 가마를 거두어들여 그가 지나가도록 길을 비켜섰다.

왕진에게 호가호위하여 횡포를 부린 자도 나왔다. 태의원 의사 왕경(王敬)이 그런 부류의 인물이었다. 그는 수차례 왕진의 이름을 사칭해 사람들로부터 금을 갈취했다가 결국에는 이 사실이 탄로나 금의위의 국문을 당하게 되었다.

병부시랑 서희(徐晞)는 왕진을 지극하게 대우하고 섬겼다. 실상은 아첨이었다. 왕진은 조서를 위조해 서희를 병부상서로 승진시켰다. 이런 상황을 간파한 여타 중앙 부서의 대신들을 비롯해 지방의 관리들도 금은보화를 지참하고 서희를 찾는 행렬에 동참했다. 황제를 알현하는 날에 앞서 서희에게 백금을 건네는 것은 자연스러운 행동이었다. 천금을 바치는 자는 술에 취하고 배불리 먹었다. 뇌물을 건네야 친근하게 교제할 수 있었다. 병부의 최고 권력자가 환관에게 아부해 관료 승진 체계를 훼손했다. 왕진이 정치를 농단하면서부터 나라의 사풍(士風)은 피폐해지고 병들었다. 그가 세력을 떨치자 고위 관료조차도 항상 무릎을 끌며 나아가 아뢰었을 정도였다.

정통 14년(1449) 2월 몽골의 한 부족인 오이라트[瓦剌] 부의 에센 칸[也先汗]은 사신 2,000여 명을 명나라에 보내 말을 진헌하면서 일행을 3,000명이라고 날조했다. 왕진은 그 속임수에 발끈해 말 가격을 깎았다. 오이라트 사신이 돌아가 에센 칸에게 이 사실을 알려 양국 간의 우호관계에 금이 갔다.

이 해 6월 번개와 천둥이 쳤고. 바람과 비도 세찼다. 근신전에 화재가 발생해 봉천전으로까지 불길이 번졌다. 화개전과 봉천전의 문도 불탔다. 관료와 백성들은 왕진이 권세를 멋대로 자행해 하늘이 재이를 보여 경계시킨 것으로 받아들였다. 중국인들의 천변재이설(天變災異說)이다. 황제가 정치를 그릇되게 행하면 하늘이 대신해서 벌을 내린다는 사상이다. 정작 당사자인 왕진은 이러한 하늘의 징계를 마음에 담지 않았다. 그의 방자함은 날로 심해졌다.

당시 절강 소흥(紹興)에서는 산이 평지로 이동하는 기이한 자연 현상이 벌어졌고, 섬서(陝西)에서는 산이 붕괴되어 인가 수십 호가 매몰되었다. 산이 이동하는 소리가 3일간이나 그치지 않았고, 황하가 동쪽으로 흘러 인가 1,000여 호를 매몰시켰다. 내부(內府)에 지은 왕진의 저택도 곧이어 불이 나 전소되었다. 남경 궁전에도 화재가 발생했다. 이날 밤에 비는

전투에 나가는 명나라 장수들

세차게 뿌렸고, 궁전 터에 가시나무는 2척(尺, 약 62cm)이나 자라났다. 괴이
한 현상이 연이어 발생한 것이다. 이러한 재이가 발생했음에도 황제에게
는 보고조차 올라가지 않았다.

재이의 발생은 하늘이 황제에게 몽골의 침입을 경계해야 한다는 징조
였음에도 정통제는 이를 전혀 인식하지 못했다. 오이라트의 에센 칸은 변
경인 감숙(甘肅)·대동(大同) 등의 방면으로 대거 침입했다. 정통제는 왕진
의 의견을 들어 친정을 준비했다. 병부좌시랑 우겸(于謙)은 황제가 가벼이
출정해서는 안 된다고 극력 만류했으나 황제는 그의 주장을 물리쳤다. 이
부상서 왕직(王直)도 백관을 거느리고 힘써 간했다.

왕직 폐하께서는 국경을 견고히 하고, 거듭 군령을 발하여 성벽을 튼튼히 하며, 들
을 깨끗이 치워, 정예 병사를 길러 적들을 기다리면 반드시 승리할 수 있습니
다. 몸소 군대를 거느리고 멀리 변방까지 갈 필요는 없습니다. 하물며 올 가을

의 더위는 아직 물러가지 않아 가뭄이 계속되고 있습니다. 푸른 풀들은 풍부하지 않고, 분출하는 샘은 막혀 군사와 말을 동원하기에도 충분하지 않습니다. 군대가 흉흉해지면 전쟁도 위태로워지니 신이 생각하기에 친정은 불가합니다.

왕진은 이상고온으로 물 확보가 어려우니 에센 칸을 정벌하는 것보다는 수비를 견고히 하자는 방책을 제시했다. 이처럼 조정의 관료들이 번갈아가며 친정의 불가를 간언했으나 황제는 들으려 하지 않았다. 정통제는 태감 김영(金英)에게 자신의 이복동생인 성왕(郕王)을 보좌해 북경을 수비하도록 명하고는 군사 50만 명을 거느리고 출정했다.

의기양양하게 출정한 황제의 친정군은 토목보(土木堡)에서 에센 칸의 군대에 사방으로 포위당하여 옴짝달싹 못하는 지경에 처했다. 토목보는 지대가 높아서 땅을 2장(丈, 6.2m)이나 파도 물이 나오지 않았다. 토목보 남쪽 15리(대략 8.4km, 명나라 때의 1리는 약 560m) 떨어진 곳에 하천이 있었지만 이미 에센 칸의 군대에게 장악당했다. 8월의 내리쬐는 폭염 속에 군사들도 말도 목이 말랐다. 물을 마시지 못한 지 벌써 이틀이나 지났다. 기갈에 고통을 받은 명나라 군사는 토목보에서 물러나려고 했다. 이때 에센 칸이 사신을 보내 화의를 제안했다. 정통제도 칙서를 만들어 화의할 생각으로 두 명의 통사를 에센 칸 진영에 보냈다.

정통제의 화의 교섭 의도와는 달리 태감 왕진은 진영과 참호를 옮기려고 전진을 시도했다. 군대가 선회하는 사이에 대오가 흐트러졌다. 남쪽으로 3~4리 정도를 행군한 상태에서 에센 칸이 사방에서 돌격해 들어왔다. 군사들은 무기를 버리고 다투어 도망갔지만, 장수들에게 어찌할 방도가 없었다. 에센 칸의 기병이 진영을 유린하고 장도(長刀)를 휘둘러 명나라 군사를 베어 쓰러뜨렸다. 에센 칸이 큰 소리로 '갑옷을 벗고 무기를 버리는 자는 죽이지 않겠다'고 외치자 명나라 군사들은 옷을 벗어던졌다. 군사들은 서로를 밟아 시체가 들과 산에 가득 찼다. 정통제의 친위병들이 포위를 뚫으려고 했으나 허사였다. 그 와중에 대신들 수백 명이 죽었다. 황제를 수종하던 신하 중에서 탈출한 자는 수 명에 불과했다. 탈출한 군사들은 산과 계곡을 넘었다. 기아에 지친 상태에서 간신히 후방 군영에 도달했다. 말 20만 필과 갑옷·기계·치중(輜重)은 모두 에센 칸의 수중으로 넘어갔다. 황제의 군대는 붕괴되어 수십만 명이 죽었다. 2만 명에 지나지 않은 오이라트의 군사가 50만 명에 달하는 명나라 군대를 대패시킨 역사에 남는 대전투였다.

통탄할 일은 태감 희녕(喜寧)이 에센 칸에 항복하여 명나라의 허실을 모두 고해바친 일이었다. 황제의 곁을 시종하고 있던 호위장군 번충(樊忠)이 채찍으로 왕진을 때려죽이겠다며 큰 소리로 외쳐댔다.

번충  나는 천하를 위해 왕진을 죽이련다.

번충은 왕진을 호위하고 있던 병사를 뚫고 들어가 수십 명을 죽이고 왕진을 살해했다. 그 사이 황제는 에센 칸의 포로 신세로 전락했다.

토목보에서의 패배가 급보로 수도 북경에 전달되었다. 한계란과 많은 비빈들은 두려움에 몸서리쳤다. 군신들이 조정에 몰려들어 대성통곡했다. 도망해 온 군사들의 몸은 상처투성이였다. 얼굴은 피와 땀으로 얼룩졌다. 손태후(孫太后)는 백관을 입궐하라고 지시했다. 누란의 위기 상황에서 나라를 구하려면 성왕(郕王)에게 국정을 맡길 수밖에 없었다. 수일간

지화사 입구 환관 왕진이 세운 절로, 정통제가 편액을 내렸고, 나중에는 사당까지 지어주었다.

내외가 흉흉했다. 병부좌시랑 우겸은 죽은 간신 왕진이 종사를 위험에 빠트렸다고 탄핵하는 상주를 읽어 내려갔다. 성왕은 왕진의 일은 자신에게 맡겨달라고 했으나, 우겸은 왕진의 죄악이 매우 커서 지금 형벌로 그 일족을 멸하지 않으면 자신들은 이곳에서 죽겠다며 완고한 태도를 보였다.

왕진의 호화로운 저택은 경성 내외 수 곳에 있었다. 황제가 거처하는 궁궐과 비견될 정도로 화려했고 그릇과 의복도 눈을 홀릴 정도로 빛을 발했다. 자금성 밖 동쪽 고위관료들이 거주하는 곳에 지화사(智化寺)를 건립하자 정통제가 '보은지화사(報恩智化寺)'라는 편액을 하사했다. 왕진은 7년 동안 후회 없는 권력을 누렸다. 지름이 1척(약 31cm)이나 되는 옥대야가 10개, 금·은이 10여 창고, 옥쟁반이 100여 개, 말은 수만 필에 달했고, 진기한 완구는 셀 수 없을 정도였다.

정통제가 탈문(奪門)의 변으로 재차 황제위에 오르자마자 토목보에서 살해당한 왕진을 추모했고, 태감 유항(劉恒) 등이 왕진을 변호했다.

유항 왕진은 황제를 공손히 섬기고 몸가짐을 바르고 조심스럽게 했으며, 좌우에서 황제를 도와 치적을 쌓는 데 시종 한마음이었습니다. 토목에서 함정에 빠져 죽은 후 시간이 오래 지났으나 혼을 불러 장사도 못 치루고 있습니다.

유유상종이었을까? 환관 유항은 왕진을 시종 황제만을 위해 살았던 인물로 떠받드는 언행을 보였다. 유항의 말은 마중물이 되었다. 정통제는 그의 혼을 불러내어 장사지내고, 지화사 안에 '정충사(精忠祠)'를 건립하고 는 왕진의 소상을 설치하고 제사지냈다. 권력을 되찾은 황제는 연호를 천순(天順)으로 바꾸었다. 하늘의 말에 순종한다는 의지의 표현이었지만 나라를 구하려던 충신 우겸을 참형에 처했다. 역으로 사직을 위험에 빠트렸던 왕진을 잊지 못하고 추모하는 일부터 시작했으니 왕조의 행방을 짐작할 만하다.

# 금지된 화원의
# 여인들

한계란이 자금성에 첫발을 내디뎠을 때는 조선 출신 여인들을 여기저기서 볼 수 있었다. 고국 말로 인사를 나누며 그리움과 시름을 달랬다. 세월이 흐르자 한 명 두 명 세상을 떴다. 자신만이 이렇게 오래 살아 별꼴을 다 경험하고 고국에도 돌아가지 못하는 신세라고 생각하니 처량하기 그지없었다. 수많은 여인들이 비밀의 화원을 수놓았다 사라져갔다. 그 기억들이 파노라마처럼 스쳐지나갔다.

한계란은 정통제의 황후 전씨(錢氏)를 떠올렸다. 그는 해주(海州, 현 강소성 연운항) 출신이었다. 황제는 황후의 족속이 신분이 미약하여 제후(諸侯)로 삼고 싶었으나 황후가 사양했다. 그 때문에 황후의 가족만은 작위가 없었다. 정통제가 북벌에 나섰다가 포로가 되자 궁중의 재물을 내어 어가를 맞아들이는 데 정성을 쏟았다. 황후는 밤에 슬피 울며 하늘에 호소했다. 기도하다 기진맥진하면 땅에 누워 다리 한 쪽을, 곡하며 울다 눈 하나를 훼손했다. 에센 칸은 정통제를 북경으로 돌려보냈다. 옥좌는 이미 성왕이 차지하고 있었다. 황제는 남궁에 유폐되자 우울 증세를 보였다. 전황후는 황제의 심중을 살피고는 극진히 위로하고 달래주었다. 황후는 자식이 없었다. 주귀비(周貴妃)가 아들을 출산하자 그를 황태자(훗날의 성화제)로 삼도록 조언했다. 쉽지 않은 결정이었다. 정통제는 병이 깊어지자 유언을 남겼다.

**정통제**　전황후는 천만 년이 흘러도 짐과 함께할 것이다.

황제는 전황후와 구천에서도 함께하고 싶었다. 후에 성화제가 즉위하자 모친인 주황후는 물론 전황후에게도 존호(尊號)를 올리려고 마음먹었다. 정통제의 능묘인 유릉(裕陵)을 조영할 때 대학사 이현이 세 개의 무덤, 즉 황제·주황후·전황후가 들어갈 자리를 조성하자고 제안했다. 하지만 태감 하시(夏時)가 불가하다고 반대해 중지됐다.

〈 정통제의 황후와 자녀 〉

---

① 전황후(錢皇后) ＝ 정통제 ＝ ② 주황후(周皇后)
　　　|　　　　　　　　　　　|
　무자(無子)　　견심(見深, 성화제)

---

주황후는 전황후와의 합장을 원치 않았다. 성화제는 이에 대해 대신들을 불러 논의케 했다.

**팽시**　전황후를 유릉에 합장하고 신주를 종묘에 모시는 것은 정해진 예(禮)입니다.
**성화제**　내가 어찌 모르겠는가? 모후인 주태후가 방해할 것을 염려하기 때문이다.
**팽시**　황상께서 두 모후를 효로 받들면 성덕이 뚜렷이 드러날 것입니다. 이것이

**황제의 놀이** 성화제는 음악과 주색에 침잠했고, 그만큼 많은 여인과 예인들이 필요했다. 조선에서도 요리와 창가에 뛰어난 처녀들을 황실에 보냈다.


예이고 효입니다.


재상인 팽시(彭時)는 유릉의 왼쪽에 전태후를 합장할 것을 제안했다. 허묘를 오른쪽에 조영해 주황후가 죽으면 묻자는 방안을 제시했다. 조정의 고위대신들이 팽시의 의견에 동의했다. 그러나 성화제는 주저주저했다. 대신들의 말을 수긍하면서도 어머니 주태후의 허락이 없는 점을 근심했다. 황제는 어긋난 예는 효가 아니며, 모친 섬기는 일을 게을리 하는 것도 효가 아니라는 생각을 갖고 있었다. 그는 좀처럼 결정을 내리지 못했다.

결국 황제가 전황후의 장지를 다른 곳으로 선정하겠다고 선언하자 백관들이 문화문(文華門) 밖에서 엎드려 통곡했다. 대신들은 머리를 조아리며 성지가 없으면 물러가지 않겠다고 버텼다. 시간이 한참 흐르자 황제는 뜻을 굽히고 유릉에 합장하겠다고 선언했다. 대신들은 만세를 외치

며 물러났다. 전황후는 정통제가 임종 전에 원한 대로 황제의 옆에 눕게
되었다.

성화제가 마음을 썼던 주황후는 황제의 생모였다. 창평(昌平) 출신으로
귀비에 책봉되었고, 성화제가 즉위하자 황태후가 되었다. 이후 태후·태황
태후로 칭해진 세월만도 자그마치 41년이었다. 주황후 탄신일에 승려·도
사들이 제례를 올렸다. 예부상서 요기(姚夔)가 군신을 이끌고 제단에 가서
주황후를 위해 복을 기도했다. 급사중 장녕(張寧) 등이 그를 탄핵하자 황
제가 그 말이 옳다고 여겼다. 이후 승려나 도사가 제단을 설치해 제사지
내고 재앙을 없애는 의식인 재초(齋醮)를 할 경우 백관들이 분향하지 못하
도록 엄명했다.

성화제는 재위 중에 주황후를 지극한 효로 봉양했다. 5일에 한 번씩
찾아뵈었다. 아들 홍치제(弘治帝)가 서궁(西宮)에서 출생했지만, 그 사실을
인지하지 못하고 있었다. 아들 홍치제의 모친 기씨(紀氏)가 죽자 주황후는
그를 궁중에서 양육했다. 홍치제도 주황후 섬기기를 지극한 효로 다해 떠
받들었다. 그녀가 거주하는 청녕궁(淸寧宮)에 화재가 발생하자 인수궁(仁壽
宮)으로 옮겨 모셨다.

주황후의 동생 장녕백(長寧伯)은 황제로부터 하사받은 토지를 소유했
다. 관리가 이를 정리하여 바로잡자고 청하자 황제는 허락하지 않았다.
그러자 주황후가 직접 나섰다.

주황후 어째서 나 때문에 나라의 법을 왜곡하는가?

주황후는 황제가 자신의 눈치를 보지 말고 법을 엄정하게 집행하라고

일렀다. 주황후의 뜻이 명료해지자 장녕백의 땅을 조사한 후 관아에 돌려주었다. 주태후가 숨을 거두자 유릉에 합장했다.

한계란은 토목의 변으로 누란의 왕조를 수호하기 위해 급거 황제위에 올랐던 경태제의 비들의 운명이 기구함을 떠올렸다. 성왕의 비였던 왕씨(汪氏)는 토목의 변 이후 별안간 황후의 신분으로 상승했다. 그녀는 현명하고 덕이 있는 여인이었다. 북경에 죽은 사람이나 노약자로 해를 당한 자가 들녘에 버려져 있으면 금의위 관교(官校)로 하여금 묻어주라는 선행을 베풀었다. 두 명의 딸을 두었으나 아들은 없었다.

〈 경태제의 황후와 자녀 〉

| 왕황후(汪皇后) = 경태제 = 항비(杭妃) |
| :---: |
| 무자(無子)   견제(見濟) |

항비(杭妃)가 아들 견제(見濟)를 낳자 경태제는 의중에 그를 황태자로 삼고 싶어 했다. 당시 황태자는 유폐되어 있던 정통제의 큰 아들 견심(見深, 즉 성화제)이었다. 그를 폐하려고 하자 왕황후는 반대의 뜻을 표했다. 경태제는 그런 그녀를 황후 자리에서 폐위시키고, 항씨를 황후로 삼았다. 정통제가 쿠테타에 성공하여 복위하자 항황후는 비로 격하되었고 그녀의 능묘도 훼손되었다. 경태제가 죽자 순장 논의가 폐위된 왕황후에게까지 미쳤다.

이현 왕황후는 이미 유폐된 상태입니다. 두 딸이 어려 불쌍합니다.

대학사 이현이 이렇게 왕황후를 순장 대상에서 제외하자고 건의하자 천순제는 이를 수락했다. 후에 견심이 다시 황태자위에 복권되자, 왕황후가 자신을 폐하는 일에 반대했다는 사실을 듣고서는 극진히 모셨다. 왕황후의 성격은 강직하고 의지가 강했다. 그녀가 죽자 장례를 어떻게 치룰 것인가 논의가 이루어졌다. 이미 황후의 신분에서 폐위된 상태였기 때문이다.

왕오(王鏊) 비(妃)의 신분으로 장례 치루고 후(后)의 자격으로 제사지내십시오.

경태제가 성왕으로 강등된 상태라 왕황후도 자연 비(妃)의 신분으로 떨어질 수밖에 없었다. 다만 성화제를 옹호했다는 공로로 장례는 비의 신분으로, 제사는 황후의 예로 치르게 되었다. 왕황후의 장례와 제사를 적절한 선에서 예우한 것이었다. 황제는 그녀를 금산(金山)에 묻었다. 이곳은 선덕제의 폐황후인 호씨를 비롯해 많은 비빈들의 영원한 지궁(地宮)이 조성되어 있는 곳이었다.

한계란은 궁궐에서 고락을 함께했던 후궁들의 얼굴을 떠올렸다. 자기의 곁을 지켜주던 여인들이 하나둘 떠났다고 생각하니 저절로 눈물이 흘러내렸다. 황후와 후궁들 간의 질시와 질투 속에 사라져 간 여인들이 그 얼마이던가? 아들을 출산하지 못해 황후 자리에서 쫓겨난 여인들이 황제의 시야에서 사라진 후 받는 모멸적이고 차별적인 대우를 직면했을 때 심장이 파열되는 듯했다. 몸서리치게 그녀들이 그리웠다. 새장에 갇힌 여인들이 세상을 하직할 때 그나마 황제의 묘에 묻히는 것이 마지막 소원이었다.

# 후궁들에게 피임약을 먹인
# 만귀비

후궁의 미래는 자식, 그것도 아들을 출산하느냐에 달려 있다. 내명부(內命婦)라는 여인들의 위계가 정해져 있지만 황제와의 하룻밤을 지내고 혹여 아들을 낳아 그 아들이 황태자나 황제위에 오르면 신분은 일시에 상승했다. 화려하고 권위를 상징해주는 옥좌 근처에 가까이 다가설 수 있었다. 그 반대로 황후라 해도 아들을 두지 못하는 경우 그녀의 지위는 불안정했다. 언제 황후 자리에서 쫓겨날지 모르는 불안한 생활을 보내야만 했다.

한계란은 4명의 황제를 모시는 중에 슬픔과 비애에 처한 후궁들의 어깨를 다독이기도 했다. 자신이 겪은 여인들 중에서 잊혀지지 않는 여인이 또 한 명 있었다. 성화제의 총애를 받고 무관 차림을 즐겨하던 만귀비(萬貴妃)였다.

만귀비  성화제보다 열아홉 살이나 많았으나 황제의 사랑을 독차지한 여인이다

① 오황후(吳皇后) = 성화제 = ② 백현비(柏賢妃) = ③ 만귀비(萬貴妃) = ④ 기비(紀妃)

도공태자(悼恭太子)　　　　　　　　　홍치제

　　성화제의 동궁시절부터 만귀비는 황제의 사랑을 한몸에 받았다. 황제의 황후는 오씨(吳氏)였다. 황제는 그녀를 황후로 세웠지만 바로 잘못을 들추어내 매질을 가했다. 황제는 황후만 떠올리면 심사가 뒤틀렸다. 선제(先帝)인 천순제는 황태자를 위해 현명하고 정숙한 여인을 선발했다. 그가 바로 어린 오씨로 별궁에서 양육시켜 훗날을 기약했다. 오씨가 황후로 선발된 데는 태감 우옥(牛玉)의 보이지 않는 손이 움직였다. 당시 오씨는 선발에서 떨어진 상태였다. 우옥이 오씨를 태후 앞에서 재차 간택하도록 일을 꾸며 황태자의 비가 되었다. 성화제가 등극하자 황후에 책봉되었으나 오씨는 여전히 황제의 성에 차지 않았다. 만귀비의 베갯머리 송사 때문인지도 모르겠다. 오황후의 행동거지는 조심성이 없고 가벼우며, 예의와 법도가 없다고 험담을 했다. 그러면서 그 인덕이 도무지 황후위에 어울리지 않는다고 몰아부쳤다.

　　성화제는 오황후를 폐하고 별궁으로 내쫓았다. 황후로 세운 지 겨우 한 달을 넘긴 시점이었다. 황후의 부친은 하옥되었다가 산동성 등주(登州)에서 수자리 살게 되었다. 오황후를 후원했던 태감 우옥은 홍무제의 능묘인 효릉(孝陵)으로 귀양 가 채소를 기르는 신분으로 전락했다. 우옥의 조카들도 연좌되어 처벌당했고, 혼인한 사돈집은 관직에서 물러났다.

　　오황후가 퇴위당한 후 성화제의 총애는 자연 만귀비에게로 쏠렸다. 그녀는 산동 청주부(靑州府) 제성현(諸城縣) 출신으로 4세에 궁정에 들어가 정통제의 정후인 손황후의 궁녀가 되었다. 장성하자 동궁(즉, 성화제)을 모셨다. 동궁이 16세에 즉위했을 때 귀비의 나이는 35세로 19세나 연상이었다. 그녀는 도톰한 얼굴에 아름다운 몸매였다. 한 번은 주태후가 아들 성화제에게 물었다.

주태후  그녀의 어디가 예뻐서 그리 은총을 내리시는지요?
성화제  그녀는 나를 위로하고 달래주며 마음을 편안하게 해줍니다. 용모가 아닙니다.

성화제는 얼굴이 아니라 자신을 편안하게 해주는 언행이 만귀비를 총애하는 이유라고 했다. 만귀비는 기민하고 영리해 황제의 뜻을 간파하고 기분을 적절하게 맞췄다. 황제가 궁궐 밖으로 행차할 때 귀비는 무관 복장에 칼을 차고 좌우에서 호위했다. 유약한 보통의 여자가 아니었다.

그녀는 은총을 입고 황자를 낳았다. 황제는 더없이 기뻤다. 환관을 산천에 보내 제사지냈다. 황자의 출산으로 귀비에 봉해졌으나, 불행히도 황자는 1년을 채 못 살고 죽었다. 이후 귀비도 더 이상 임신이 되지 않았다.

황제를 계위할 아들을 두지 못하자 중외가 모두 근심했다. 급사중과 어사들이 후계자를 둘 것을 간절히 권했으나 황제의 의지대로 되는 일이 아니었다. 때마침 혜성이 자주 출현했다. 하늘의 경계라고 의미를 부여한 대학사가 재차 간언했으나 황제는 개인사라며 흘려들었다. 만귀비는 더욱더 교만해졌다. 권력을 휘두르는 환관들조차도 한번 그녀의 뜻에 거스르면 즉시 쫓겨났다. 혹여 다른 후궁이 황제와 동침하여 잉태라도 할라치면 약을 먹여 낙태시키는 일이 다반사였다.

성화제 시대의 최고 권력자 태감 전능(錢能)·왕직(汪直) 등의 무리는 공

물을 바친다는 거짓 명목으로 백성들의 재물을 가혹하게 착취했다. 부고
(府庫)의 재물도 다 탕진했다. 왕직에 아첨하는 무리들이 조야에 널리 퍼
져 있어 그의 권력은 하늘을 찌를 듯했다.

당시 후궁을 모시는 환관 중에 총명하고 영리한 아축(阿丑)이라는 자가
있었다. 한 번은 성화제가 아축의 연기를 관람했다. 아축은 술 취한 눈에
몽롱한 상태로 정신은 희미했다. 옆에 있던 사람이 고위 관료가 왔다고
소리쳤지만 아축은 취한 상태 그대로였다. 다른 사람이 황제가 오셨다고
외쳤어도 태도를 바꾸지 않았다. 다른 한 사람이 작은 소리로 왕(汪)태감
이 오셨다고 하자 아축은 벌떡 일어나 고분고분하고 공손한 태도로 땅에
엎드려 왕태감을 맞이했다. 왕태감은 다름 아닌 왕직이다.

| 사람들 | 황제가 오셨다고 하는데도 두려워하지 않더니 도리어 왕태감을 두려워하 는 것은 무슨 이유인가? |
|---|---|
| 아축 | 나는 왕태감이 있는 줄은 알지만 천자가 있는지는 모른다. |

아축은 황제 위에 왕직이 존재함을 노골적으로 조롱한 것이었다. 이렇
듯 위세등등하고 무소불위의 존재였던 왕직조차도 만귀비의 눈치를 살
펴야 했다. 정권을 농단하던 환관들도 그녀의 뜻을 거스르면 목숨을 부지
할 수 없었다. 왕직은 황제에 바친다고 꾸미고는 백성들로부터 세금을 징
수했다. 거두어들인 세금은 만귀비의 환심을 사기 위해 쓰였다. 사방에서
진헌하는 기화(奇貨)는 모두 그녀의 창고로 들어갔다. 거칠 것 없는 만귀
비는 궁궐에 있는 도관(道觀)에서 기도하고 제사를 지내 막대한 재정을 허
비했다.

대학사 만안(萬安)은 성욕을 일으키는 약을 성화제에게 바쳤다. 황제의

이목이 되어 황제의 잘못을 간언하는 급사중(給事中)이나 백관의 비행을 감찰하는 어사(御史)들도 앞 다퉈 방중술(房中術) 비책을 만귀비에게 바쳤다.

권력은 10년을 못 간다고 했다. 만귀비가 다른 후궁들의 임신을 방해하는 와중에도 백현비(柏賢妃)가 황제의 아들을 출산했다. 이가 바로 도공태자(悼恭太子)다. 대신들이 천하에 알리자고 건의했으나 황제는 만귀비의 마음을 아프게 할 것을 우려해 허락하지 않았다. 성화 7년(1471) 11월 황태자에 책봉되었다.

태감 양방(梁芳)도 후궁의 자식들이 성장하는 것을 두려워했다. 후일 황제가 되면 자신의 죄를 물을까 두려워 만귀비를 이끌고 황제에게 가서 황태자를 교체할 것을 권유했다. 황제는 마음이 흔들려 황태자 교체를 염두에 두었다. 때마침 태산(泰山)에 지진이 발생하자 점쟁이가 동궁에 변고가 있을 것이라는 점괘를 냈다. 황제는 얼굴에 두려워하는 기색을 보이고는 황태자 교체를 중지시켰다. 하지만 도공태자는 황태자에 책봉된 지 3개월 만에 요절했다. 궁중에 만귀비가 독살했다는 풍문이 떠돌았다.

성화제의 뒤를 이은 홍치제의 생모는 기비(紀妃)로 출신이 특이했다. 그녀는 중국의 남방인 광서 평락부(平樂府) 하현(賀縣) 출신으로 본래 만족(蠻族) 토관(土官)의 딸이다. 성화 연간에 만족을 정벌할 때 포로로 잡혀 궁궐에 들어왔다. 그녀는 기민했고 글에 능통하여 궁궐의 창고 일을 책임졌다.

하루는 성화제가 우연히 창고에 들렀다가 기씨가 자신을 응대하는 모습에 홀렸다. 황제의 마음을 산 것이다. 황제는 기뻐하여 그녀를 총애했

명 시대의 출산 장면

다. 기씨는 마침내 임신하게 되었는데, 만귀비가 이 사실을 알고 불쾌해했다. 노비를 시켜 낙태시키도록 했지만 노비는 기씨가 속병이 있다며 만귀비를 속였다. 기씨는 몰래 안락당(安樂堂)에서 아들을 출산했다. 안락당은 궁인들이 병이 들거나 늙거나 혹은 죄를 지으면 보내지는 곳이다. 아이를 잉태한 기씨는 병을 칭하고는 이곳에서 훗날의 홍치제를 낳았던 것이었다. 이 소식을 전해들은 만귀비는 태감 장민(張敏)으로 하여금 아기를 익사시키라고 지시했다. 장민은 황제가 아들이 없는 상황에서 아기를 죽일 수 없다고 판단하고는 은밀히 분유와 꿀을 먹여 키웠다. 아기는 피임약 중독으로 정수리 부분에는 머리카락이 자라지 않았다. 만귀비의 수족들에게 들킬까봐 다른 방에 꼭꼭 숨겨놓았다. 귀비가 매일 아기의 자취를 탐문했으나 끝내 종적을 찾아내지 못했다. 아이는 5~6세가 되었을 때도 배냇머리를 깎지 않은 모습이었다. 당시 폐해진 오황후는 서원(西苑)에 거주하며 무료한 나날을 보내고 있었다. 아기가 있는 안락당과는 지근거리였다. 그녀는 아이의 탄생 사실을 알고는 비밀리에 왕래하며 양육에 힘썼다. 황제는 이러한 사실을 전혀 눈치 채지 못했다.

성화제는 도공태자가 죽은 후 오랫동안 후계자 문제로 고민했다. 황제는 장민을 불러 자신의 머리를 빗질시키며 거울을 보고 탄식했다.

성화제　점점 늙어만 가는데 아들이 없구나.

장민　죽을죄를 지었습니다. 황제께서는 아들을 두셨습니다.

성화제　아니! 아들이 어디에 있단 말이냐?

장민　죽기를 각오하고 말씀드리겠습니다. 안락당에 숨겨놓았습니다. 그 아이가 황제의 아들이십니다.

회은　장민의 말이 맞습니다. 황자를 몰래 서원(西苑)에서 양육하고 있습니다. 지금 여섯 살입니다. 숨기고 차마 말씀드리지 못했습니다.

안락당에서 자신의 아들이 자라고 있다는 말을 들은 성화제는 마음이 급해졌다. 바로 서원으로 달려갔다. 환관을 보내 황자를 맞아오라고 일렀다. 환관이 황자를 데리러 가자 모친 기씨는 아이를 끌어안고 눈물을 흘렸다.

"네가 가면 나는 살 수 없다."

기씨는 아이의 소재가 밝혀지면 만귀비에게 죽임을 당할 것이라고 예상했다. 아이에게 붉은 비단옷을 입혔다. 작은 가마에 오르자 시녀들이 부축하여 계단 아래에 이르렀다. 흐트러진 머리카락은 땅에 닿았다. 아이는 황포를 두르고 수염이 난 황제를 뚫어지게 응시했다. 아이는 달려가 황제의 품에 안겼다. 황제는 아들을 무릎에 앉히고 따스한 눈빛으로 오랫동안 바라보았다. 황제는 일견 슬프면서도 기쁜 눈물을 흘렸다.

"내 아들아! 애비를 닮았구나."

황제는 태감 회은에게 이러한 사실을 궁중에 널리 알리도록 지시했다. 다음날 조정 대신들이 축하의 인사를 올렸다. 황제는 기씨를 영수궁(永壽宮)으로 옮겼다. 그제야 사건의 전모를 파악한 만귀비는 밤새 원통한 눈물을 흘렸다.

"뭇 것들이 나를 속였구나!"

그해 6월 황자를 낳은 기씨가 돌연 죽었다. 기씨 스스로 목매달아 죽었다고도 하고, 혹자는 만귀비가 죽였다고도 한다. 『동사습유기(彤史拾遺記)』에는 "술에 독을 넣어 기씨를 죽였다"고 기록했다. 만귀비가 기씨를 치료하던 태의에게 뇌물을 주고 술에 맹독인 짐독(鴆毒)을 넣어 죽였다는 설이다. 성화제는 만귀비를 의심했지만 그녀가 두려워 불만을 입 밖에 내지 않았다. 기씨를 애도하기 위해 3일간 조회를 열지 않았다. 황제는 그녀를 서산(西山)에 묻었다.

아이를 몰래 양육시키는 데 있어 1등 공신인 태감 장민은 만귀비가 두려워 금을 삼키고 자살했다. 아이가 황태자로 책립되자 성화제의 모친 주태후가 황태자를 인수궁에서 양육했다. 하루는 만귀비가 식사를 대접하겠다며 황태자를 초청하자 주태후가 황태자에게 일렀다.

"가시거든 절대 음식은 입에 대지지 마세요."

만귀비가 요리를 내놓았다. 진수성찬이었다. 그 순간 황태자는 할머니 주태후의 말이 떠올랐다.

"식사를 하고 와서 배가 부릅니다."

황태자는 젓가락을 들지 않았다. 만귀비가 국을 내놓자 황태자는 독을 넣었을까 의심하고는 수저를 들지 않았다. 만귀비는 대노했다. 후일 자신을 짓밟아 결딴낼 것이라며 탄식했다. 뜻을 이루지 못한 만귀비는 병에 걸렸다. 그녀가 죽자, 황제는 7일간 조회를 열지 않았고 천수산에 장사지냈다.

만귀비 무덤 입구

홍치 초에 한 어사(御史)가 만귀비의 시호를 삭탈할 것을, 그리고 산동 어대현(魚臺縣) 현승(縣丞)이 기씨를 진단한 의사와 만씨 가족을 체포해 기씨가 죽은 상황을 심문할 것을 청했으나 홍치제는 받아들이지 않았다. 홍치제는 모친 기씨를 황후로 추존하고, 성화제의 능묘인 무릉(茂陵)에 옮겨 장사지냈다. 만귀비의 눈과 귀를 피해 애태우며 키웠던 자식이 황제위에 오른 덕이었다.

# 매도 바치고
# 개도 바쳐라

　한계란은 시녀를 데리고 자금성 궁궐 안의 사육장을 찾아 나섰다. 호
랑이·표범 등 진귀한 동물들이 서성댔다. 태감이 감독하는 생구방(牲口
房)에서는 진귀한 짐승과 새들을, 백조방(百鳥房)에서는 해외의 온갖 진귀
한 짐승을 다 수집해 사육했다. 여러 나라에서 조공한 새와 짐승도 보였
다. 온순하지 않은 새는 우리에 가두어 길렀다. 이름을 알지 못하는 크
기 6~7척(尺, 1.8m~2m)이나 되는 맹금류가 있었는데 다른 새나 짐승들이
슬슬 피했다. 사람들의 말을 흉내 내는 앵무새는 후궁이나 환관들이 선
호하는 새였다. 예전부터 앵무새 앞에서는 황제나 다른 후궁을 비방하
지 말라는 말이 있다. 말을 알아듣고 따라했기 때문이다. 호랑이와 표범
을 가둔 우리도, 각 왕부(王府)에서 보낸 사각형, 육각형의 뿔을 가진 양들
도 보였다. 심장이 울렁거리고 눈이 휘둥그레질 정도였다. 어전(御前)에서
소중하게 키우고 있는 동물은 고양이였다. 묘아방(猫兒房)에서 황제가 어
여삐 여기고 쓰다듬는 동물로, 후비들도 애완용으로 키웠다. 환관 3~4명
이 어전의 고양이를 전담 사육했다. 대신들 품에도 거세한 고양이가 안
겨 있었다. 큰 것은 일반집의 개보다 더 컸다. 가장 작은 것은 보자기로 싸

서 소매 안에 넣고 다니는데 주인이 부르면 멈칫멈칫 거리다 살금살금 걸어 나온다. 사람의 뜻을 잘 알아듣는 듯이 행동했다. 목소리는 매우 힘찼고 표범처럼 우르릉거렸다.

문득 한계란의 동광을 사로잡는 동물이 있었다. 그녀의 눈이 휘둥그레지고 가슴이 두근두근 뛰었다.

한계란   황실에서 최고 보물로 치는 동물이 무엇인지 아니?
시녀     페르시아에서 온 금선표(金線豹)겠지요.
한계란   아니! 조선에서 온 해청(海靑)이야.

명나라 조정에서 아끼던 금선표는 레오파드(leopard)라고 하며 크기는 1.5m에서 2.4m 정도인 동물이다. 온몸에 흑갈색의 동전 모양 무늬가 있다. 하지만 맹금류 중에서 황제가 가장 애호하고 더 귀한 대접을 받은 것은 조선의 해청이었다.

매 중에 가장 뛰어나고 털빛이 흰 것을 송골(松骨), 털빛이 푸른 것을 해동청(海東靑)이라 한다. 물건을 움켜잡는 힘이 아주 굳세 고니를 잘 잡았다. 꿩 사냥을 나가면 백발백중 한 마리도 놓치지 않았다. 큰 매보다 갑절이나 날쌔고 빨랐다. 바람을 일으키며 구름에 닿을 듯이 날아올랐다. 한계란은 고국의 하늘 높이 날며 먹잇감을 노리며 눈을 부라리던 매의 당당한 모습을 떠올렸다. 자신은 마치 우리 안의 해청과 같다고 생각하니 속이 쓰려왔다.

명나라는 일찍부터 조선에 매를 요구했다. 영락제는 지휘 백안불화(伯顔不花) 등에게 군관을 함경남도 북청(北靑) 지역에 보내 해청과 표범을 잡아오라고 한 적이 있다. 선덕제는 꽃과 나무·조수와 진귀한 것을 수집하려고 환관들을 지방에 파견했다. 연이은 환관 행차에 도로는 먼지가 그칠 줄을 몰랐다. 황제는 상서로운 동물을 완상하는 것이 취미였다. 길들인 흰쥐·흰 토끼도 궁궐에 두고 애완했다.

선덕제는 조선에 해청을 포획하여 진상하라고 명했다. 윤봉은 황제를 만족시켜 줄 요량으로 세종에게 해청을 포획해 줄 것을 간청했다. 그러나 해청 포획은 용이한 일이 아니었다. 한 쌍도 잡지 못하자, 세종은 초조해졌다. 희귀한 백색 매 두 쌍을 진헌하여

해동청  명나라 황제들은 수시로 조선에 매를 진상하라고 요구했다.

성심을 표하고자 했으나 그마저도 잡히지 않았다. 예조판서 신상(申商)은 세종에게 "지금은 매를 바칠 시기도 아닌데다, 흰 매는 귀한 매가 아니며, 매의 수효가 적어 포획도 곤란합니다"라고 하며 난색을 표했다. 속언(俗諺)에 '흰 매는 오래 살지 못한다'라고 하며, "이를 진헌하는 것은 잘못"이라고 아뢰었다.

세종  경의 말이 진실로 내 뜻과 부합한다. 8~9월에 많이 잡아서 바치도록 하라. 계집아이와 수만 필의 말도 바치거늘, 하물며 해청을 어찌 바치지 않겠는가?

권진  해청을 잡는다는 것은 기대하기 어렵습니다. 비록 잡는다고 하더라도 죽기 쉬워서 매를 계속해서 황제에게 바치는 일은 어렵습니다. 뒷날 요구하는 폐단은

이루 말할 수 없을 것입니다. 조선에서 나는 것이 아니라고 황제께 주달하시
어 뒷날의 폐해를 막으소서.

세종은 해청을 진헌하지 못하겠다고 상주를 올리자는 청을 윤허하지
않았다. 세종은 민간의 피해가 막심한 것을 알았지만, 사대의 정성이 더
중요하다고 반박했다. 매를 포획해야 하는 함길도는 농사가 흉년이라 백
성의 생활이 피폐했다.

대호군 이사흠(李士欽)이 평안도로 가서 해청을 포획했다. 이사흠은 진
헌용 아골(鴉鶻) 3연(連, 암수 한쌍을 가리키는 단위)과 노란 매 12연(連)을 가지고
윤봉과 함께 북경으로 떠났다. 세종은 매를 포획하는 사람들이 종류를 정
확하게 구별하지 못하자 도화원(圖畵院)에 명하여 여러 종류의 매 그림을
그려 각 도에 보내 그림에 의거하여 매를 잡아 진헌에 대비케 했다.

〈 매의 종류 〉

| 종류 | 특징 | 비고 |
|---|---|---|
| 귀송골<br>(貴松骨) | 털과 깃, 부리와 발톱이 모두 희고, 눈은 검고, 날개 끝은 검고, 발톱은 약간 누르다. 날개 끝이 순수하게 흰 것도 있다. | 옥해청<br>(玉海靑) |
| 거졸송골<br>(居辣松骨) | 흰 바탕에 검은 점이 녹두크기만한 것이 있고, 날개 끝은 검고, 눈은 검고, 부리와 발톱은 푸르고, 다리와 발은 엷은 청색. | 노화해청<br>(蘆花海靑) |
| 저간송골<br>(這揀松骨) | 흰 바탕에 검은 점이 개암크기만한 것이 있고, 날개 끝은 검고, 눈은 검고, 부리와 발톱은 약간 검고, 다리와 발은 엷은 청색. | 노화해청<br>(蘆花海靑) |
| 거거송골<br>(居擧松骨) | 등의 색깔이 약간 검은데, 엷고 흰 점이 녹두크기만한 것이 있고, 가슴과 배 아래가 약간 누른데, 흰 점이 서로 섞이었고, 눈은 검고, 부리와 발톱은 검고, 다리와 발은 청색. | 청해청<br>(靑海靑) |
| 퇴곤<br>(堆昆) | 털과 깃이 희고, 눈은 누르고, 부리와 발톱은 검고, 다리와 발은 누르고, 혹 깃의 문채가 약간 누른 점이 있어, 모양이 누른 매와 같다. | 흰 매<br>[鷹] |
| 다락진<br>(多落進) | 깃의 문채가 모두 흰색인데, 안에 검은 점이 있고, 눈은 누르고, 모양은 누른 매와 같다. | |
| 고읍다손송골<br>(孤邑多遜松骨) | 그 모양과 빛깔은 자세히 알 수 없다. | |

맹금류인 매는 눈·발톱·꽁지깃이 잘 갖추어져 있는 것이 최고다. 눈은 부라리고, 발톱은 날카로워 꿩이나 여우·산토끼 등을 단번에 제압해야 했다. 깃은 전반적으로 손상된 곳이 없이 윤이 나야 한다. 상호군 이사검(李思儉)이 엄정하게 선정한 해청 1연(連)과 노란 매 5연을 북경에 가서 진헌하게 되었다. 매 중에 발을 다친 송골매가 있어 진상할지 여부를 놓고 의견이 갈렸다.

허조 황제가 깃이라도 가져오라고 했으니, 비록 발을 다쳤더라도 진헌함이 옳습니다.

선덕제는 온전한 매도 중요하지만 그렇지 않을 경우에는 그 깃을 얻어 장식용으로 사용하려고 한 듯하다. 이사검이 매를 가지고 부경하는 중에 송골매가 병들어 죽었다. 자연에서 자유롭게 청공을 나는 매를 잡아 이를 전문 응사가 사육하거나 훈련시키는 일은 대단한 정성을 필요로 했다. 요동을 지나면서 환경에 익숙하지 않은 매가 죽은 것이다. 약으로 치료를 하는 경우도 있으나 효험 없이 죽어버렸다.

사냥용 매

선덕제 죽었으니 하는 수 없지 않겠는가.
해청은 비록 죽었지만 그대 왕의 지

성을 알겠노라.

매가 죽어 외교적인 질책이 뒤따를 수도 있는 문제였으나, 도리어 선덕제는 세종의 지성에 감복했다.

세종 11년(1429) 상보감 소경 김만이 한양에 들어왔다. 북경으로 들어간 처녀 최씨의 부친 최득비가 죽어 그를 제사지내기 위해서였다. 세종은 왕세자와 백관을 거느리고 모화관으로 나아가 칙서를 맞아 궁궐로 돌아왔다.

> 선덕제 해청과 매와 개를 진헌한 왕의 지극한 정성을 보았노라. 짐이 매우 가상히 여기고 기뻐하노라. 특별히 흰 도자기 15개를 하사하니, 왕의 나라에 좋은 해청·황응(黃鷹)을 바쳐라. 왕의 그 아름다운 뜻을 알겠노라.

선덕제는 해청·황응을 포획하여 진상할 것을 주문했다. 문제는 북경의 기후가 매 사육에 적합하지 않았다는 점이다. 매를 사육시키기 위해 조선의 응사(鷹師)도 필요했다.

> 선덕제 중국 땅이 매우 더워 해청이 있어도 기르기 어려우니, 왕의 나라에서 해청을 잡으면 적당한 사람으로 하여금 가져오게 하라. 짐이 한가한 시간에 날려보는 데 도움이 되게 하라. 운반하는 자로 하여금 도중에 죽지 않게 보살펴 실수함이 없도록 하라.

일찍이 태종도 송골매는 날래서 사랑스럽지만, 하루에 꿩을 한 마리씩이나 먹어 기르기도 어렵고, 잘 길들여지지 않는다며 사육의 곤란을 토로

한 적이 있다. 매를 완상하기 위해서는 응사가 세심한 주의를 기울여 조련해야 했다.

선덕제의 매 사랑이 지나쳐 환관들이 조선에 들어올 때마다 해청 포획을 요구했다. 조선에서는 매를 요구하는 주체가 과연 황제인지 아니면 환관들인지에 대해 의구심을 품었다. 사람들이 황제에게 진헌한다면서 실제로는 환관 윤봉이 자기 집에 두고 기르려는 것이라며 수군댔다. 이러한 소문이 명나라에 알려지면 큰일이었다.

세조 6년(1460) 1월 성절사 이극배, 천추사 곽연성 등이 명나라에서 돌아왔다.

> 천순제 옛날 그대의 선왕들은 충애를 돈독히 하여 명나라 조정을 공경히 섬겨 해마다 상공(常貢) 이외에도 해청을 바쳤다. 그대가 왕위를 이은 이래로 공물을 부지런히 바치고 있으나 해청은 한 번도 바치지 않았다. 해청은 새 가운데 용맹하고 날쌘 것으로서 그 힘이 짐승을 후려쳐서 공격할 수 있다. 강무나 수렵할 때에 이를 사용하기도 했다.

천순제는 수렵을 통해 군사를 훈련시키는 강무나 수렵용으로 사용할 해청이 필요했다. 해마다 3연(連)에서 7연(連)까지를 바치라고 채근했다. 황제의 심사를 누그러뜨리기 위해 세조는 즉각 해청을 잡아 북경으로 들여보냈다. 황제는 해청은 몸이 크고 작거나 수량의 다소에 구애받지 말고 즉시 바치며, 황응은 큰 것을 찾아서 바치고, 백응은 몸체의 대소에 상관하지 말라는 조건을 제시했다.

한계란은 해청을 응시하다 옆쪽 사육장으로 발길을 돌렸다. 한 마리의 개에 눈길이 쏠렸다. 어디서 많이 본 듯한 모습이었다. 개가 꼬리를 치며 자신의 앞으로 다가왔다. 왠지 모를 친밀감을 느꼈다. 조선에서 바친 개였다. 환관 황엄이 강아지를 요구한 이후 임금은 조선 출신 환관들에게 강아지를 선물했다. 조선의 연행사가 북경에 왔을 때 환관 윤봉이 황제의 지시를 구두로 전했다.

선덕제 강아지도 바쳐라.

연행사 잘 알겠습니다.

선덕제는 해청과 동시에 개도 요구한 것인데 사냥에 쓸 용도였다. 매를 날려 짐승을 포획할 때 사용하려는 것이었다. 세종은 각 도에 진헌할 개를 배정하여 사육시켰다. 문제는 그 비용이 1년에 거의 2,000여 석(石)에 달했다는 점이다. 사육 비용이 만만치 않았다.

태감 창성과 윤봉이 개를 요구하자 큰 개 40마리를 보냈다. 창성의 진헌 물품 목록에 큰 개 50마리가 적혀 있었다. 이렇게 자금성으로 들어간 개를 한계란이 보듬게 된 것이었다.

# 8부

# 한계란을 위한 사적 진헌

사대의 명분을 중시한 조선에서 명나라에 여인들이나 고자들을 선발하여 보내는 것에 비하면 특산품 등의 진헌은 당연한 것이었다. 문제는 황제를 위한 진헌에 더하여 한계란이나 고위 환관들에게도 상당한 부담이 되는 물품들을 사적으로 바쳐야 한다는 것이었다. 누가 누구에게 어떤 물품을 얼마나 보냈는지 기록을 통해 살펴보자.

# 한계란의 족친,
## 연이어 북경으로 들어가다

후궁이 된 조선 처녀들은 점차 자금성의 생활이 안정되고 익숙해져갔다. 그리고 고국의 부친과 형제가 그리워지자 그들을 북경으로 불러들였다. 특히 한계란 일족은 축하나 외교사절 자격으로 압록강을 자주 건넜다. 주로 황제의 탄신일을 축하하는 성절사의 자격으로 황제를 알현했다. 때로는 금·은 조공 면제, 요동 팔참의 보(堡)·진(鎭) 설치, 궁각 수매 등을 사례하는 사은사, 성종의 부친과 모친의 시호 주청, 세자 책봉이나 성종의 계비 윤씨의 고명 하사 등을 해결하는 사절로서의 임무를 맡기도 했다.

성종 연간에 이르면 극성을 이루어 그녀의 족친이 바통을 이어받아 압록강을 건넜다. 성종이 즉위해서부터 환관 정동이 사망하는 성종 14년 (1483)까지 조선은 명나라에 70여 차례 사신을 파견했다. 이 중 한계란 일족이 19회(한명회 포함시 23회)나 차지했다. 대부분은 정사로, 3회만이 부사의 자격이었다. 『조선왕조실록』 사관(史官)의 평을 들어보자.

"황제의 명으로 한씨의 족친을 해마다 성절사로 충원하여 명나라 조정에 들어가도록 했다. 한치례 및 그의 형 한치인·한치의, 사촌들인 한치형·한

〈 북경에 들어간 한계란 일족 〉

| 성명 | 연행시기 | | | 사행명 | 비고 |
|---|---|---|---|---|---|
| 한확 | 태종 | 17년 | 8월 | 한씨 수행 | |
| | 세종 즉위년 | | 9월 | 영락제의 명 | |
| | 세종 | 2년 | 1월 | 주문사 동행 | 금·은 면제 요청 |
| | | 6년 | 10월 | 황친 방문 | |
| | | 10년 | 10월 | 한계란 수행 | |
| | 문종 | 1년 | 6월 | 사은사 | 고명 하사 사례 |
| 한치인 | 성종 | 2년 | 10월 | 정조사 | 정조 하례 |
| | | 5년 | 8월 | 성절사 | 성절 하례 |
| 한치의 | 성종 | 1년 | 7월 | 성절사 | |
| 한치례 | 성종 | 8년 | 2월 | 사은사 부사 | |
| | | 8년 | 8월 | 성절사 | 성절 하례 |
| | | 10년 | 9월 | 성절사 | |
| 한치형 | 성종 | 9년 | 8월 | 성절사 | 성종 7. 12 이전 |
| | | 11년 | 5월 | 사은사 | |
| | | 12년 | 8월 | 성절사 | |
| | | 15년 | 8월 | 성절사 | 성절 하례 |
| 한충인 | 성종 | 12년 | 10월 | 정조사 부사 | 요동 팔참의 보(堡)·진(鎭) 설치 사례 |
| 한한 | 성종 | 11년 | 8월 | 성절사 | |
| | | 12년 | 5월 | 사은사 부사 | 궁각 사례 |
| | | 13년 | 윤8월 | 성절사 | |
| | | 17년 | 8월 | 성절사 | |
| 한찬 | 성종 | 14년 | 8월 | 성절사 | |
| | | 16년 | 8월 | 성절사 | 한계란의 제문·고명·묘지명 |
| | | 18년 | 8월 | 성절사 | 요동에서 성화제의 부고 치계 |
| 한명회 | 세조 | 3년 | 11월 | 주문사 | 세자 책봉 |
| | 성종 | 6년 | 2월 | 사은사 | 성종의 부친 추봉 |
| | | 11년 | 12월 | 주문사 | 윤씨의 고명과 관복, 조공로 변경, 궁각 수매 |
| | | 14년 | 2월 | 주문사 | 세자 책봉 |
| 한보 | 성종 | 23년 | 6월 | 천추사 | 천추사 임명 논의 |

충인, 조카인 한한·한찬·한건이 서로 갈마들면서 부경했다. 이들이 금대 (金帶)와 서대(犀帶)를 두르는 것이 모두 황제의 칙지에서 나왔다. 금·은·채 단의 상사가 끝이 없어, 한씨 일족은 정동으로 인하여 앉아서 부귀를 취

**복명도**  조선에서는 해마다 여러 차례 명나라에 사신을 파견했고, 이들은 북경에 다녀온 뒤 왕에게 저간의 사정과 성과를 자세히 보고했다.

하고 해를 나라에 끼침이 이루 말할 수 없었다."

한계란 일족으로 한확의 세 아들과 두 명의 사촌, 세 명의 조카들이 성절사·사은사·주문사 등의 자격으로 부경했다. 사관이 비판하는 점은 세 가지였다.

첫째는 금대와 물소뿔로 만든 서대를 착용했다는 점이다. 명나라는 관직 체계에서 조선을 2등급 낮췄다. 즉 조선의 신하 1품은 명나라 조신(朝臣) 3품에 해당했다. 명나라 관료는 1품은 옥대를, 2품은 서대를, 반면에 조선에서는 1품이 서대, 2품이 금대를 착용했다. 한치형이 성절사로 출발하기 전의 관직은 호조판서였다. 정2품으로 서대를 착용할 지위가 아니었다. 성종은 황제가 한치형에게 서대를 하사하고 그의 직질(職秩)을 올려주라고 했다며 숭정대부(종1품)로 올려주었다. 그는 북경에 들어가 서대를 하사받았다. 한치형이 시선을 의식하여 착용을 꺼렸으나 정동이 직접 채워주었다. 이러한 점이 사관의 눈에 거슬렸다.

둘째는 황제의 상사로 부귀를 누렸다는 점이다.

셋째는 환관 정동과의 결탁이었다. 한씨 족친들은 정동과 결탁하여 부귀와 영화를 누리면서 나라와 백성에게는 폐해를 끼쳤다고 간주했다. 사관은 이러한 사실들이 못내 못마땅했다.

앞에서 서술했듯이 남경과 북경에 제일 먼저 들어간 한씨 일족의 대표적인 인물은 한계란의 오라비인 한확이었다. 그의 장남 한치인도 성종 2년(1471)에 처음으로 부경했다.

> 한계란  내가 고향에 있을 때 한치인은 포대기 속에 있었다. 내가 안고 업고 길러 지금도 잊지 못한다.

한계란은 자신이 업어 키운 조카 한치인이 머리에 떠올랐다. 고모의 요청 덕분으로 그는 두 차례 북경에 다녀왔다. 한 차례는 표문을 받들고 원단(元旦)을 하례했고, 두 번째는 성절사 임무였다. 한치인이 57세의 나이로 죽자, 성종은 조회를 폐하고 애도했다.

형(한치인)보다 1년 앞서 북경에 들어간 이는 한확의 차남인 한치의였다. 그가 부경하자 성종은 붉은 융단으로 만든 고급 삿갓인 전립(氈笠)·초피(貂皮), 즉 담비가죽으로 만든 귀마개, 담비가죽으로 만든 모자인 초관(貂冠) 등을 하사했다. 귀국하자 회동관에서 체류할 때 탐지한 성종의 친부 추봉 건에 대해 보고하기도 했다. 학식은 없었으나 영리하고 기품과 재간이 있었다. 사관은 한치의가 다른 사람의 글을 빌려서 생원시에 합

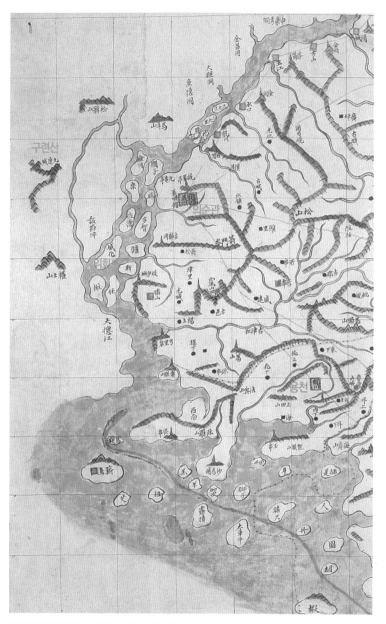

〈동여도〉의 압록강 부분  조선의 사신들은 압록강을 건너 명나라로 들어갔다.

번화한 북경 거리

격하고, 문음(門蔭)으로 벼슬길에 올랐으며, 청렴 강개한 지조가 적었다고 인색하게 평가했다.

한확의 셋째 아들이 한치례이다. 그는 무과에 급제하여 어가를 수종하는 막중한 임무를 맡았다. 그는 세 차례나 북경에 들어갔다. 첫 번째는 사은사의 부사 자격으로 다녀왔다. 당시 정인지와 정창손은 늙었고 조석문은 병으로, 한명회와 김질은 이미 다녀왔기에 우의정 윤자운을 정사로, 한치례를 부사로 삼아 파견하게 되었다. 이들에게도 초피로 만든 귀마

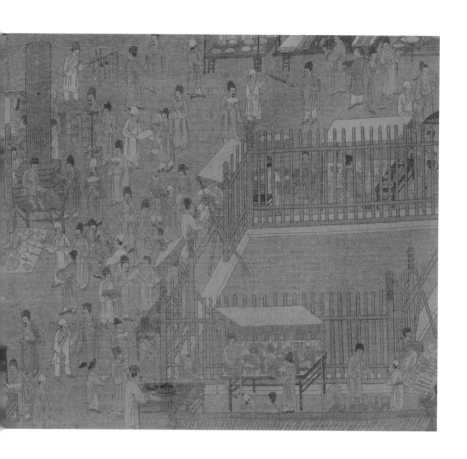

개·철릭·가죽옷·흰사슴 가죽으로 만든 신발 등이 주어졌다. 이때 한계란
의 예물 문제가 대두되었다. 부사로 임명된 한치례를 경질하자는 의론이
제기되어 조정에서 뜨거운 논쟁이 벌어졌다.


윤자운  이전 한치인이 북경에 갔을 때에 예물을 한씨에게 주었습니다. 이제 한치
       례가 북경에 가게 되면 예물을 전보다 줄일 수 없습니다. 명나라의 법령이
       매우 엄하여 조선 사람은 태감의 집에도 가지 못합니다. 명나라에서 조선

을 예의의 나라로 생각하는데, 한씨와 교통하려는 뜻을 알면 안 되니, 한치

례는 뒷날 보내소서.

성종　　그렇다면 이번 사행에는 보내지 말도록 하라.


이렇게 한계란에게 주어야 하는 선물 문제로 한치례를 사행에서 제외

하려는 쪽으로 논의가 이루어지고 있을 무렵, 성절사 이봉(李封)이 북경에

서 돌아왔다. 그는 태감 정동과 나눈 이야기를 복명했다.


정동　한치인이 병들었다면 한치례는 언제 옵니까?

이봉　잘 모르겠소.


이봉은 정동이 한치례를 지명하여 부경시킬 것을 은근히 압박했다고

아뢰었다. 이에 우승지 임사홍(任士洪)은 한치례를 부경시킬 것을 건의했

고, 성종은 이를 허락했다. 조정의 논의가 태감 정동의 말 한 마디에 번복

되었다. 정창손은 사은사 윤자운이 북경에 들어가서 그 말의 진실 여부를

알아본 후 한치례를 보내자고 제안했으나, 성종은 한치례를 사은사의 부

사로 결정했다. 이들은 부경하여 황제가 중궁의 고명을 내려준 데에 대해

사례했다.

두 번째 방문도 한계란의 요청에 응해 이루어졌다.

성종 8년(1477) 정조사 윤호(尹壕)와 부사 홍이로(洪利老)가 회동관에 체

재하고 있을 때, 태감 정동이 가인(家人)을 보내 한계란의 말을 전했다.


한계란　족친이 이번에도 오지 않았습니까? 한치인이 중풍을 앓고 있다면, 그 아우

한치례는 어째서 오지 않았습니까?

윤호 　한치인의 병은 점점 차도가 있고, 재상 가운데에서 차례로 돌려가며 사신
　　　을 파견하기 때문에 한치례는 이번에 오지 못했습니다.

　한치인은 일찍부터 병에 걸려 부경할 수 있는 입장이 아니었다. 한계
란은 그 대신 한치례를 부경시키라는 요구를 조정에 알렸다. 정조사보다
뒤늦게 귀국하게 된 사은사 윤자운은 성화제의 칙서를 등사하여 통사
장자효(張自孝)를 먼저 돌려보내 성종에게 바쳤다. 그러면서 정동의 말
도 아울러 전했다.

　정동 　궁각을 주청하려면 한치례를 시켜 진헌하는 토산물과 한씨가 구하는 물건을
　　　가지고 오시오.

　한계란의 손이 작용했을까? 아니면 정동의 개인적인 판단이었을까?
활을 만드는 데 필수품인 궁각 구입 문제를 해결하려면 한치례를 보내라
는 압박이었다. 성종은 어쩔 수 없이 한치례를 성절사로 보내야만 했다.
　한계란은 한씨 일족과 정동의 족친에게 한 자급(資級)씩 올려줄 것도
요구했다. 문제는 이 요구가 한계란으로부터 나온 것인지, 아니면 정동이
한계란에 의탁해 청한 것인지 불분명하다는 것이었다. 조정은 논의 끝에
정동의 형 정거(鄭擧)에게 가정대부(嘉靖大夫, 종2품)를 더하는 것으로 매듭지
었다.

　한계란의 요청을 받아 한치례를 성절사로 임명하였다. 한치례의 세 번
째 부경(赴京)이었다. 당시 한치례는 천식을 앓고 있어 날씨가 추워지는
것이 두려웠으나, 황제와 한계란에게 바치는 별도의 진헌 물품 수량이 많

아 응하지 않을 수 없었다.

대사헌 박숙진(朴叔蓁)은 한치례의 성절사 파견에 반대 입장을 고수했다. 3년 사이에 한치례의 형제가 잇달아 사신이 된 탓에 성종 9년(1478)의 진헌은 전년보다 두 배나 많았고, 성종 10년은 성종 9년보다 배로 증가했기 때문이었다.

이극배　근년에 매번 한씨 일족으로 사신을 삼고 있습니다. 만약 명나라 조정에서 한씨를 위해 보낸다고 생각하면 나라의 체면이 어떻겠습니까? 한씨가 자신의 족친을 들어오라고 청하는 까닭은 물품을 마음대로 요구하려는 것입니다.

조선의 대신들은 한계란 족친이 북경에 들어가는 목적이 황제를 위한 것이 아니라 그녀의 사적 물품 요구에 응하기 위한 것이라는 오해를 받을 수 있다는 점을 무척이나 우려했다. 그래서 한치례의 파견을 극력 반대했다. 하지만 성종은 황제의 성지를 좇지 않을 수 없었다. 대사헌 박숙진은 한계란에게 바치는 물품이 해마다 증가하는 상황에서 한치례를 보내면 재정이 더 이상 지탱할 수 없다며 완강하게 거부 입장을 견지했다. 성종은 정조사의 행차는 정동이 한결 같이 다른 인물을 원치 않아 부득이 한치례를 보내는 것이라는 입장을 표명했다. 만약 정동이 물품을 더 요구하면 한치례가 수량을 감하도록 힘써야 한다는 방안을 제시하는 데에 그쳤다.

조정 대신들의 반대는 가열되었다. 한계란의 족친 대신 다른 인물을 보내 훗날의 폐단을 제거할 것을 주장했다. 집의 윤민, 사간 이세필 등이 한치례 파견을 적극 말렸다. 윤민은 사적 진헌이 민폐임을 밝혔다. 일례로 두 마리의 노루로 한 개의 큰 포(脯)를 만들 수 있는데, 물건을 갖추려면 온 고을이 종일토록 분주하다는 사실을 들었다.

사관 정동은 한계란의 세도를 빙자하여 천자의 명을 거짓 꾸미고, 황제의 총애를 굳히고자 화를 조선에 전가시키는 자이다. 정창손은 나라의 대신으로서 간하여 중지시키는 것이 마땅한데, 일개 정동을 두려워하여 권했으니 탄식할 일이다.

정동이 황제와 한계란과 꾸며 조선에 화를 입히고 있다는 것이 사관의 판단이었다. 영사(領事) 정창손이 정동을 두려워하여 한치례를 부경시키는 일을 막지 못했다며 화살을 돌려 비판했다.

6월에 정동이 한계란의 족친을 보낼 것을 또다시 요구하자 한치인의 아들 한한이 선발되었다. 그는 부경할 때 가지고 가는 물품이 한치례에 비해 3분의 1에 불과하다며 더 지급해 줄 것을 청했다. 성종은 이것이 전례가 되어서는 안 된다며 불허하고, 만약 정동이 선물의 많고 적음을 물으면 "최근 야인(野人)의 움직임이 심상치 않아 운반하기 어려워 가지고 오지 못했다"고 답변하라고 일렀다. 당시 정동은 자금성에서 생활하고 있는 조선 출신 여인 차씨·안씨에게도 음식물을 보낼 것을 요구했지만 거절당했다. 정창손은 "한계란은 족친이라 부득이하지만, 차씨·안씨에게도 보내게 되면 궁금(宮禁)과 교통하는 꼴이 된다"며 불가론을 펴 성종이 수긍하여 이루어지지 않았다.

평안도 관찰사 김교(金嶠)로부터 명나라 사신을 호송하는 군사가 요동 동팔참(東八站)에서 야인의 습격을 받아 조선 군사들은 사방으로 흩어지고 역학(譯學) 허순(許順) 등만 도망해 왔다고 급히 알렸다. 이에 조정은 성절사 한한이 진헌 물품을 도둑맞을 것을 우려하여 절도사 심한(沈瀚)으로 하여금 호송군 100명 외에 별도로 군사 230명을 선발하고, 270명을 더 추가 편성하도록 했다. 총 600명의 군사를 조전절제사(助戰節制使) 2인으로 하여금 통솔하여 호송하도록 조치했다.

한화의 세 아들에 이어 한치례의 사촌 형인 한치형이 성절사로 임명 되었다. 성종 11년(1480)에 조선에 들어온 태감 정동과 강옥은 한재상(韓宰相)을 사은사로 삼기를 청했다. 한재상은 일반적으로 한씨 집안사람을 가리키지만, '늙은 한재상'이라고 할 경우에는 한명회를 지칭한다. 성종은 한치례는 심한 기침을 하고, 한치형은 어미가 늙었으며, 한치인은 아들이 있기는 하나 병이 들어 보낼 수 없다고 하자, 정동은 황제의 뜻이라는 점을 누이가 강조하며 자신의 뜻을 꺾으려 하지 않았다. 결국 성종은 한치형을 사은사로 점지했다. 한치형이 북경으로 들어갈 때 한계란의 질녀 회간왕비(懷簡王妃)는 고모에게 서신과 함께 토산물을 갖추어서 보냈다. 한계란은 한치형의 입조를 재차 요구했다.

성종 12년(1481) 7월 경회루에서 정동에게 잔치를 베풀었다. 정동은 한씨 족친의 부경을 거론했다.

정동  한치형은 어찌하여 북경에 가지 않습니까?
성종  한치형은 병든 어미가 있어 가지 못하오.
정동  모친이 앓더라도 성지가 있는데 어찌하겠습니까?
성종  그 어미의 병이 차도가 있으면 보내겠소.

정동의 사신 파견 간섭을 받은 조정은 어쩔 수 없이 성절사로 한치형을 파견하기로 결정했다. 그는 모친이 병으로 날로 여위어간다며 명을 거두어줄 것을 청했으나 성종은 불허했다. 한치형의 사정을 충분히 숙지하고 있었으나 정동이 성지를 핑계대어 청하므로 마지못해 따랐다. 곧 사헌부 지평 곽은(郭垠)과 사간원 헌납 서규(徐赳)가 한치형을 성절사로, 한충인을 정조 부사로 삼은 일에 대해 봉박했다. 홍응도 정동에게 신의를 잃는 일은 작은 일이나 한계란의 족친이 왕래하는 폐단이 더 크다고 주장했다. 성종은 명나라 황제의 명 때문이라며 어정쩡한 태도를 취했다.

성화제는 부경한 한치형에게 특별히 서대를, 성종에게는 옥대·향대를 하사했다. 성종은 한치형을 더 이상 북경에 보내지 않겠다고 결심했으나, 한치형은 3년 뒤 다시 부경하게 되었다.

한치형의 성품에 대한 일화가 있다. 예종이 즉위하자 신숙주·한명회와 승지 등을 궁궐로 불러들였다. 권문세가에 뇌물을 주어 추궁당하게 된 함길남도 관찰사 박서창(朴徐昌)에 대신할 인물을 추천하는 문제를 논의하기 위해서였다. 신숙주 등은 형조판서 강희맹, 병조판서 박중선, 지사 홍응, 호조참판 한치형을 천거했다. 예종은 네 사람 중에서 누가 적합한지 신숙주에게 물었다.

> 신숙주  지금 함길남도는 조금 일이 없지만, 한치형은 엄한 성격이라 한 지방을 다스릴만합니다.

신숙주의 추천을 받아 쟁쟁한 판서와 영사를 제치고 종2품의 호조참판인 한치형이 천거되었다. 일견 한명회의 움직이지 않는 손이 작용하지 않았을까 하는 의구심을 불러올 수도 있겠다. 하지만 한치형은 관직에 있어서는 부지런하고 조심하여 사의(私意)로써 법을 굽히지 않는 성격의 소유자였기에 낙점되었다. 전임자가 뇌물 사건으로 처벌당하자 엄정한 그가 낙점된 것은 당연지사였다. 관찰사를 마치자 사헌부 대사헌(大司憲)으로 임명된 사실만으로도 그를 평가할 수 있겠다.

성종 14년(1483) 정동은 성절사로 한찬을 임명해 줄 것을 청했다. 조선이 우려하는 것이 바로 이 점이었다. 정동이 조선의 외교는 자신의 입에 달렸다며 과신하고 조선 조정을 얕잡아 볼 것을 우려했다. 조정 대신들은 자괴감을 곱씹을 수밖에 없었다. 조선은 관작을 중하게 여겨 한 자급이라도 쉽사리 올려줄 수 없었으나, 정동의 청과 한계란의 청탁을 무시할 수 없어 한찬을 당상관으로 올렸다. 본래 성절사는 명나라 조정을 존중하여 반드시 재상을 임명해서 보내는 것이 관례였다. 정동이 청한 한찬은 벼슬이 낮아 성절사로 임명하기 어려웠으나, 정동이 한계란의 청이라고 청탁하며 한찬을 보내줄 것을 강력히 요구해서 이루어졌다. 결국 논의 끝에 한찬은 동지중추부사(同知中樞府事, 종2품)라는 직함을 띠고 사신의 임무를 맡게 되었다.

성종 16년(1485)에는 한찬이 성절사로 임명되자 강이생(講肄生) 2명을 1명으로 줄이고 그 대신 통사로 대체하려고 했다. 강이생은 사역원에서 한어 공부를 하는 학생이다. 통사 2인으로 편성하여 한 명은 조공품과 교역품 등을 관리하던 책임자인 압물관(押物官), 한 명은 사신 일행의 모든 물품을 감수(監守)하는 타각부(打角夫)로 삼으려 했다. 『대전(大典)』의 규정에 의하면, "북경으로 들어가는 행차에 강이생은 나이 젊고 총명한 자 2인을 선발하여 보낸다"고 되어 있다. 지평 송질은 한찬이 강이생을 줄이려는 목적은 통사 중에 이익을 꾀하려는 자가 은밀히 그에게 청탁한 것이라고 간파했다. 성종은 강이생 1인을 줄인 일은 진헌할 잡물이 갑절이나 되어 통사가 아니면 주관하기 어렵기 때문이라고 여기고는 한찬의 손을 들어주었다.

나중에는 한치형의 아들 한보를 천추사로 북경에 들여보내는 문제가 제기되었다. 대사헌 김승경은 천추사에 선임된 한보는 학식이 없고 일에 숙달되지 못해 전대(專對)의 직임을 감당할 수 없다고 논박했다. 천추사는 종2품으로 선발하는 것이 규정인데, 한보는 자헌대부(정2품)라며 다른 사람으로 교체할 것을 건의했다. 사헌부 헌납 유형(柳岬)도 한보는 귀엽게 자란 자제로서 본래 학식이 없어 일의 대체를 알지 못하니, 부사로 삼는 것도 불가하다고 반대했다. 반면에 윤호(尹壕)는 한보가 학문은 없지만 천추사의 직임을 감당하지 못하겠느냐고 옹호하면서도 『대전속록(大典續錄)』의 규정에 어긋나니 그를 교체하자고 주장했다. 성종은 자신의 뜻을 접고 윤호의 의견을 따랐다.

이처럼 한계란의 족친이 빈번히 부경하여 한계란과 정동에게 사적 물품을 바쳤다. 그들이 외교 문제를 해결하는 데 일조했음도 부정할 수 없다. 그럼에도 비난을 받는 주된 요인은 그녀에게 사적으로 바치는 물품이 많았던 점과 한씨 족친들의 학문적 능력, 예를 들면 과거를 통하지 않고 은음(恩蔭)으로 인한 관직 진출이다. 나아가 정동과의 결탁에 의한 이익 추구, 황제와 한계란 및 환관 정동의 청탁에 의한 고위직 승진, 그리고 이들이 막후에서 외교를 주도한다는 불신이 과거를 통해 관계(官階)에 들어간 관료들에게는 참을 수 없는 불만으로 작용하였다.

# 권력의 정점에 선
# 한명회

정동은 한씨 족친 중 늙은 재상의 북경 방문을 간절히 원했다. 그 늙은 재상은 바로 한명회를 가리킨다. 일반인들에게는 압구정으로 각인되어 있는 인물이다. 아들은 한보, 한 명의 딸은 예종의 비인 장순왕후(章順王后)이고, 또 한 명의 딸은 성종의 비인 공혜왕후(恭惠王后)이다.

정동이 사신으로 파견되어 오자 한명회는 자신의 집에서 그를 맞이하여 잔치를 베풀고 후한 선물을 주어 은근한 정을 맺었다.

정동  늙은 한 재상의 잔치는 왕부(王府)보다 더 낫습니다.

한명회 저택에서 베푼 연회가 국왕이 궁중에서 베푼 연회보다 낫다는 정동의 아첨 발언이었다.

일찍이 세조는 '한명회는 나의 자방(子房)이다'라고 말한 적이 있다. 한명회를 한나라 고조를 도와 왕조를 세운 장량(張良)에 비유한 것이다. 세조가 어느 정도 한명회를 신뢰했나를 알 수 있는 사례가 또 있다. 한번은 세조가 그에게 명나라 사신을 황해도 서흥(瑞興)·평안도 의주에서 맞이해

압구정도

위로해주는 한편, 민간의 폐해를 탐문하는 임무도 부여했다.

> 세조  경은 나와 마음을 같이하고 덕을 같이하는 사람이다. 경에게 백성들의 폐해를
> 조사하고 살피게 하고자 한다. 경의 이목이 곧 나의 이목이다.

이렇게 세조가 한명회와 자신은 일심동체라고 언명할 정도였다. 한명회는 명나라로 출발하는 연행사나 한양으로 들어오는 명나라 사신을 접대하는 데에 분주했다. 남궁에 유폐되어 있던 정통제가 복벽(復辟), 즉 재차 황제위에 복귀하자 천하에 조서를 반포했다. 조선에도 이 사실을 알리기 위해 한림원 수찬 진감(陳鑑)과 태상시 박사 고윤(高閨)을 파견했다. 이들을 벽제역에서 맞이한 것도, 태평관에서의 잔치를 주관한 이도 한명회

였다.『성종실록』한명회의 졸기(卒記)를 간단히 살펴보자.

"그는 일찍 어버이를 여의었고, 여러 번 과거에 합격하지 못했다. 문종 2
년(1452)에 경덕궁직(敬德宮直)에 제수되었다. 영통사(靈通寺)에 놀러 갔었
는데, 한 노승이 사람을 물리치고 '그대의 머리 위에 빛과 불꽃이 있으
니, 이는 귀하게 될 징조요'라고 말했다. 세조가 왕위에 오르기 전에 그
를 알아보았다. 단종을 몰아내는 데 공이 제일이었다. 10년 사이에 벼슬
이 정승에 이르렀고, 마음속에 항상 국무를 잊지 아니하고, 품은 바가 있
으면 반드시 아뢰어 이룩한 것 또한 많았다."

한명회는 부친이 일찍 죽어 어려서는 불우했고, 과거에도 불합격하여
우울한 생활을 보냈다. 노승의 점대로 계유정난 시에 세조를 도와 정계에
이름을 떨치게 되었다. 이 한명회도 세조 때 1회, 성종 때 3회 북경에 다
녀왔다.

첫 번째 부경은 세조 3년(1457)이었다. 세조는 이조판서 한명회와 예조
참판 구치관(具致寬)에게 해양대군(海陽大君, 후의 예종)을 세자로 책봉하는 임
무를 맡겼다. 세조의 장남인 의경세자가 젊은 나이에 세상을 뜨자 그 대
신 차남이자 9세인 해양대군을 세자로 세우려고 했다. 세조는 한명회 등
에게 안장을 갖춘 말과 활·화살, 담비로 만든 갖옷과 갓 등을 하사하여
무사히 다녀오라는 따뜻한 말을 전했다. 임금에게 올리는 요리 중에서 맛
좋은 음식도 나누어 주었다. 더욱이 궁전에서 음식을 조리하는 구실아치
인 별사옹(別司饔) 1인을 특별히 수행시켰다. 상호군 조득림(趙得琳)으로 하
여금 평양·안주·의주에서 위로연을 베풀고, 압록강을 건너 파사포(婆娑鋪)
까지 전송하고 돌아오도록 명했다. 이윽고 한명회 일행이 장도에 올랐다.

**세조** 날씨가 점차 추워지고 길이 멀어지면, 눈바람이 뼈를 찌르면서 쉽사리 옷깃 사이로 파고들 것이오.

추위를 걱정한 세조는 담비가죽 목도리를 하사했다. 세조의 한명회에 대한 은혜는 여기서 그치지 않았다. 뒤에 북경으로 들어가는 진응사(進鷹使) 이징규(李澄珪) 편에 세마포(細麻布) 5필을 주어 한명회 등에게 전해주어 술과 안주 비용에 쓰도록 했다.

**세조** 길이 멀어 몹시 괴로울 것이니 한번 맘껏 마시도록 하라.

성은에 감동한 한명회는 임금이 계신 동쪽을 향해 사배(四拜)를 올렸다. 수행 일원을 불러 모았다. 진응사 이징규가 일어나서 술을 따르니 한명회는 엎드려서 잔을 받았다.

한명회와 구치관은 이듬해 왕세자를 책봉하는 임무를 완수하고 귀국했다. 세조는 세자로 하여금 한명회에게 술을 대접하여 위로하게 하는 동시에 노비와 토지를 하사했다.

두 번째 방문은 성종 6년(1475)이다. 전년 9월 성종은 부친과 모친의 작위를 내려줄 것을 요청하는 주문사로 김질(金礩)을 북경에 파견하자 성화제가 고명을 하사해주었다. 죽은 세자를 추봉하여 조선 국왕으로 삼고, 시호는 회간(懷簡)이라 하고, 한씨를 회간왕비(懷簡王妃)로 봉해주었다. 황제는 고명과 비(妃)의 관복도 하사했다. 김질이 귀국하여 복명하기도 전인 12월에 성종은 고명을 받은 데에 대한 감사의 뜻을 전하기 위해 사은사를 파견하기로 했다.

성종    지금 고명을 받았으니, 마땅히 사은사를 보내야 할 것이다. 정승 신숙주는
         병이 들었다. 그렇다면 좌의정을 보내야 되는데 병을 앓고 있어 보낼 수 없
         지 않겠는가?

정인지   한명회는 병이 이미 나았으니, 명하시면 그가 감히 사양하겠습니까?

성종    의정(議政)이 아니면 안 되는가?

정인지   옛 사례에 고명의 사은은 반드시 의정을 보냈습니다.

성종    그렇다면 좌의정 한명회를 보내야겠다.

고명 사신은 정승을 보내야 한다는 규정에 의거하여 적합한 인물을
찾았다. 한명회가 낙점되었다. 성종은 한명회가 출발하는 시기가 겨울임
을 고려하여 상의원에 명해 그에게 담비가죽으로 만든 귀마개, 담비 털로
만든 모자, 옷·가죽 신발 등을 하사했다.

한명회를 호송하는 군사 수도 증가시켰다. 호송군은 별도로 400명을
더 편성했다. 당시 건주위 야인들이 평안도 연변 깊숙이 들어와 약탈을
감행하자 평안도 절도사 하숙부(河叔溥)로 하여금 압록강을 넘어 요동의
통원보(通遠堡)까지 호송하도록 명했다.

한명회가 북경 회동관에 도착하자 정동은 한명회를 극진히 맞이하고
는 선물도 후하게 보내왔다. 한편으로 그는 한명회에게 한계란의 족친이
면 예물을 바쳐야 한다고 강요했다. 한명회는 간단한 선물을 정동에게 보
냈다. 정동을 만난 다음날 한계란이 서간을 보내 치사하고, 한명회에게
은 10냥, 채단과 음식물을, 부사와 서장관·통사에게 비단을 보내주었다.

4개월 후 사은사 한명회는 조칙을 받들고 귀국했다. 건주위 야인 4,000
여 기가 전년 말부터 이듬해 정월 사이에 이산(理山) 지방을 침구했으니,
조선도 방비를 굳건히 하라는 내용이었다. 한명회는 궁각에 대해서도 보

고했다. 명나라의 금령이 엄준하여 궁각을 구입하지 못한 사유를 아뢰었다. 이전에는 궁각을 파는 자들이 곳곳에 눈에 띄었으나 금령으로 죄에 연루되어 먼 곳으로 옮겨 구입할 수 없었다고 변명했다. 그는 산해관(山海關) 출입을 통제하는 관리에게도 따졌다고 했다.

> 한명회 조선은 명나라 변경에 사변이 발생하면 도와주었다. 궁각을 금하는 것은 지나친 일이 아닌가?

한명회는 화(華)와 이(夷)의 경계로 조선 연행사들의 신분과 짐을 철저히 검열하던 산해관의 관리에게 궁각 구입에 대한 불만을 토로했다. 궁각을 구입하지 못했지만 자신의 외교적 노력을 은연중에 성종에게 어필하려는 행동은 아니었을까? 한명회는 부경 시의 잘못된 행동으로 비난을 받았다. 인신(人臣)이 국경을 벗어나면 사적으로 교제하면 안 되는데도 한명회는 정동의 물건을 빌려서 사적으로 황제에게 바치고는 상을 요구했다는 것이었다.

얼마 지나지 않아 명나라 사신 호부낭중(戶部郞中) 기순(祈順)과 행인사좌사부(行人司左司副) 장근(張瑾)이 성화제가 황태자를 세운 조서를 반포할 목적으로 조선에 들어왔다. 좌의정 한명회와 도승지 유지(柳輊)가 이들을 문안하고 아침 식사를 같이 했다. 이로부터 매일 아침마다 재상과 승지를 보내어 문안했다.

세 번째 방문은 성종 11년(1480) 말이었다. 주문사 한명회가 받들고 가는 주본은 세 통이었다. 하나는 윤씨를 폐하고 부실(副室) 숙의 윤씨(尹氏, 즉 정현왕후)를 왕후로 삼았으니 고명·관복을 하사해달라는 건, 또 하나는

산해관 요동을 거쳐 만리장성 안의 중국으로 들어가는 관문이었다.

건주위 야인의 침입으로 조공로(朝貢路)가 위협받고 있으니 새 길을 내달라는 건, 마지막 하나는 50부로 제한되어 있는 궁각을 액수에 구애받지 않고 수매하게 해달라는 건이었다.

한명회가 출발하려고 할 때 아내의 병이 도져 할 수 없이 부사가 먼저 출발하고, 뒤늦게야 출발했다. 요동에 도착한 다음 날 도지휘사사(都指揮使司)를 찾아갔다. 지휘(指揮) 부해(傅海)는 한명회를 만난 것을 영광스럽게 여기고는 대청 위에서 공경스럽게 맞이했다. 예를 마치자 옆방으로 데리고 가서는 손수 차를 따라주었다. 한명회가 관소(館所)로 돌아온 뒤에는 요동도사·총병관 한빈(韓斌), 참장(參將) 최승(崔勝)이 부하들을 보내 음식물을 올렸다. 요양(遼陽)을 출발할 때는 총병관 한빈이 한명회의 나이가 많다며 덮개가 있는 수레를 제공하기도 했다. 한명회의 위세와 명성이 요동

요동 대릉하

에도 널리 알려져 있었던 것이다.

한명회가 수레를 타고 가자 연도에 있는 주(州)·현(縣)·위(衛)·역(驛)의 관원들이 심부름꾼을 보내 음식을 올리기도 하고, 몸소 나와서 술자리를 베풀기도 하였다. 그들은 한명회의 말을 한마디라도 들으면 마치 소중한 보배를 간직하듯이 행동했다. 빈객을 영접하는 관원인 후인(候人)이나 부하들조차도 그를 상서로운 기린이나 위의가 있는 봉황과 같이 우러러보았다. 가는 곳마다 바라보면서 감탄하기를 "저분이 조선의 노재상(老宰相)인 한명회다"라고 수군댔다. 그런 한명회를 성화제도 기다리고 한계란도 기다렸다.

성화제 노재상은 어느 날에 오는가?

한계란  한 재상은 언제 경사에 도착하오?


　황제와 한계란은 한명회의 도착을 학수고대했다. 한명회가 북경에·도
착하자 예부와 광록시(光祿寺)는 이전 사행들보다도 한 등급을 높여서 응
대했다. 한명회와 부사 이승소가 회동관에 체류하고 있을 때 태감 정동이
얼굴을 내밀고는 황제와 한계란의 말을 전하며 위로했다.

　정동은 미처 회동관의 관원이 음식물을 갖추지 못했다며 조촐한 음식
과 시탄(柴炭, 즉 땔감)을 보냈다. 다음 날 그는 황제와 한계란이 보낸 선물
을 가지고 왔다.


한계란  채단(綵段) 표리(表裏, 겉감과 안감) 2습(襲)과 은(銀) 50냥(兩)을 노 재상에게 전

　　　해주세요. 술과 안주, 조석으로 쓰는 물품들을 가져가세요.


　한계란은 비단·은과 더불어 갖가지 물품을 한명회에게 보냈다. 한명회
는 회동관을 나와 황성 동쪽의 동화문으로 발걸음을 재촉해 선물을 수령
했다. 그녀는 이후에도 끊이지 않고 술과 요리를 챙겨 보내주었다. 조선
출신 태감들도 음식을 보내고 노고를 물으며 인정과 예의를 지극하게 표
했다.

　정동은 황제를 빙자하여 조선의 토산물을 요구했다. 그는 매번 사신이
갈 때마다 이런 행태를 부렸다.


정동　　부사는 바치는 것이 없소?

이승소　한씨 족속들은 이미 황친이 되어 바칠 수 있으나, 나는 국왕의 신하로서 명

　　　을 받들고 왔는데 사사로이 바쳐서야 되겠습니까?

並能雙手耍四個也　殿中焚香已畢演習手耍銅鈸能在手指飛轉　此中國耍鈸之圖也其人多戲班中扮一直姑

동발 돌리기

　부사 이승소가 단호히 거절하자 정동은 어이가 없다는 표정을 지었으나 무례하게 굴지는 않았다. 황제는 한명회 일행의 수고를 위로하기 위해 잔치를 베풀어 주도록 명했다.

　성화제 객관이 몹시 적막할 터이니, 잔치를 베풀어 위로해 주라.

　태감 김흥은 자신의 집에서 술자리를 베풀었다. 부사 이승소가 읊은 시에 향연이 극치를 이루었음을 알 수 있다. '태감 김흥의 집에서 술을 마시다[太監金興內第設酌]'라는 시에서 당시의 연회 상황을 들여다볼 수 있다.

珍羞不省人間有　　진수성찬 차린 음식 세상에선 못 보았고,
香果多分上苑來　　대부분의 맛난 과일은 상원에서 따온 거라네.

김흥은 진수성찬을 차리고 궁중에서 따온 과일로 조선 사신을 극진히
접대했다. 필시 회동관에서의 적적한 생활과 기름기 있는 음식에 물렸을
입맛을 달래주기 위해 조선에서 가져온 해물과 어채, 젓갈 등을 재료로
만든 요리도 상에 올렸을 것이다. 대접을 후히 받은 이승소는 김흥을 해
동, 즉 조선에서 온 인재라고 극찬했다.

황제의 지시를 받든 정동도 한명회 일행을 자신의 집에 초대하여 연
회를 베풀었다. 이승소의 '태감 정동 집에서의 잔치[太監鄭同第宴]'라는 시
를 보면 이곳에서도 성대한 연회가 베풀어졌음을 알 수 있다.

迎我中堂敞綺筵　　중당에 맞아들여 잔칫상을 벌였는데
有酒如灘肉如坻　　술은 넘쳐 민수 같고 쌓인 고기 산더미네.
眼前方丈靑玉案　　눈앞에는 온갖 요리 청옥상에 놓였거니
一食萬錢還堪嗤　　한 끼 식사 만 전의 돈 허비함도 우습구나.
沙糖融作人鬼形　　사탕 녹여 뭉쳐서는 사람 귀신 만들었고
蜜餠累上高齊眉　　밀병 겹겹 높이 쌓아 눈썹까지 올려놨네.
　　　⋮　　　　　　　　⋮
況復靈鼉響逄逄　　또 다시 영타 소리 둥둥대며 울리더니
優人呈技登前墀　　재주 부릴 광대들이 섬돌 앞에 올라오네.
弄丸卦眼渾閑事　　구슬 놀려 발뒤축에 거는 것쯤 심상한 일
幻怪百出令人痴　　갖가지의 요술 보니 어안이 다 벙벙하네.
無中生有可怖愕　　없는 중에 문득 생겨 경악할 만하거니와

巨細妍蚩忽變移　크고 작고 곱고 못남 갑작스레 변화하네.

　잔칫상에는 술과 고기가 가득하고, 푸른 옥으로 만든 책상에, 사탕으로 사람 귀신 형상을 만드는 등 성대하고 극히 화려했다. 마치 한 끼 식사 비용이 진(晉)나라 때의 정승 하증(何曾)을 떠올리게 했다. 하증은 굉장한 식도락가로, 한 끼 식사에 만 전(錢)을 들여서 음식을 장만했어도 먹을 만한 것이 없다고 한탄했다. 그에 못지않은 만찬이 상다리를 휘어지게 했다. 식사가 끝나자 광대들의 축하 공연과 요술이 이어졌다. 이 날 하인들과 노복들도 대취했다.

　정동이 한명회에게 저사(紵絲) 2냥을 주면서 말했다.

　"황제께서 공이 충성스럽고 정직한 사람이라고 칭찬하면서 특별히 더 하사하라고 명하셨습니다."

　태감 강옥도 두 사람에게 질세라 자신의 저택에서 잔치를 열었다. 온갖 기예가 펼쳐졌고, 음악을 연주하니 여인들의 춤이 마치 학이 춤을 추는 듯했다. 진미도 모자라 양 요리가 쟁반에 듬뿍 담겨 나왔다.

　조선 출신 태감들로부터 극진한 대접을 받은 한명회는 외교에 힘을 전력투구하여 중궁의 고명과 해마다 궁각 200개를 수매하는 일을 성공리에 완수해냈다. 다만 조공로 변경 건만은 해결하지 못했다. 한명회가 봉천문에서 황제에게 하직 인사를 올리고 귀국 길에 올랐다. 한계란이 선물을 잔뜩 보내왔다.

　"채단을 전하(殿下)·대왕대비전(大王大妃殿)·두 왕대비전(王大妃殿)에 가져다

명나라 때의 예인(藝人)들

주세요. 이건 채단으로 만든 의상이니, 노재상의 부인에게 입히세요."

한계란은 국왕과 세조의 비인 대왕대비 정희왕후, 그리고 두 명의 왕대비, 즉 인수왕대비와 인혜왕대비(仁惠王大妃)에게 보내는 선물을 잊지 않았다. 인수왕대비는 성종의 모친이자 한확의 딸이고, 인혜왕대비는 예종의 왕비로 한백륜(韓伯倫)의 딸이다. 한명회 부인에게도 비단 의복을 건넸고 수행원들에게도 일일이 물품을 챙겨 보냈다. 한계란이 고국에 있는 한씨 일족 여인들에게 선물을 살뜰하게 챙긴 것이다.

태감 강옥은 황제의 명을 받들어 조양문 밖 먼 교외까지 나와 전송했다. 날이 저물어 통주에 이르자 두 명의 태감이 객관에 와서 기다리고 있었다. 본래 성화제는 정동에게 재상을 전송하라고 일렀으나 마침 일이 있어 그 대신 나왔던 것이었다.

네 번째 방문은 성종 14년(1483)이다. 성종은 주청할 일이 있으면 한명회를 보내라는 황제의 조서를 불현듯 떠올렸다. 성종은 적장자인 이융(李㦕, 즉 연산군)을 세자로 책봉하는 일로 한명회를 북경에 보내려고 했다. 대신들은 반드시 한명회를 파견할 필요는 없다며 부정적이었다. 당시 정동이 한명회가 사신으로 들어오면 별도의 진헌도 면제받을 수 있다고 한 말에 대해서도 의문을 품었다. 정동의 술책이 아닌가 하는 의심을 불식시킬 수 없었다.

조정에서 누구를 보낼 것인가에 대한 논의가 이루어지고 있는 상황에서 한명회는 임금의 명이라면 칠순이긴 하지만 임무를 기꺼이 떠맡겠다며 나섰다.


이세좌　황제의 조서에 한명회를 들여보내라는 일은 필시 정동의 계책일 것입니다. 지금 황제가 정동의 말만 듣는데, 한명회를 보내지 않으면 정동이 노여워하여 거짓말을 꾸며서 다른 변고를 만들어 일이 생길 것은 틀림없습니다.

성종　황제의 명령이 있고 한정승도 병이 없으니 사양하지 말고 가도록 하라.

도승지 이세좌도 정동이 한명회를 불러들였다고 간파했지만 그를 적으로 돌리면 더 큰 재앙으로 돌아올 것을 근심하여 한명회를 보내자고 건의했다. 다른 조정 대신들도 정동의 계책이라며 반대했으나, 논의 끝에 한명회가 결국 주문사로 결정되었다.

성종이 사정전(思政殿)에서 한명회를 전송했다. 종친과 재추(宰樞)가 둘러앉았다. 임금이 친히 옥배를 들어 한명회에게 술잔을 권했다. 심회 등도 차례로 잔을 올렸다. 입시한 재상들이 송행시(送行詩)를 짓고, 서거정은 서(序)를 지었다.

한명회는 정동에게 줄 사슴가죽 방석 2~3장, 자문지(咨文紙) 2~3권을 하사해줄 것도 요청했지만, 자문지 한 가지만 지급받았다. 성종은 한명회에게 정동을 만나 조선에서 산출되지 않는 상아나 야인(野人) 땅에서 나는 토표(土豹)·초서(貂鼠) 등의 공물 면제를 해결하라고 단단히 일렀다.

한명회의 호송군은 300명으로 편성되었고, 무재가 있는 수령 2명이 차출되어 요동까지 인솔했다. 절도사는 정병 1,000명을 거느리고 중도까지 호송했다. 당시 평안도 군사는 1만 8,000명으로, 많은 병사가 한명회를 호송하는 데 동원되는 것은 큰 폐해였다. 황해도도 마찬가지였다. 특히 농사철이 되면 사행의 호송은 큰 고통이었다. 이런 상황이 한명회를 평가하는 데 불리하게 작용할 수 있다. 사헌부나 사간원의 눈에는 성종의 그에 대한 대우가 지나쳤다고 보였을 것이다.

대사헌 이철견(李鐵堅)은 한명회는 절약하지 않아 이르는 곳마다 폐해가 발생할 우려가 있다며 다른 인물로 대체하자고 건의했다. 물품 진헌도 온당하지 않다고 힘껏 아뢰었으나 성종은 윤허하지 않았다.

한명회는 사적 진헌 문제는 해결하지 못하고 궁각 100부만을 가지고 귀국했다. 성종은 자금성 안에서 정동이 여러 태감들 중에서도 정말로 실세인지를 확인하고 싶었다.

성종      명나라 조정에서 정동의 위세는 어느 정도던가?

한명회    정동은 총애를 받아 그 기세가 대단했습니다.

한명회는 회동관에 체류할 때 명나라 환관들 사이에서 정동이 조선에 들어가면 국왕이 후한 증여를 한다며 소곤거리고 있는 소리를 들었다. 정동을 몹시 부러워하는 눈치들이었다.

후에 정동은 한명회가 북경에서 세자 책봉 요청을 할 당시의 뒷이야기를 들려주었다.

예부      다만 칙서만 있고 세자의 관복은 없소.

정동      칙서만 있고 관복이 없다면 무슨 영광이 있겠습니까? 청컨대 성심으로 재가하시어 천은을 베푸소서.

성화제    특별히 보복(寶服)을 하사하라.

예부      조종(祖宗) 이래로 관복을 하사한 일이 없습니다. 만일 사량관(四梁冠)을 내리시면 조종의 법을 무너뜨리는 것입니다.

사례감 태감    이전에 사량관을 하사한 전례가 있습니다.

세자 책봉 문제를 해결하는 데 자신이 황제를 움직였다는 성공담이었다. 예부가 관복 지급을 거절하자 정동은 세종 12년(1430)·13년(1431) 무렵에 조선의 세자가 선덕제를 알현한 사례를 끄집어냈다. 황제가 조회를 파한 후에 문화전(文華殿) 동문 안에 서 있는 세자를 보고는 입고 있던 홍포(紅袍)를 벗어 세자에게 주었다는 것이었다. 그 옷이 넓고 크고 길어 몸에 맞지 않았지만 이는 조선을 대우하는 예가 두터운 징표였다며, 관복을 하사한 사례가 없다는 예부의 발언을 반박했다. 이 시기를 전후로 세자가 북경에 들어간 사실은 없다. 태종의 서자 이인(李䄄)과 효령대군의 아들 이친(李䅀)이 사신으로 떠난 적은 있다. 정동의 착각일 가능성이 크지만, 세종 10년(1428) 선덕제가 특별히 세자에게 육량관(六梁冠) 1정(頂)을 하사한 사례는 보인다. 정동은 사량관은 조선의 2품 이상의 조신(朝臣)들의 예복 때 쓰는 관이어서 세자의 관(冠)으로는 적당하지 않다고 지적하였다. 성화제는 특별히 옷감을 하사하고 조선 스스로 지어 입도록 했다. 정동은 예부와 한림원이 번갈아 사량관 하사가 조종의 법을 어기는 것이라며 반대했으나 자신의 주청으로 마침내 옷감을 하사받았다는 점을 노골적으로 자랑했다.

사관 한명회가 여러 번 사신으로 명나라 수도 북경에 갔었는데, 늙은 환관 정동에게 아부하여, 많이 가지고 간 뇌물로 사사로이 황제에게 바쳤으나, 부사가 감히 말리지 못했다.

사관은 한명회의 외교 활동에 대해 박하게 평했다. 정동과의 결탁과 뇌물로 황제를 움직였다는 투였다. 정동이 한명회를 극진히 환대한 데에는 한계란이라는 여인의 존재를 잊어서는 안 된다.

# 돗자리에서
# 노리개까지

유난히도 햇볕이 뜨거운 여름날이었다. 한계란은 시녀가 가져온 돗자리에 살포시 앉았다. 조선에 들어가는 태감에게 부탁해서 얻은 돗자리였다. 한계란이 자리를 갖고 싶어한다는 말을 전해들은 세종은 특별 진상품으로 명주와 화문석을 보내라고 지시했다. 한계란은 감동했다. 용·원앙과학, 꽃 등을 수놓은 문양은 너무나도 황홀해 깔고 앉기가 부담스러울 정도였다.

한계란  시원하다 못해 차가운 기운이 온몸에 전해져 오는구나.

강화도와 경상도 백성들이 왕골 줄기를 가늘게 쪼갠 뒤 색을 입혀 촘촘히 엮어 만든 돗자리였다. 돗자리의 사면 끝은 가는 명주로 깁었다. 세종 때는 고운 면포로 선을 둘러 사치스러운 경향이 물씬 풍기자 약간 질이 떨어지는 면포를 쓰기도 했다.

용문석·화문석은 명나라에 진헌하거나 조정에서 사용하는 외에는 일절 사용을 금지시켰다. 세종이 일본에 통신사를 파견할 때도 화문석 지참

돗자리 짜기

을 금지시킬 정도로 귀중품이었다. 황제에게 진헌한 물품 중에서도 눈을
사로잡은 일품이었다. 황제들도 열기를 식히기 위해 화문석과 용문석을
찾았다.

경태제  돗자리 폭이 조금 좁다. 네가 조선에 가거든 넓은 것을 구해오라.
김흥  잘 알겠습니다. 반드시 마련해서 가지고 오겠습니다.

화문석보다 더 정교하고 귀한 것이 용문석이다. 가격도 비쌌다. 18세
기 후반의 가격이기는 하지만 채화석(彩花席)이 무명 3필이었던데 반해 발
가락이 5개 문형의 용문석은 그 6배인 무명 18필이었다. 김흥은 조선에

들어오자 단종에게 황제의 요구를 전달
했다. 김흥은 용문석 2장을 얻어 홀가분한
마음으로 귀국길에 올랐다.

명나라에 바치는 황화석(黃花席)·채화
석(彩花席)·만화침석(滿花寢席)·만화석(滿花
席)·염석(簾席)·방석(方席) 등을 경상도에서
생산했다. 안동부 사람들은 용문석을 잘
짜서 최고의 명성을 떨쳤다. 매년 명나라
조정에도 진상했다. 세조 연간에는 안동

노리개

부에서 진헌할 용문석과 진상할 자리를
짜는 데 소요되는 왕골의 수량이 다량으로 소요되자 가까운 몇몇 읍에
나누어 분담시켰다.

일찍이 태종은 태감 황엄에게 돗자리 15장을 하사한 적이 있었다. 이
후 자금성에서는 화문석과 용문석이 인기 만점이었다. 세종 때 의산군(宜
山君) 남휘(南暉)가 표전문(表箋文)을 받들고 사은했는데, 방물 중의 한 품목
이 누른 화문석 10장, 만화석 10장, 잡채 화문석 10장이었다.

자금성만이 아니라 요동도사(遼東都司)의 장군들도 화문석을 요구했다.
성종 초 요동도사 부해(傅海)가 화문석 2장을, 요동 진무(鎭撫) 왕황(王璜)이
1장을 청구하자 사은사 편에 보내주기도 했다.


돗자리에 앉아 땀을 식히던 한계란은 허리춤에 찬 노리개에 시선을 돌
렸다. 황제도 마음에 들어 한 노리개로 고국에서 보내준 것이었다. 거문
고와 바둑, 시화(詩畵)를 즐긴 성화제는 한계란과 정동에게 말을 걸었다.

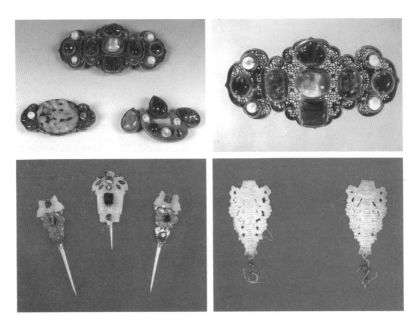

명나라 때의 화려하고 정교한 장신구들

"조선의 여인들이 차는 노리개가 매우 좋다."

　노리개는 일찍부터 한계란이 조선 조정이나 한씨 일족에게 보내달라
고 요구했던 것들이었다. 정조사 한치인이 귀국할 때 한계란은 대왕대
비·인수대비·중궁·월산대군·명의공주(明懿公主) 등에게 청홍 보석 진주로
만든 묶은 머리와 비단 등을 보냈다. 후에 한치인이 성절사로 부경하게
되자 성종은 상의원에 명하여 한계란에게 초피로 만든 가슴을 감싸는 방
한구 한 벌과 자주색 명주·초록색 명주 5필씩을 보내도록 했다.
　이렇듯이 조선 조정은 한계란에 대한 선물을 갖추어서 들여보냈다. 한
치인이 북경을 다녀 온 2년 뒤 사은사로 우의정 윤자운과 한치례가 임명

되었다. 윤자운이 성종에게 아뢰었다.

윤자운   이전에 한치인·한치형이 북경에 갔을 때에는 한씨에게 선물을 주었습니다.
　　　　이번에 한치례가 부사로 북경에 가니, 선물이 없을 수 없습니다.
성종   그렇게 하라. 한씨에게 보낼 선물을 논의하여 아뢰어라.

　승정원은 한치인이 한계란에게 보낸 선물 목록을 보고했다. 윤자운은
한치례의 부경 시에도 선물을 준비해야 함은 물론 그 수량도 이전보다
줄일 수 없다고 아뢰었다. 한계란에게 사적으로 진헌하는 물품은 조심스
럽고 은밀하게 전해야 했다. 명나라의 법령이 엄격한 까닭이었다. 연행사
들도 조선 출신 태감 집 방문이 수월하지 않았다. 명나라에서 조선을 군
자의 나라로 대우하고 있는 상황에서 한계란과 교통하려는 의도를 공공
연히 노출해서는 절대 안 되었다.
　사은사 일행이 회동관에 체류하자 한계란은 심부름꾼을 보내 자신의
요구를 전달했다.

　"어째서 회합(回蛤)·반합(斑蛤)을 보내지 않는 것이오?"

　그녀는 얼룩무늬 조개 모양으로 만든 노리개를 원했다. 한계란의 투정
을 들었는지 성화제도 조선이 그녀의 요구에 부응하지 않는다며 사행을
질책했다. 한계란은 윤자운이 귀국할 때 일족인 한비(韓妃), 즉 덕종비(德宗
妃)인 회간왕비(즉, 소혜왕후·인수대비)에게 자신의 요구를 전달하도록 했다.

　"날마다 고국을 생각해도 볼 수 없어 고국의 토산물을 보면 문득 고국을

보는 것과 같아 몇 가지 고국의 물건을 부탁하는 것이오. 고국에 돌아가 거든 꼭 구해서 주시기 바라오."

토산물을 옆에 두고 고국을 그리겠다는 한계란이었다. 윤자운은 한치 례에게 건네준 그녀의 편지를 성종에게 보였다.

> 한계란 본국에서 여인들이 차는 노리개로 반합(斑蛤)·장아(獐牙)·호아(虎牙) 같은 것은 귀천 없이 다 차는데, 어째서 한치례의 가인이 차는 것을 거두어 내게 주지 않느냐? 반드시 한비에게 고하여 많이 갖추어 오라. 그렇지 못하면 내가 준 저사(紵絲)로 사오라.

한계란은 조카인 덕종의 비에게 호랑이 이빨·노루 이빨 등 다양한 노 리개를 장만해서 보내달라고 했다. 막무가내로 요구한 것은 아니었다. 자 신이 준 저사로 노리개를 구매하라고 했다.

〈한계란이 요구한 품목〉
여러 가지 명주실로 짠 주머니, 호랑이 이빨, 노루 이빨, 푸른색의 오이, 면주낭아(綿紬囊兒)·호아아(虎牙兒)·장아아(獐牙兒)·청과아(靑瓜兒)·침가아(針家 兒)·호로아(葫蘆兒)·회합(回蛤)·세합(細蛤)·반합(斑蛤)·중삼도자(中三刀子)·대빗 [竹梳]·나무빗[木梳]·저모쇄자(猪毛刷子)·머리털[頭髮]·세죽선(細竹扇)·소죽선(小 竹扇)

한계란이 손에 넣고 싶어 했던 물품은 얼룩무늬 대합조개에 은세공을 한 반합(斑蛤), 장아(獐牙)·호아(虎牙), 바늘쌈·명주 주머니·화장솔, 가는 대

명나라 때의 장신구

나무로 만든 접이식 부채·반합·칼·빗 등이었다.

　부채는 옛사람들이 늘 사용하며 애용하는 물품이었다. 규방 여성들도 둥근 부채를 사용했다. 궁중에서 사용하는 부채는 환관들이 구해오거나 지방의 장관들이 진헌했다. 중국 사천(四川) 지역의 부채가 특히 뛰어나고 아름다웠는데, 정치하고 아름다움은 사인(士人)의 품격에 안성맞춤이었고, 화려하고 찬란함은 고운 여인에게 적합했다. 용·사슴·새가 그려진 부채를 궁중에서 특히 애호했다. 궁궐 밖으로 한번 유출되면 일반인들이 가장 귀한 보배로 여기고는 소유하려고 다퉜다.

　부채는 조공품의 하나이기도 했다. 영락제 때 외국에서 조공한 취골선(聚骨扇) 혹은 절첩선(折疊扇)·취두선(聚頭扇)이라는 부채가 있었다. 북경에서는 살선(撒扇)이라고 칭했다. 쉽게 말하면 접이식 부채이다. 일본의 조공품 중에 흑단에 금박가루를 입힌 부채가 화려하고 정치하여 인기를 끌었다. 하지만 중국에 접이식 부채가 유행하게 된 것은 고려의 영향이었다. 송나라 때는 사녀(士女)를 그려 넣은 둥근 부채만 있고, 접이식 부채는 없었다. 둥근 부채는 극히 우아하여 규방의 아녀자들이 애용했다. 당송팔대가의 한 사람인 소동파(蘇東坡)는 고려에 백송선(白松扇)이 있는데 이를 펴면 폭이 1척(尺. 33cm)가량 되지만, 접으면 겨우 두 손가락 너비만 하다고 기록했다. 명나라에 들어서면 화려하고 품질이 뛰어난 일본 부채가 사람들에게 인정을 받고 있었지만 가격 면에서는 조선 부채가 매우 저렴했다. 10분의 1 가격이었다. 영락제는 접이식 부채가 펴고 접기에 편하다며 공부(工部)에 명하여 같은 형태로 만들라고 했다. 당시 단오날 중앙의 고관과 지방의 관료들에게 부채를 나누어 주는 풍습이 있었다.

한계란도 조선의 둥근 부채와 접이식 부채를 다른 비빈들과 궁녀들에게 선물하고 싶었다. 조선의 부채는 정교하고 치밀하여 명나라 부채가 따라가지 못했다. 부채에 그려넣은 그림은 대부분 사녀(士女)들이 수레를 타거나, 청명절(淸明節)을 전후해서 말 타고 교외에 나아가 유람하는 모습이나, 부녀들이 봄놀이 하는 모습이었다. 궁중에서도 조선 종이에 기름을 먹여 가는 필체로 서화를 그린 것을 자못 진기하게 여겼다. 종이 자체도 조선에서 바치는 것이 품질이 뛰어나 중국에서 널리 애용되었다. 중국인이 선물 받고 싶은 종이에 서화를 그려 넣었으니 부채는 선물용으로 최고였다. 영락제 때부터 조선의 부채가 유행했으니 이는 조선 출신 후궁과 여인들의 영향이었을 것으로 짐작된다.

호랑이 이빨 노리개

한치례가 북경에 들어갈 때 자그마치 부채 200자루를 가지고 간 적이 있었다. 일부는 여비용, 일부는 노정이나 회동관에서의 선물용, 한계란에게 선물하여 궁각을 요청하는 데 도움을 청하는 용도로 사용했다.

한치형이 사은사 임무를

띠자 인수대비는 한계란에게 서간을 동봉시켰다. 고모 한계란으로부터 받은 선물에 대해 사례하며 토산물로 수랑아·금선랑아·침가아·청과아·장아아·세교문합·반합·황량목호로(黃楊木葫蘆)·선자 1백 파·백저포·흑마포 등을 보냈다.

한치형이 성화제에게 하직하고 통주에 이르렀을 때 태감 김흥·곡청·신주 등이 따라와 잔치를 베풀어주면서 한계란의 말을 전했다.

"조선에서 바치는 흑마포(黑麻布)는 옅은 노란색을 약간 붉게 물들이는 것이 좋겠다."

흑마포는 고려시대 때도 원나라에 바친 세공품으로 이름을 떨쳤다. 한치형은 정동의 양자인 곡청에게 한계란에게 진헌한 무명 빛깔에 무슨 문제가 생겼느냐고 물었다. 곡청은 궁인(宮人)에게 하사하면 그 빛이 누렇게 변색되어 입지 못해 불만이 있어 그러한 요구가 있었다고 귀띔해 주었다.

한계란은 한치형에게 노리개 견본을 보여주고 비용으로 쓸 은자도 내주었다. 한치형이 은자가 부족하다고 하자 정동은 명나라에서 조선에 하사한 은이 많으니 충분하다며 밀어붙였다. 한계란은 한한에게 은 200냥을 맡기고는 노리개를 만들어달라고 했다. 은 200냥이면 (시기에 따라 약간 차이는 나겠지만) 현재 화폐가치로 환산하면 대략 1억 원 전후의 막대한 금액이다. 성종은 한계란의 청을 거절하기 어렵다는 심정을 피력하고 만들어 보내기로 했다.

# 9부

태감 정동과
조선 출신 환관들

조선의 적지 않은 고자들이 명나라에 바쳐졌고, 이들 가운데
일부는 고위직에까지 올라 조선에 사신으로 '행차'하기도 했
다. 정동이란 인물이 대표적이다. 조선 조정의 신하들과 사관
들은 이들의 과도한 욕심에 이를 갈았지만, 명나라 황실에서
이들이 가진 권력을 무시할 수도 없었다. 이들은 어떤 삶을 살
았고, 역사에 어떤 빛과 그림자를 남겼을까?

# 명석한 고자를
# 선발하라

 

 

화자, 즉 고자 혹은 엄인(閹人)은 몇 가지 유형이 존재한다. 선천적인 성기의 결함이나 성장하는 중에 다양한 충격이나 병에 의해 남성 기능이 멈춘 화자(火者), 스스로 자신의 성기를 자른 이른바 자궁(自宮)에 의한 방법으로 화자가 되는 경우도 있었고, 전쟁 중에 포로가 되어 거세된 자들도 존재했다.

원나라는 일찍부터 고려에 화자의 조공을 요구했다. 고려 충렬왕 26년(1300)에 고자 3명과 공녀 2명을 원나라에 보냈다. 이후 충목왕 4년(1348)까지 몇 차례 더 화자를 진헌했다. 고려에서 조선으로 왕조가 바뀐 이후에도 그 풍조는 변하지 않았다. 명나라 홍무제도 조선에 화자의 진헌을 명했다. 이후 태조에서 성종 대까지 15회에 걸쳐 207명의 화자가 명나라에 진헌되었다.

『조선왕조실록』의 환관 초출 기사는 태조 2년(1393) 5월의 일이다. 명나라 사신 황영기(黃永奇)와 최연(崔淵)이 한양에 들어왔다. 이들 두 사람 모두 조선 출신 환관이었다. 직산현(稷山縣) 출신의 최연이 자신의 고향을

현(縣)에서 군(郡)으로 승격시켜 달라고 청하자 태조가 이에 응했다. 다음 해 5월 최연·진한룡(陳漢龍) 등이 명나라로 복귀하자 태조는 신하들을 거느리고 선의문(宣義門) 밖까지 전송했다. 이때 조선 출신 환관 진한룡이 술에 취해서 광기를 발했다.

"전에 온 사신은 후하게 대접하고, 나는 이리 박하게 대하는 것은 무슨 까닭이오?"

진한룡은 옷을 찢어 밟아버리며 행패를 부렸다.

"이런 누추한 옷을 입고 황제를 뵙기보다는 차라리 이곳에서 죽겠다."

그가 자신의 목을 칼로 찌르려고 하자, 여러 재상들이 모두 피했다.

김입견 천자의 사신이 어찌 이렇게 무례하게 행동할 수 있소?

접반사(接伴使) 김입견이 그를 강력히 제지하자 그제야 난폭한 행동을 멈췄다. 사실 태조가 그의 고향 임주를 부(府)로 승격시켜 주는 등의 우대 조치를 취했는데 다른 환관보다 못하다고 떼를 쓰며 말썽을 피웠다. 태조는 중추원사 진충귀(陳忠貴)를 보내 그에게 옷을 주며 달랬다. 홍무제가 조선에 사신을 보낼 때 조선 출신 환관을 보내면서 나타난 악폐였다. 이들은 임금에게 조서를 바치고 나면 즉시 자신의 고향으로 내려갔다. 그들의 횡포가 극심해 지방에서도 이를 괴롭게 여길 정도였다.

최연이 명나라로 돌아갈 때 조선 출신 화자 5인을 황제에게 바쳤다.

서교에서의 전별연

홍무제는 조선을 해내(海內), 즉 중국 내지의 제후에 비한다고 추켜세웠다. 홍무제는 조선의 화자 수십 명을 내정에 거처하게 하면서 다양한 일을 맡겼다. 명나라 조정은 물론 조선에서도 이들을 알지 못하는 사람이 없었다. 홍무제는 성심으로 조선을 대우한 것이라고 자화자찬했다.

영락제도 환관 한첩목아·윤봉 등을 조선에 파견하여 화자를 요구했다. 한첩목아는 고향이 김제, 윤봉은 황해도 서흥(瑞興)이다. 그들이 가지고 온 예부의 자문 내용은 다음과 같다.

| 예부 자문 | 짐이 안남(安南, 즉 베트남 중북부)에서 화자 3,000명을 데려왔으나, 모두 우매하여 쓸 데가 없다. 오직 조선의 화자만이 명민하여 일을 맡겨 부릴 만하다.

영락제는 우매한 안남의 화자보다는 명석한 조선의 화자를 선호했다. 당시 황제가 요구한 화자는 대략 300~400명이었다. 한첩목아와 고향이 임천인 주윤단(朱允端)은 나이 젊고 악취를 풍기지 않는 화자 60명을 선발했다. 태종은 한첩목아 편에 화자 35인을 최종 선발하여 명나라로 들여보냈다. 태종이 서교(西郊)에서 화자들을 전송하자 그들은 눈물을 흘리며 소리내어 통곡했다. 이들에게 옷 한 벌, 갓·신, 포(布) 2필씩을 나누어 주었다.

영락제는 연이어 개령 출신 정승, 밀양 출신 김보(金甫), 옥과 출신 김각에게 화자를 선발하여 보내라는 자문을 소지시켜 조선에 들여보냈다. 당시 김보는 병이 들어 치료를 받으며 조선에 남았고, 정승은 새로이 뽑은 화자 윤가산 등을 데리고 중국으로 돌아갔다.

대규모 화자의 선발은 세종 5년(1423)에 이르러 본격적으로 진행되었다. 영락제는 이 해 8월에 태감 해수를 조선에 파견했다.

해수 황제께서 어린 화자 30명 내지 50명을 뽑아서 데리고 오라 하셨습니다.
세종 부왕인 태종 때의 환관들은 나이가 많아 늙었고, 그 중 젊은 자도 어리석어 부릴 수 없소.

세종은 궁중의 화자가 나이가 들자 새로이 각 도에서 화자 30명을 선발했다. 그 중 17명을 해수에게 심사토록 했다.

해수 이 자들은 미혹하고 나이가 어려 쓸 수 없습니다. 먼 길에 데리고 가느라 괴로울 뿐이니 모두 집으로 돌려보내십시오.

해수는 선발된 화자들이 영 마음에 들지 않았다. 재차 명민한 화자를 선발할 것을 세종에게 독촉했다. 세종은 첨지사역원사 배온(裵縕)으로 하여금 화자 조지(趙枝) 등 24명을 선발하게 했다.

선발된 화자의 연령은 11세에서 21세까지였다. 영락제는 이들 화자들이 썩 마음에 들지 않았다. 전날에 노왕인 태종이 부리던 화자를 요구했는데 다른 내시를 구해서 보냈다며 불쾌해했다. 태종은 자신을 지성으로 섬긴 데 반해 세종은 그렇지 않다며 성을 냈다.

화자를 선발하는 일이 쉽지는 않았다. 부모들이 자식들을 내놓지 않고 숨겼기 때문이었다. 이에 조정에서는 처녀를 숨기는 법으로 논죄했다. 세조 때는 어린 화자 서복산(徐福山) 등 20명을 윤봉에게 보이자, 그 중에서 10명을 선발했다.

〈 세종 5년에 선발된 화자들 〉

| | 연령 | 성명 | 연령 |
|---|---|---|---|
| 조지(趙枝) | 21 | 이충진(李忠進) | 15 |
| 김수명(金守命) | 21 | 김고성(金高城) | 15 |
| 임귀봉(林貴奉) | 19 | 박수민(朴秀民) | 14 |
| 김유(金宥) | 18 | 박전명(朴田命) | 14 |
| 임득생(林得生) | 18 | 김녹(金祿) | 13 |
| 안경(安敬) | 18 | 최존자(崔存者) | 13 |
| 김중(金衆) | 18 | 강중(姜衆) | 13 |
| 이선(李善) | 16 | 이전금(李田今) | 13 |
| 정융(鄭隆) | 16 | 신득명(申得名) | 13 |
| 정입(鄭立) | 16 | 이추(李追) | 11 |
| 최의산(崔義山) | 15 | | |

윤봉  이들에게 창기가무(娼妓歌舞)를 가르치십시오. 그들의 생년월일과 향관(鄕貫)·부친의 성명을 써오십시오.

화자들에게 노래와 가무를 익히라는 것이었다.

북경으로 떠날 때 통곡하던 미천한 신분의 화자가 명나라에 들어가 고위 관직에 올라 태감이라고 칭해졌다. 반면에 조선의 관리와 백성들은 여전히 그들을 '화자'라고 불렀다. 이는 조선 출신 환관들에게 있어 대단히 불쾌한 호칭이었다. 자신들을 멸시하는 풍조가 싫었다. 세조 때 중국인을 호송하던 압해관 김허의(金許義)의 말이다.

"신이 요동에 이르러 도사(都司) 앞에 나아가 자문을 바친 뒤에 명나라 사신을 만났습니다. 그가 성내며 '북경으로 들어가는 화자는 태감 혹은 감승(監丞)의 품관을 띄고 있다. 고보(高輔)는 감승으로 조선에 사신으로 갔는데, 어째서 화자라는 두 글자를 쓰느냐?'며 꾸짖었습니다."

명나라에서 태감은 정4품, 감승은 정5품 관직으로 과거에 합격한 대학사조차도 이들을 만나면 말에서 내려 길을 비켜줄 정도로 위세가 대단한 존재였다. 그런데 조선에서는 화자라고 부르니 기분이 유쾌할 리 없었다. 세조는 즉시 의정부에 이 건에 대해 대책을 세우라고 지시했다.

의정부 홍무제의 칙서에 '화자'라는 두 글자가 있습니다. 화자란 환관의 통칭이니, 저들이 그러한 말을 하고 있지만 모르는 척할 뿐입니다. 자문에 옛 사례를 좇아 '화자'라고 했습니다.

다시 말하면 환관이라는 사실을 자신들도 인지하고 있다는 것이었다. 화자, 즉 고자라는 신체적 불완전성에 대한 반감이었다.

조선 출신 환관들은 동료의식의 발현에서일까, 조선에 들어오면 반드시 자금성에서 활약하고 있는 환관들의 집을 찾아 안부를 물었다. 태감 강옥은 윤봉·김흥·최안 등의 부형을 만나 서신과 물품을 전달했다. 부형이 없으면 그 일족을 대면했다.

성종 때는 태감 정동이 북경으로 돌아갈 때 어리고 자질이 빼어나며 다루기 쉬운 화자 몇 명을 선발할 것을 요구했다. 그는 국왕이 지성으로 황제를 섬기는 뜻을 보이라고 압박을 가했다. 성종은 도관찰사(道觀察使)로 하여금 13세 이상 20세 이하의 자로 학술에 능통한 화자를 찾아내라고 지시했다. 도승지 이세좌(李世佐)가 어린 환관 21명을 인솔하여 태평관으로 들어가자, 정동이 친히 19명을 선발하고는 이름을 한 글자로 바꿨다.

〈 조선 출신 환관의 개명 〉

| 출신지역 | 연령 | 본명 | 개명 |
|---|---|---|---|
| 용인(龍仁) | 19 | 이공(李公) | 홍(弘) |
| 청산(靑山) | 11 | 김대용(金大用) | 용(鎔) |
| 평택(平澤) | 8 | 전중산(全仲山) | 중(重) |
| 면천(沔川) | 9 | 복치형(卜致亨) | 형(亨) |
| 천안(天安) | 12 | 김동(金同) | 동(侗) |
| 해남(海南) | 7 | 박은손(朴殷孫) | 은(殷) |
| 해남(海南) | 9 | 이숙청(李淑淸) | 청(淸) |
| 함평(咸平) | 9 | 김승서(金承瑞) | 경(經) |
| 나주(羅州) | 7 | 진효의(陳孝義) | 호(浩) |
| 개령(開寧) | 8 | 김산(金山) | 산(山) |
| 숙천(肅川) | 8 | 한석문(韓石文) | 석(錫) |
| 함종(咸從) | 8 | 송중(宋中) | 충(忠) |
| 평해(平海) | 9 | 신산(申山) | 숭(嵩) |
| 연기(燕岐) | 12 | 심말손(沈末孫) | 손(遜) |
| 정주(定州) | 8 | 김의손(金義孫) | 의(義) |
| 안주(安州) | 6 | 이제복(李諸福) | 복(福) |
| 박천(博川) | 8 | 장금(張金) | 흠(欽) |
| 강서(江西) | 7 | 김우형(金遇亨) | 옥(玉) |
| 서흥(瑞興) | 13 | 임연(林連) | 연(璉) |

두 자의 이름을 한 자로 줄인 이유는 필시 익히기 쉽고 호칭하기 편하기 때문이었을 것이다. 당시 선발된 화자들의 나이를 보면 최연소는 6세의 이제복이고, 가장 많은 이는 19세의 이공이었다. 대체로 6세부터 13세까지의 어린 아이들이 선발되었다. 명나라 사신은 이들에게 관아에서 준비한 의복을 입혀 북경으로 떠날 채비를 했다.

## 고자에서
## 태감으로

　명나라 황제는 환관과 여관(女官)의 시중을 받았다. 명나라 말기에 이르면 환관 수는 10만 명, 여관은 9,000명에 달했다. 황제가 조회를 받을 때 시위하는 태감의 수는 300명으로, 그 중에서도 황제를 최측근에서 모시는 자는 100명에 불과했다.

〈 명나라에서 활약한 조선출신 환관들〉

| 태감 이름 | 고향 | 입명일자 | 활동시기 | 관직 | 품급 | 비고 |
|---|---|---|---|---|---|---|
| 황영기(黃永奇) | | | 태조2~태조4 | 흠차내사 | | 축출. 귀국 |
| 최연(崔淵) | | | 태조2~태조4 | | | 〃 |
| 황엄(黃儼) | | | 태조3~세종4 | 사례감 태감 | 정4품 | |
| 진한룡(陳漢龍) | 임주(林州) | | 태조3 | | | |
| 주윤단(朱允端) | 임주(林州) | | 태종3~태종6 | | | 명사 |
| 한첩목아 (韓帖木兒) | 김제(金堤) | | 태종3~세종7 | | | |
| 정승(鄭昇) | 개녕(開寧) | 태종 3년 | 태종5~태종7 | | | |
| 김각(金角) | 옥과(玉果) | 태종 3년 4월 | 태종5~세종17 | | | |
| 김보(金甫) | 밀양(密陽) | 태종 3년 4월 | 태종5 | | | |
| 윤봉(尹鳳) | 서흥(瑞興) | | 태종6~예종 즉위 | 상선감 좌소감 | 종4품 | |
| 해수(海壽) | | | 태종8~단종 즉위 | 어마감 소감 감승 | 종4품 정5품 | |

| 태감 이름 | 고향 | 입명일자 | 활동시기 | 관직 | 품급 | 비고 |
|---|---|---|---|---|---|---|
| 전가화(田嘉禾) | | | 태종8~세종 22 | | | |
| 복석(卜石) | | | 세종 7 | 어마감봉어 | 정8품 | |
| 김만(金滿) | | | 세종7~세종 32 | 상보감 소경. 소감 | 종4품 | |
| 백언(白彦) | 수원(水原) | | 세종8~세종 17 | 어용감 소감 | 종4품 | |
| 창성(昌盛) | | | 세종9~세종 15 | 태감 | | |
| 장정안(張定安) | | | 세종13~세종14 | 감승 | 정5품 | |
| 장봉(張奉) | 봉산(鳳山) | | 세종15~인종1 | 사례감 태감 | 정4품 | |
| 김보(金輔) | | | 세종15~연산9 | 태감 | | |
| 이충(李忠) | 직산(稷山) | | 세종17 | | | |
| 정선(鄭善) | 광주(廣州) | 세조 10년 10월 | 문종즉위~세조 14 | 봉어<br>상선감 좌감승<br>태감 | 정8품<br>정5품 | 영구<br>(靈柩)<br>고국 |
| 김유(金宥) | 적성(積城) | 세종 5년 9월 | 문종 2~예종즉위 | 상선감 좌감승 | 정5품 | |
| 김흥(金興) | 청주(淸州) | | 문종2~연산9 | 상선감 우감승<br>태감 | 정5품 | |
| 고보(高黼) | 증산(甑山) | | 단종 3~세조 1 | 소감 감승 | 정5품 | |
| 박정(朴楨) | | | 성종 14 | 소감 | 종4품 | |
| 최안(崔安) | 음성(陰城) | | 세조 14~예종 1 | 진수운남태감<br>어마감 태감 | 정4품 | 양자<br>최계종 |
| 강옥(姜玉) | 공주(公州) | 세종 9년 7월 | 세조 14~연산 9 | 상의감 태감 | 정4품 | |
| 한석(韓錫) | | 성종 14년 10월 | | 어마감 태감 | 정4품 | |
| 심회(沈繪) | | | 예종 즉위~성종 5 | 사설감 태감 | 정4품 | |
| 정동(鄭同) | 신천(信川) | 세종 10년 10월 | 예종1~성종14 | 어마감 태감 | 정4품 | |
| 이진(李珍) | | | 성종12~인종1 | 사설감 태감 | 정4품 | |
| 장흠(張欽) | | | 중종2~성종29 | 소감<br>사례감 태감 | 종4품<br>정4품 | |
| 진호(陳浩) | 나주(羅州) | 성종 14년 10월 | 중종2~명종13 | 어마감 태감<br>진수태감 | 정4품 | |
| 김의(金義) | 정주(定州) | 성종 14년 10월 | 중종2~중종17 | 어용감 태감 | 정4품 | |
| 복형(卜亨) | | 성종 14년 10월 | 중종29 | 천수산 산지기 | | |

※ 1. 주로 『조선왕조실록』에서 발췌
　　2. 김흥(金興) : 초명은 김안명(金安命), 김보의 양부(養父)
　　3. 이진은 강옥·정동의 양자

　　　명나라에 진헌된 207명 중 일부는 명나라 환관기구의 최고 수장인 사
례감 태감은 물론 12감(監)의 하나인 상보감·사설감·어마감의 태감을 지

화려한 복장의 명나라 고위 태감 모습

냈다. 고위직에 올랐다는 것은 달리 말하면 복식 착용에도 특권을 향유할 수 있는 권한이 주어졌다는 이야기이기도 하다.

명나라 초의 환관 복식은 조신(朝臣)들과는 상당한 차이가 났다. 조관(朝冠)·절상건(折上巾)을 쓰는 것도 허용되지 않았고, 공복(公服)과 제복(祭服)도 착용하지 못했다. 다만 사모(紗帽)만 쓸 뿐이었다. 내서당(內書堂) 출신 환관들이 서서히 권력을 쥐게 되면서 양관(梁冠)을 쓰게 되었다. 평상시에는 금으로 장식한 오사모(烏紗帽)를, 허리에는 오각대(烏角帶)를, 가슴과 등에 해바라기를 넣고 깃을 둥글게 만든 적삼 옷을 입었다. 이렇듯이 고위 환관이 되면 조정 대신들과 거의 같은 복식을 착용할 수 있는 특권을 누렸다.

영락제의 명을 받고 처녀 선발 임무를 맡았던 해수는 영락제의 죽음을 황태자에게 알렸던 인물이다. 당시 그의 관직은 황제의 말과 코끼리

등을 관리하는 어마감 태감으로 홍희제가 죽기 전 남경으로 급파되어 황
태자(즉 선덕제)를 불러들이는 중요한 임무를 맡기도 했다. 명나라 기록에
해수는 태감을 지냈으며 상당히 검약했던 인물로 그려져 있다. 민간에서
검은 토끼와 흰 쥐를 포획하자 이를 구입하여 선덕제에게 헌상하기도
했다.

세종 때 권비의 오라버니인 권영균의 상(喪)에 제사를 지낸 김만은 황
제의 옥새 및 장군의 인신 등을 담당하는 상보감 소경이었다. 홍희 원년
(1425) 주왕(周王)이 병환이 심하자 황제의 명을 받아 위문하는 동시에 그
아들에게는 몸소 약과 음식을 살펴 부친을 돌보라는 편지를 전달했다. 선
덕제 때도 총병관 설록(薛祿)이 병이 들자 어의(御醫)와 함께 약을 가지고
가서 위로하는 역할을 맡았다.

태감 창성도 선덕제의 측근으로 활약했다. 촉왕(蜀王)이 질병이 심하자
약을 가지고 가서 위문했다.

적성 출신 김유와 청주 출신 김흥은 황제 및 궁궐의 식사, 연회의 책임
을 맡은 상선감 소감을, 백언은 황제가 사용하는 병풍·가구·목기류·상아
등의 그릇을 만드는 어용감 소감직을 맡았다.

심회는 황제가 순행할 때 필요로 하는 의장(儀仗)·장막·주렴을 담당하
는 사설감의 제1인자가 되었다. 그는 하옥당하여 참수형에 처해질 위기
에 처했다. 성화제의 은총을 믿고 악행을 저질러 황제로부터 배척을 당하
자 이를 원망한 것이 원인이었다. 그의 부하 봉어 가상(賈祥)은 사사로이
병기를 만들어 가동(家僮)을 훈련시켜 만일의 사태에 대비했다. 화가 미칠
것을 두려워한 다른 환관이 심회는 평일에 내탕(內帑)의 금은을 훔치고 갖
가지 불법을 저질렀다고 밀고했다. 게다가 심회의 동생 천호(千戶) 심광(沈
廣)은 탐욕스러운 데다 음험하고 거짓되며, 갑자기 갑옷차림으로 황성을

출입하여 그 의도를 헤아릴 수 없다고 일러바쳤다. 성화제가 법사에 조사를 명하자 모두 사실로 드러났다. 황제는 심회와 가상을 머리를 베는 참형에 처하려고 했다. 심회는 정신이 사나웠다. 권세를 휘두르고 있던 만귀비(萬貴妃)에게 총총걸음으로 달려가 애원했다. 하지만 이 일도 탄로가 나 종신토록 구금(拘禁)당하는 형벌에 처해졌다.

성종  자금성에 조선 출신 환관으로 누가 활약하고 있소?
김흥  태감 이진·김보와 소감 박정(朴楨)이 활약하고 있습니다.

이진은 사설감 태감으로, 황제가 사랑하고 아끼는 인물이었다. 이진은 한명회가 북경에 들어갔을 때 인정 물품을 보내 주기도 했다. 성종은 한치형에게 이진에 대해 묻기도 했다.

성종  이진이 총애를 받고 있던가?
한치형  매우 총애를 받고 있었습니다. 이진은 강옥의 아들로, 정동을 아버지라고 부릅니다. 이진이 모든 일을 지휘하여 상당한 기세가 있었습니다만, 기상은 정동만 못합니다. 그는 사신으로 선발되어 조선에 들어올 것입니다.

이진은 강옥의 아들이자, 정동을 아버지라고 불렀다. 자금성 내에서 조선 출신 환관의 인적 네트워크가 형성되어 있었던 것이다.

이진만이 아니라 김보(金輔)도 총애를 받고 있었다. 그의 고향은 장단으로 명나라 사신 자격으로 몇 번인가 한양에 들어왔다. 중국에 들어가기 전에 기생 옥생향(玉生香)의 집에서 기거하며 〈한림별곡(翰林別曲)〉과 〈등남산곡(登南山曲)〉을 익혔다. 〈한림별곡〉은 고려 고종 때 한림의 여러 유자(儒

者)들이 지은 경기체가로, 모두 8장으로 구성되어 있다. 신진사대부들의 득의에 찬 노래이다. 그는 경태제 앞에서 이 노래를 불렀다.

성화제는 세조에게 건주여진 토벌에 협조하라는 조서를 내렸다. 세조는 이에 응해 군사를 내어 건주여진을 토벌하고 포로를 잡아 바쳤다. 황제는 공로를 포상하기 위해 비단·서양포(西洋布)·백금 등을 하사했다. 이때, 그 물품을 가지고 온 이가 김보였다. 성종 12년(1481) 몽골이 명나라 변경을 침입하자 급거 태감 유항(劉恒)을 군무 감독에, 보국공(保國公) 주영(朱永)을 총병관(總兵官)에 임명했다. 이때 김보는 북변 선부(宣府) 지역의 군무를 감독했다. 성종 19년(1488)에는 몽골의 소왕자(小王子)가 많은 인원을 동반하고 대동(大同) 방면으로 조공해 들어오자 그들을 회유하고 속마음을 떠보기 위해 김보가 차출되었다. 그는 조공 사신을 접대했을 뿐만 아니라 귀로에 보고들은 바를 토대로 선부와 대동의 방비책도 황제에게 건의했다.

연산군 6년(1500) 몽골의 호사이[火篩]가 다시 대동(大同)을 침입했을 때 총병관 진예와 함께 감군(監軍)으로 종군했다. 2년 뒤 어용감 태감에 승진한 그는 성화제의 아들인 경왕(涇王)이 산동성 봉지(封地)에 취임하는 일을 맡아 능숙하게 처리했다. 이렇듯이 명나라에서 군사적 능력을 발휘한 김보였지만 조선에서의 평가는 좋지 않았다. 그의 사람됨을 매우 간사하고 음흉한 자라고 평가 절하했다.

중종 2년(1507) 연산군이 질병으로 왕위를 사퇴하고 중종이 왕위를 물려받았다는 주문을 가지고 갔던 사신들이 북경에서 돌아와 복명했다. 견문한 사실 중에는 성종 14년(1483)에 화자로 북경에 들어갔던 김의·복형·진호가 태감이 되어 망룡옥대(蟒龍玉帶)의 의복을 입고 황제를 가까이 모시며 영화와 은총이 지극했고, 태감 장흠은 그 관직이 앞의 세 사람만은 못하지만 황제를 가까이 모시며 은총을 입고 있다는 내용이었다. 김의는 중종 연간에 황제가 특별히 파견한 정사의 자격으로 조선에 들어왔고, 복형은 천수산 산릉지기를 하고 있었다. 하북성 창평(昌平) 북쪽에 위치한 천수산은 명나라 황제들의 능묘가 있는 곳으로 그가 관리 책임을 맡았던 것이다. 진호는 어마감 태감이었다.

음성 출신인 최안은 특이하게도 진수운남(鎭守雲南) 태감으로, 황제의 이목이 되어 활약했다. 그는 한나라 승상 제갈량(諸葛亮)의 사당을 회성(會城)에 짓고 봄가을로 제사를 지냈다. 남경수비(南京守備)로 전임했다. 곧 어사의 탄핵을 받기도 했지만, 복건에서는 해적을 잡는 공을 세웠다.

안동 출신 김영도 사례감 태감까지 승진했다. 정통제가 토목보에 출정하자 성왕(郕王)을 보좌하여 북경을 유수(留守)하는 역할이 그에게 주어졌다. 성화제의 총애를 받았으나, 사신으로 조선으로 나오는 일을 즐기지 않았다.

김영 내가 어찌 우리 국왕을 대등한 예로 만날 수 있겠는가?

그는 어진 사람이었다. 중국의 사첩(史牒)에 "김영은 겸손하고 사리와 체면을 알았으며, 바른 사람을 보호한 공이 있다"고 평했다.

중종 19년(1524) 명나라 가정제(嘉靖帝)가 사례감 장흠이 공적을 세웠다는 이유를 들어 그의 동생과 조카들 가운데 한 사람을 금의위 지휘동지(錦衣衛指揮同知)로 삼고 세습시키려고 했다. 하지만 친족이 없어 가인(家人) 이현(李賢)이 그 직을 이어받았다. 장흠은 집이 극히 부유했음에도 회동관에 체류하고 있던 연행사들을 한 번도 방문하거나 사람을 보내 문안한 적이 없었다.

중종 29년(1534) 진하사 소세양(蘇世讓)이 부경했을 때 한인(漢人) 출신 환관에게 물었다

소세양　조선에서 명나라에 들어간 환관들 가운데 몇 사람이나 생존해 있는가?

중국 환관　장흠은 사례감, 복형은 천수산의 산지기를, 한석은 어마감 태감으로 있는데 나머지는 잘 모르겠습니다.

중종 초에는 미약한 신분이었던 장흠은 사례감, 한석은 어마감의 제1 인자였다. 일찍이 소세양이 해인사를 유람할 적에 명나라 환관 5~6명이 유람하고 있었다. 그들에게 재차 조선 출신 환관에 대해 묻자, 김동이라는 인물이 황궁 내의 정원을 관리하는 태감으로 있다는 말을 들었다.

주머니에 고향의 흙을 한 줌 담아가며 눈물을 흘리던 화자들이 명나라 자금성에서 고군분투하며 환관 최고직에 올랐다. 명민하고 민첩하여 황제의 총애를 받아 요직을 맡았던 것이다. 그들은 조선 출신 환관들과 양자 관계를 맺으며 궁중에서 서로를 의지하고 보듬으며 외로움을 달랬다. 김보는 김흥을 양부로 삼았고, 강옥은 박진을 양자로, 강옥의 아들 이진은 정동을 아버지라 부르며 그들만의 인적 네트워크를 형성했다.

# 한계란을 등에 업은
# 태감 정동

조선 중기까지 명나라 사신의 대부분은 조선 출신 환관이었다. 그 중에서도 한계란을 설명할 때 다루지 않을 수 없는 인물이 바로 정동이다. 그는 한계란과 막역한 사이라고 세상에 떠벌렸다.

"한씨와 저는 본국을 간절히 사모하는 마음은 똑같습니다. 예전 제가 명나라에 들어갔을 때 한확 재상이 잔치를 베풀고 말했습니다. 한재상이 '내 누이가 바로 그대의 누이이고, 그대의 누이가 바로 나의 누이이오, 부디 가엾게 여겨 주시오'라고 재삼 말했습니다. 그 이후 저는 한씨를 친누이같이 여기고 조심해서 받들었습니다."

정동은 한계란을 누이와 같이 여겼다. 그는 황제의 은총과 한계란을 배경으로 명나라는 물론 조선에서도 권세를 휘둘렀다.

정동은 황해도 신천 출신의 화자로 세종 10년(1428)에 선발되어 북경으로 들어갔다. 당시 금성 출신 김유(金儒), 광주(廣州) 출신 염룡(廉龍), 보령(保寧) 출신 박근(朴根) 등도 선발되어 함께 한양을 떠났다.

압록강 통군정  조선에서 중국으로 넘어가기 전에 마지막으로 들러보는 정자였다.

| 출사시기 | 목적 | 비고 |
|---|---|---|
| 단종 3년 4월 | 중궁의 고명·관복 | 鄭通(고향 신천) |
| 예종 1년 윤2월 | 세조의 제사, 예종 책봉 | |
| 성종 11년 5월 | 건주위 토벌 사례 | |
| 12년 6월 | 부실 윤비 책봉 | |
| 14년 7월 | 세자 책봉 | |

* 정동 자신은 6번이라고 했으나 5번이 맞다.
* 이덕무(李德懋),《청장관전서(靑莊館全書)》제55권, 앙엽기(盎葉記) 2, 「정동(鄭同)」에는 4회로 기록.

정동은 세조 1년(1455) 증산이 고향인 소감(少監) 정사 고보(高黼)와 함께 금의환향했다. '애잔하게 흐르는 푸른 압록강 물길을 언제 다시 건널 수 있을까?'라고 한탄하며 북경으로 떠났던 그였다. 그때 보니 새들과 물고기는 자유롭게 강을 건너며 노닐었다. 멀어져 가는 고국 땅을 어느 때나 다시 밟을 수 있을까 생각하며 몇 번이나 고개를 돌리던 정동이었다. 그 강물 위에 배가 떴다. 요동벌판을 지나 의주로 들어가는 그는 가슴이 뿌듯했다.

명나라 사신 자격으로 중궁(후의 정순왕후)의 고명과 관복 하사 임무를 띠고 보무당당하게 한양에 들어왔다. 이후 네 차례 조선을 들락거렸다. 두 번째는 예종 1년(1469)에 세조의 제사와 시호 및 부의의 하사, 세 번째는 성종 11년(1480) 여진족 토벌에 대한 사례, 네 번째는 성종 12년(1481) 부실 윤씨 책봉과 고명의 하사, 다섯 번째는 성종 14년(1483) 세자 책봉 임무를 띠고 조선에 들어왔다.

태감 김보 등이 북경으로 돌아갔을 때 세종이 하사한 초록 명주옷을 입고 있었다. 그 모습을 본 황제는 '빛깔이 매우 좋다'며 마음에 들어 했다. 성화제는 정동과 심회에게 한양에 가면 자색(紫色)·녹색 명주가 질이

**명나라 때 북경의 저자** 조선에서 북경에 파견되는 연행사들은 궁궐 밖 저자에서 사람을 만나고 책이나 값진 물건들을 구매하기도 했다.

뛰어나다며 구해오라고 했다. 후에 이들은 황제가 하사한 상아 등의 물품을 가지고 예궐했다. 정동은 임금에게 맛이 달콤한 과일인 여지(荔枝)를 바쳤다.

정동　　본인의 고향 신천을 승격시키면 만고에 이름이 전할 것이니, 전하께 아뢰
　　　　어주십시오.

윤자운　본국의 주·부·군·현은 호구의 많고 적음과 토지의 넓고 좁음으로써 정했으
　　　　니, 아뢰기 어렵습니다.

정동　　내가 어찌 알지 못하겠습니까? 예전에 태감 윤봉의 고향인 서흥(瑞興) 고을

을 승격시켜 준 사례가 있지 않습니까?

정동이 자신의 고향을 현에서 군으로 승격시켜달라고 요청하자, 거절할 명분이 없었다. 이전 윤봉이 청하여 서흥군을 도호부로 승격시켜 준 사례가 있기 때문이었다. 예종은 정동의 요구를 수락했다. 득의양양한 정동이 고향으로 떠나자 관반 윤자운이 수행했다. 최안과 심회가 홍제원(洪濟院)에서 전송했고, 영의정 한명회 등이 술과 음식을 대접하며 전별연을 열어 위로했다.

고위 환관의 모습  명나라의 환관들은 실권을 장악하고 고관들을 능가하는 권력을 행사했다.

정동이 황제의 사신과 똑같은 붉은 관복을 착용하니 가는 곳마다 사람들이 신선인 양 쳐다보았다. 정동이 고향에 도착해 부모와 조부모의 무덤에 새로이 세운 석인(石人)과 표석(標石)을 보자마자 대노했다. 그는 윤자운에게 다시 정교하게 만들어달라고 요구했다. 예종은 승지를 신천에 보내 의복과 갓 등의 물건을 하사하여 정동의 노여움을 달랬다.

정동이 신천에서 귀경하자 심회는 양주의 영서역(迎曙驛)까지 마중했고 임금은 홍제원에서 잔치를 열었다. 도승지가 술을 가지고 가서 위로했다. 정동과 심회가 모화관으로 나와 경치를 구경하자 도승지를 보내 잔치를 베풀었다. 영의정 한명회 등도 참여했다. 무사 30여 명이 활쏘기·말타기·기사(騎射)를 시범 보였다. 두 사람이 짝이 되어 교전하는 갑을창(甲乙

槍), 한 사람이 말을 타고 털가죽으로 만든 공을 끌고 달려가면 여러 사람이 뒤쫓으며 촉이 없는 화살로 쏘아서 맞히는 사구(射毬)를 시범 보였다. 정동 일행은 경탄하고 무사들에게 상을 나누어 주었다.

정동의 탐욕은 그 끝을 모를 정도였다. 자신의 후계자가 북경으로 들어갈 때 관직을 제수해서 보내고, 족친들에게 한 자급(資級)씩 올려줄 것을 요구했다. 이에 조정은 그의 형은 가정대부(嘉靖大夫, 종2품)를 더했고, 부친을 추증하여 정헌대부(正憲大夫, 정2품) 공조판서로 삼았다. 빈객의 연향(燕享)과 종실 및 재신(宰臣)들의 음식물 공급 등을 관장하는 부서인 분예빈시(分禮賓寺)의 관원에게도 가직(加職)을 청했다. 자신을 도와 준 부서의 관리에 대한 보수였다.

정동과 심회는 광주(廣州) 정선의 무덤에 가서 제사를 지냈다. 정선의 사당에 들어서자 심회는 슬픔을 다해 곡했다. 이어 태감 강옥의 집을 찾아갔고, 명나라에 입조한 오씨(吳氏) 족친의 집과 한계란의 족친인 한치인의 집에 가서 잔치를 베풀었다. 임금은 도승지에게 술을 가지고 가서 위로하게 했다.

성종 10년(1479) 정조사 이파(李坡)가 북경에서 돌아왔다.

성종  명나라 조정에서 정권을 잡고 있는 자가 누구인가?

이파  만안(萬安)은 한림원 대학사 겸 태자 태부이고, 왕월(王越)은 도어사 겸 병부상서로 지금 정권을 잡고 있습니다. 태감 부공(傅恭)·유항(劉恒)·왕직(汪直)·김보(金輔)·정동도 황제의 총애를 받는 권신입니다.

성화제 정권의 한 축을 이루고 있는 인물 중 환관으로서는 태감 김보와 정동이 있었다. 명나라 조정은 회동관에 방(榜)을 써붙여 국내의 사정을 누설하는 것을 금지시켰다. 조공하러 들어온 이인(夷人)들이 시사(市肆)에 출입하여 내통할 것을 우려했기 때문이었다. 조선의 연행사들도 예외는 아니었다. 금의위가 회동관 출입문을 지키고 있어 마음대로 출입할 수 없었다. 연행사들이 불편을 느끼자 정동은 선대 황제가 조선 사신은 예외로 취급한다는 성지를 내보여 자유롭게 출입할 수 있도록 도와주었다.

정동이 태평관에서 예물을 포장할 때의 모습을 좌부승지 성현(成俔)이 시로 읊었다. 제목이 '태평관에 가서 두 태감과 함께 예물을 싸서 봉하다(到太平館與兩太監封裏禮物)'이다.

| | |
|---|---|
| 胡爲眩萬寶 | 어찌하여 보물에 현혹이 되어 |
| 顚倒贋與眞 | 모조품과 진품조차 구분 못하나 |
| 誅求至秒忽 | 강제로 빼앗아서 털끝까지 끌어모아 |
| 倚疊齊峨岷 | 바리바리 쌓은 재물 산과 같으니 |
| 比如橫海鯨 | 비유하면 날뛰는 바다고래가 |
| 吸水萬壑貧 | 물 삼키면 만 골짝이 비는 것 같네. |

성현은 정동을 고래에 비유하여 물을 삼키 듯 만백성들의 재산을 빨아들인다고 분개했다. 정동은 보물에 현혹이 되어 모조품과 진품조차 구분 못하고 털끝만한 것까지도 다 끌어 모아 바리바리 쌓은 재물이 산과 같다고 했다.

이후 명나라 사신은 조선 출신 환관들 대신 학행과 품성 있는 한림 출신 문관으로 서서히 대체되었다. 이로써 조선 출신 환관들의 폐해는 경감되었다.

## 향산에
## 홍광사를 짓다

파란만장한 삶을 산 세조는 아들 예종이 특별히 지어준 궁전인 수강
궁(壽康宮)에서 숨을 거두었다. 세조 14년(1468) 9월 8일의 일로, 향년(享年)
52세, 재위 14년이었다.

세조는 죽기 하루 전 자신의 운명을 직감하고는 세자에게 왕위를 물
려줄 뜻을 내비쳤다. 대신들의 반대를 물리치고 내시에게 왕이 입는 면복
(冕服) 즉, 면류관(冕旒冠)과 곤룡포(袞龍袍)를 가져오게 하여 세자에게 씌우
고 입혔다. 세자는 사양했으나 세조의 의지를 거스를 수 없었다. 날이 저
물어 수강궁 중문에서 즉위했다. 이가 예종이다.

조정 대신들은 즉시 명나라에 부고(訃告)하고 시호(諡號)를 정하는 대책
에 분주했다. 의정부에서 세조의 생전 행실을 기록하여 예부에 알릴 준비
도 병행했다. 본래 고부청시사(告訃請諡使)는 왕이, 청승습사(請承襲使)는 의
정부에서 사신을 파견하는 것이 규정이었다. 이번에는 그 두 가지를 겸하
는 형식으로 사신을 파견하려고 계획했다. 이윽고 중추부지사(中樞府知事)
이석형(李石亨)을 고부청시사로, 한성부좌윤(漢城府左尹) 이파(李坡)를 청승습
사로 임명하여 북경으로 들여보냈다. 사행 임무의 중대성을 들어 특별히

수령·군관 중에서 유능한 인물 2명이 건장하고 용감한 병사 700명을 통솔하여 사신들의 호송 책임을 맡게 했다.

3개월만인 12월 말 고부청시사의 통사 황중(黃中)·김계박(金繼朴) 등이 명나라로부터 돌아왔다.

> 황중　명나라 사신 태감 최안·정동·심회가 이달 초9일에 길을 떠나 정월 무렵 한양
> 에 당도할 것입니다.

세조의 죽음을 알리러 들어갔던 사신들이 통사를 먼저 서울에 들여보내 조선 출신 태감 3명이 예종을 책봉하는 칙서를 받들고 한양으로 들어올 것이라는 보고를 올렸다. 이때 비로소 세조의 시호가 '혜장(惠莊)'임을 알았다.

정동은 최안·심회와 함께 두목(頭目) 46명을 거느리고 12월 중순 북경을 출발했다. 이듬해 정원 10일 요동에 도착했다. 예종은 원접사 역할을 빈번히 수행한 윤자운을 불러들였다. 그를 원접사로, 호조참판 정난종을 선위사로 삼아 의주로 보냈다. 대신들을 안주·평양·황주·개성에 파견하여 정동 일행을 맞이하도록 했다. 이 외에 별도로 선위사 좌승지 이극증(李克增)을 평안도로, 동부승지 정효상(鄭孝常)을 개성부로 출발시켰다. 정동을 영접하기 위해 조정 대신들이 대거 동원되었다.

한편 승정원은 평안도·황해도·경기 관찰사에게 정동이 고을 경계에 도착하면 소재지의 수령과 조정에서 파견한 관원 등이 영접하고 예의를 다해 연회를 베풀라고 지시했다. 사신이 숙박하거나 거쳐가는 역(驛)은 창호지와 벽을 새로 발라 재단장했다. 특히 정동의 고향 신천을 관할 하에 둔 황해도 관찰사는 정동의 친족을 방문하여 생계 방편, 선영(先塋)의

상태, 집 구조 등을 조사해 예종에게 보고해야 했다.

통사 황중이 들어온 보름 뒤 사신 이석형과 이파(李坡)도 귀국했다. 그로부터 한 달 뒤 정동은 압록강을 건너 의주 의순관(義順館)에 도착했다. 정동과 최안은 세조의 상중에 연회를 받는 것이 불편하다며 한양으로 들어가는 도중에서의 연회를 중지할 것을 요구했다. 하지만 예종은 윤자운에게 상사(喪事)는 사사로운 일이고, 사신에게 연회를 베풀어 위로하는 것은 공례(公禮)라며 연회를 중지하지 말라고 하달했다.

의순관으로부터 한 달이나 걸려 정동은 한양에 들어왔다. 예종은 모화관에 거둥하여 명나라 황제의 조칙을 받들었다. 이어 경복궁에서 의식을 행했다. 정동이 태평관으로 옮기자 백관들이 예의를 표할 차례였다. 예종도 태평관에 거둥하여 정동과 다례를 행한 후 임금이 직접 베푸는 잔치인 하마연(下馬宴)을 베풀었다. 이때 예종이 정동·최안과 동쪽·서쪽으로 나누어 앉았다.

최안 전하의 자리가 낮으니, 청컨대 조금 올라오소서.

임금이 태감들과 같은 동렬에 좌석을 배치하려 하자 최안이 조금 더 위쪽으로 의자를 옮기라고 청한 것이었다. 예종이 사양하자 정동이 허리를 굽히고 빠른 걸음으로 나아가 임금의 의자를 위쪽으로 옮겼다. 임금이 부득이 따랐다. 임금이 사신들에게 술을 돌리자 신숙주 등도 차례로 술잔을 올렸다.

칙서 전달이 끝나자 최안은 정릉의 홍천사(興天寺)를 찾아 황제와 황후가 보낸 표기[幡]를 걸었다. 최안과 심회도 자신들이 사사로이 준비한 표기를 달고는 향을 피우고 합장했다. 세조가 창건한 원각사(圓覺寺)를 방문해서도 똑같이 행동했다. 그들은 불상·벽화 등을 둘러보고는 정교한 것이 천하제일이라며 감탄했다.

정동은 북경으로 돌아가기 전에 금강산을 둘러볼 생각을 굳혔다. 일찍이 명나라 남경에 파견되었던 예문춘추관학사(藝文春秋館學士) 권근(權近)이 태조 주원장에게 금강산이라는 시를 지어 바쳤던 사실을 기억해 냈다.

| | |
|---|---|
| 雪立亭亭千萬峰 | 눈 속에 우뚝 선 일만 이천 봉 |
| 海雲開出玉芙蓉 | 바다 구름 열치고서 옥연꽃이 피었어라. |
| 神光蕩漾滄溟近 | 신비한 빛 푸른 바다 물결이 넘실대고 |
| 淑氣蜿蜒造化鍾 | 숙기를 모은 조화세계 기운이 꿈틀대네. |
| 突兀岡巒臨鳥道 | 우뚝 솟은 봉우리가 가느단 길 굽어보고 |
| 淸幽洞壑秘仙蹤 | 맑고 깊은 골짜기엔 신선 자취 신비롭네. |
| 東遊便欲凌高頂 | 동녘으로 유람하며 절정을 타고 넘어 |
| 俯視鴻濛一盪胸 | 큰 바다 굽어보며 가슴 한 번 씻고저. |

정동은 권근이 읊은 금강산을 머릿속에 떠올렸다. 가슴에 천만 봉우리와 동해가 바라다보이는 금강산 정상에 올라 장부의 기상을 떨치고 싶은 욕망이 꿈틀거렸다.

권근이 명나라 조정에 금강산을 소개한 이후 환관들은 황제의 명을 완수하는 즉시 금강산 유람에 나섰다. 조카를 죽이고 황제 위를 탈취한 영락제는 즉위 조서를 반포시키기 위해 도찰원 첨도어사(都察院僉都御史) 유사길(兪士吉)과 홍려시소경(鴻臚寺少卿) 왕태(汪泰), 환관 온전(溫全)·양녕(楊寧)을 조선에 파견했다. 환관 온전과 양녕은 회암사(檜巖寺)에서 태상왕(太上王) 이성계를 알현하고 금강산 유람을 청했다. 때는 11월이었다. 태조는

겸재 정선의 〈금강내산전도〉

얼음이 얼어서 어려울 것이라며 만류했다. 이때 측근에 있던 한 승려가 지금의 계절도 좋다며 적극 권하자 금강산 출발을 감행했다. 이들은 20일 만에 도성으로 돌아왔다.

연이어 칙서를 받들고 들어온 태감 황엄·조천보(曹天寶), 도지휘(都指揮) 고득(高得)이 금강산 유람을 꿈꾸었다. 이들과 같이 들어왔던 통정사(通政司) 좌통정(左通政) 조거임(趙居任)이 금강산을 찾으려는 이유를 물었다. 황엄은 금강산은 형상이 불상과 같기 때문이라고 응대했다. 사실 태종도 그 속내가 알고 싶었다.

> 태종  속언(俗言)에 '중국인들이 고려에 태어나 친히 금강산을 보는 것이 소원이라는 말이 있다'고 하는데 그러한가?
>
> 하륜  금강산이 동국(東國)에 있다는 말이 『대장경』에 실려 있어 그런 것입니다.

『화엄경(華嚴經)』에 담무갈보살(曇無竭菩薩)이 1만 2천 보살의 권속(眷屬)과 함께 상시 금강산에 머물면서 설법한다는 기록이 있다. 고려시대 후기 이후 금강산을 그림으로 그려 간접 참배할 수 있는 환경이 조성되었다. 그림 속에서 금강산의 절경과 불법의 세계를 엿보려는 바람이 투영된 현상이었다. 원나라 황실과 귀족층에도 천하의 명산으로 널리 알려졌다.

황엄은 두 번이나 금강산에 올랐다. 목을 쳐들고 바라다보면 높고 큰 봉우리가 푸른 하늘을 떠받치고 있는 그 광경을 잊을 수 없었다. 표훈사 방문 시에 비단 30필을 내어 승려들 공양 비용으로 쓰게 했다. 그는 신기한 광경을 목도하기도 했다. 공중에서 오색구름이 흩어져 꽃이 되어 내려왔다. 흰 학과 푸른 학이 산에서 날며 춤을 추는 광경이 펼쳐졌다. 그는 느끼는 바가 있어 종자들에게 소박한 식사를 하고 살생하지 말라는 경계의 말을 던졌다.

대체로 도성에서 금강산까지는 5~6일 여정이었다. 세종 때 태감 창성·윤봉·백언 세 사신이 의주 송산(松山) 반야사(般若寺)를 유람하고 이어 금강산을 유람하고자 했다. 세종은 길이 험난하여 여름철에는 유람하기 편치 않다며 중지를 권유했다. 사신의 행차에 경비 지출은 물론 대신들의 위로, 조선 내부의 사정 누설 회피 등 번잡한 일이 뒤따랐기 때문이기도 했다.

창성과 윤봉 두 사신은 세종의 만류에도 불구하고 금강산으로 떠났다. 이들은 표훈사에서 유숙하고, 산 정상에 올라 동해 바다를 내려다보았다. 사흘 동안 머물면서 부처에게 공양하고 정양사(正陽寺) 등 사찰 승려 300명에게 식사를 대접했다. 10일 만에 금강산에서 도성으로 돌아오자 세종은 잔치를 베풀어 위로했다. 창성이 금강산 그림도 요청하자 내주었다.

단종 3년(1455) 고보·정동이 단종의 중궁 송씨(宋氏, 즉 정순왕후)를 왕비로 봉하는 고명·관복을 받들고 한양에 이르렀다. 도승지 신숙주는 화원 안귀생(安貴生)을 시켜 그린 금강산도를 정동에게 내보였다. 정동이 이전 수양대군에게 요청한 적이 있었다. 이에 단종이 화공(畫工)에게 명해 그린 것이었다. 정동은 그림을 보자마자 숨을 크게 들이쉬었다. 감정이 복받쳤다. 옆에 있던 고보는 정사(正使)인 자신에게는 주지 않는다며 불평을 토로했다. 그는 그림 10여 폭(幅)을 황제에게 진헌하겠다며 사시(四時)의 경치를 그려 넣어달라고 요구했다. 어쩔 수 없이 단종은 진헌할 금강산도 2건(件)은 비단에 그리게 하고, 고보 개인이 소장할 그림은 종이에 그려주라고 지시했다.

금강산 이야기를 정동으로부터 들은 성화제는 여진 정벌의 공적을 치하하는 칙서를 받들고 조선으로 들어가는 강옥·김보에게 비단 4필(匹)을 내주었다. 표기를 만들어 금강산에 걸라고 명했다. 강옥은 봉우리가 험준하고 낭떠러지 가파른 길을 칡덩굴을 휘어잡고서 간신히 기어 올라갔다. 표기를 단 후 부처에게 절하고 승려의 법문을 들었다. 그는 마음속의 어수선한 세상 잡념이 사라지고 한 조각의 착한 마음만 남았다고 회고했다.

강옥과 김보의 금강산 유람은 세조가 죽기 5개월 전의 일이었다. 예종의 책봉 칙서를 반포하러 온 정동은 싸늘한 냉기가 여전한 3월 초 금강산 유람을 떠나게 되었다. 봄으로 접어들기는 했지만 아직은 추운 날씨였다. 동부승지 이숭원(李崇元), 영의정 한명회는 보제원(普濟院)에서 그를 전송했다. 조정 고위 대신들의 환송을 받으며 출발했다. 다음날에는 예종이 동부승지 이숭원을 금강산에 보내 위로했다.

정동의 금강산 유람과 관련된 재미있는 에피소드가 전해지고 있다. 만폭동 절벽에 위치한 보덕굴(普德窟) 앞 냇가에 백 명이 앉을 만한 평탄한 큰 바위가 있었다. 폭포 아래는 깊은 못이었다. 바위 위에 앉아 암자를 올려다보니 대단히 기이했다. 정동을 수행한 한 명의 두목이 하늘에 맹세하기를 "이것이 진정 부처의 경계이다. 여기서 죽어 조선인이 되어 이곳 부처의 세계를 영원히 보겠다"며 못에 몸을 던져 죽었다고 한다. 그러나 이 이야기는 허구다. 『예종실록』에 전해지는 사실과는 다르다. 정동이 보덕굴에 올라가 향을 피우고 냇가로 내려왔다. 최안이 두목 진선(陳善)이라는 자를 불렀으나 대답이 없었다. 진선은 사자암(獅子庵) 밑 냇가에 빠져 죽었던 것이다. 그는 금강산으로 가기 전에 엿새 동안을 울고 사흘을 먹지 않았다. 목을 매고 자살하려는 것을 마침 들렀던 다른 사람들이 간신히 구해냈다. 그는 평시에 정신병을 앓아 스스로 물속으로 몸을 던졌다.

향산 입구의 표지석 정동이 지은 홍광사가 위치한 향산 입구에 세워진 표지석이다.

후세 사람들이 그의 죽음을 안타깝게 여기고 부처의 세상인 금강산 품으로 들어갔다고 가공했던 것이다.

10여 일만에 최안·정동 등이 금강산에서 돌아오자, 도승지 권감(權碱)과 심회(沈澮)는 술을 가지고 미사리(彌沙里)까지 나아가 맞이했다. 예종은 최안 등에게 금강내산도(金剛內山圖) 각각 한 폭씩을 선물했다. 정동이 그림을 황제에게 진헌하겠다고 하자, 관반은 오매(烏梅)로 축(軸)을 만들어 진헌하기에는 적절하지 않다며 옥축(玉軸)으로 바꾸어 주었다.

정동이 예궐하여 하직 인사를 드리자 예종은 태평관에 거둥하여 전별연을 베풀었다. 이튿날 예종은 모화관으로 나아가 최안 등을 전송했다.

잔치가 파하고 최안 등이 하직하자, 임금은 친히 궁시(弓矢)를 건넸다. 도승지 권감은 술을 가지고 영의정 한명회·예조판서 임원준(任元濬)과 더불어 벽제역에서 전송했다. 정동이 돌아갈 때 고향 신천의 본가에 들르려 하자 호조판서 노사신(盧思愼)을 황해도의 반송사(伴送使)로 삼아 동행시켰다.

자금성으로 돌아온 정동은 성화제에게 금강산 유람 이야기를 자랑스럽게 꺼냈다. 정동의 빛나는 눈빛을 대한 황제는 금강산을 자신의 눈으로 확인하고 싶었다. 조선 국왕에게 금강산도를 보내라고 요구했고, 예종은 성절사 윤잠(尹岑) 편에 동봉시켰다.

황제를 알현한 후 분주하게 보내던 정동은 한계란에게 인사를 드리러 갔다.

한계란   이번에 금강산 여행을 했다고 황제로부터 전해 들었어요. 어떻던가요?

정동   막 이파리가 새록새록 돋아나고 있고 맑은 냇물이 흘러 정신이 맑아지는 아름다운 산이었습니다. 1만 2천 봉을 넘는 봉우리와 폭포, 바위, 푸른 냇물이 어울려 한마디로 장관이었습니다.

한계란   듣던 대로 명산이군요. 금강산 형상이 마치 불상과 같다고 명성이 자자하던데.

정동   말씀하신 그대로입니다. 봉우리 이름도 관음봉(觀音峰)이요 미륵봉(彌勒峰)이었습니다.

한계란   참! 절을 짓는다면서요?

정동   예! 금강산에서 신기한 체험을 했습니다. 1,000개의 부처가 비로자나불(毗盧遮那佛)을 옹위한 듯한 산세(山勢)였습니다. 비로자나불을 모실까 생각하고 있습니다.

향산 영안사　태감 범홍이 지은 사찰이다.

한계란　어디에 지을 생각인가요?

정동　향산(香山)에 지을까 합니다.

한계란　나도 조금 돈을 내겠어요.

정동　완공되면 마마를 위해서도 불공을 드리도록 하겠습니다.

북경은 평지로 오직 서쪽에만 산이 형체를 드러내는데 그게 바로 태항산(太行山)의 지맥 서산(西山)이다. 서산 동쪽 기슭이 향산이다. 해발 575m의 산으로 제일 높은 봉우리 정상에 거대한 유봉석(乳峰石)이 있다. 형상이 마치 향로와 비슷하다. 새벽이나 저녁에 운무가 감싸 멀리서 바라보면 마치 향로 속에서 연기가 솔솔 피어오르는 것 같아 향로산 혹은 향산이라 불렀다. 명나라 만력(萬曆) 연간에 한림원 편수를 지낸 왕형(王衡)은 "은행나무 10만 그루, 향산의 첫째가는 경치 좋은 곳이네"라고 읊었다.

지금도 가을 단풍으로 이름이 나 있어 사람들의 발길이 끊이지 않는다.

서산과 향산에는 사찰이 무수히 들어서 있었다. 금벽을 바른 화려한 사찰도 눈에 띄었다. 정동은 안남 출신으로 사례감 태감을 지낸 범홍(范弘)이 향산에 영안사(永安寺)를 창건했던 기억을 떠올렸다. 범홍은 황제로부터 사찰 편액과 경전을 하사받았다. 정동은 영안사 건물과 정원, 수목 훼손 방지를 위해 황제에게 사찰을 보호해주는 칙서를 내려줄 것을 청하기도 했다. 또한 대학사 상로(商輅)가 사찰 비문을 짓는 데 일조하였다. 어쩌면 외국 출신이라는 동병상련의 마음이 작용했는지도 모르겠다. 정동은 그 영안사에서 얼마 떨어지지 않은 곳에 절을 짓기로 작정했다.

정동은 금강산 비로봉에 비치는 부처의 세계가 뇌리에서 떠나지 않았다. 고국을 잊지 못하는 향수를 달래며 눈에 듬뿍 담아온 금강산 비로자나불로부터 보호를 받고 싶었다. 거세된 몸으로 명나라 최고의 환관직까지 올랐지만 마음은 허전했다. 황제를 곁에서 모시며 고뇌하던 삶을 되새기니 눈물이 흘렀다. 사찰을 짓고 본전에 비로자불을 모시려는 열망에 가슴이 벅찼다. 광명의 부처를 봉안하여 황제와 더불어 일체의 중생을 제도하려는 마음에 들떴다. 법신불로 진리 그 자체인 비로자나불을 봉안하여 부처의 광명이 세상 널리 퍼지기를 바랄 뿐이었다.

정동이 사찰을 지을 수 있었던 데는 호불(好佛)의 군주인 성화제가 큰 힘이 되었다. 황제는 불법을 존중하고 숭배했다. 과장이기는 하지만 당시는 대찰이 천하의 반이고 승려가 일반 백성들보다 많다고 할 정도였다. 황제가 사찰 편액을 하사해주고 특별히 세금도 면제해주는 경우도 허다했다. 정동은 사찰 조영비를 어떻게 조달할까 궁리했다. 부처의 세계를 속세에 재현하기 위해서는 자금이 필요했다. 조선에 들어갔을 때 예종으로부터 받은 각양각색의 물품을 돈으로 환전했다. 그것만으로는 충분하

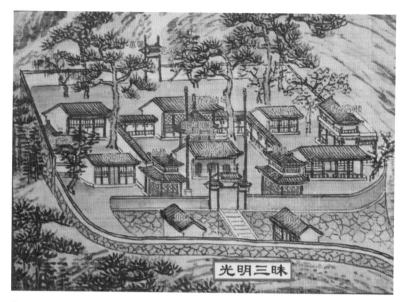

홍광사 안내도  폐쇄되어 들어갈 수 없었고, 어떤 전각과 유물들이 있는지 볼 수 없었다. 사진은 안내도에 있는 건물 배치도 모습이다.

지 않았다. 한계란에게 도움의 손길을 요청했다. 한계란은 은밀히 황제에게 정동의 사정을 아뢰었다. 황제는 황실의 재정인 내탕금에서 자금을 지원해주는 동시에 공부로 하여금 사찰을 짓는 데 들어가는 나무와 돌 등의 재료비를 제공해주라고 명했다. 게다가 군사들을 동원시켜 사찰을 짓도록 했다. 황제의 총애를 한 몸에 받는 환관 정동이라 가능한 일이었다.

정동은 사찰 조영이 시작되자 한계란을 위시해 조선 출신 환관들도 십시일반 돈을 갹출해서 냈다. 본전에는 광채 나는 비로자나불을 안치하고, 그 주위로 1,000개의 불상을 정교하게 만들어 연꽃 대좌 위에 봉안했다. 자그마치 은 70만 냥이 들었다. 당시 은 1냥으로 쌀 2석 전후를 구입할 수 있었다. 지금의 시세로 환산해보자. 대략 쌀 80kg을 20만원으로 계산하면 2,800억이 들었다는 계산이 된다. 천문학적인 비용인 셈이다. 정통제 때 향산에 영안사를 지은 범홍(范弘)은 정동보다 두 배나 되는 돈을 써서 사찰을 창건했다.

당시 고위 환관들은 사찰을 조영하면 반드시 문명이 뛰어난 학자나 고위 관료들로부터 비문을 받는 것이 하나의 풍조였다. 범홍은 당시 최고의 서법가로 문명을 떨친 강입강(姜立綱)에게 글씨를 청해 대(臺) 옆에 세웠다. 스스로도 비문(碑文)을 지었다. 사찰 내외에 소나무를 심어 길을 꾸몄다.

사찰이 완공되자 사찰명을 홍광사(洪光寺)로 정하고 비로자나불의 점안식을 거행했다. 황제와 한계란의 장수, 나라의 안녕과 백성들의 삶의 안정을 축원했다. 성화제와 한계란은 향화(香火) 비용을 보내주었다. 정동은 즉각 고승을 초빙하여 주지로 삼았다. 실상 주지는 객에 불과했다. 주인은 정동이었다. 그는 영안사를 지나 구불구불한 언덕길을 올랐다. 천천히 발걸음을 떼며 걸었다. 이윽고 사찰이 시야에 들어왔다. 뿌듯했다. 산문(山門)은 동북향에 위치해 있었다. 측백나무의 향 내음을 맡으며 산문에 발을 내디디자 주지는 무릎을 꿇고 손을 들어 절하며 영접했다.

정동은 궁전의 일을 잊고 휴식을 취했다. 황제의 총애를 받아 자금성 골목을 분주하게 누비고 다녔지만 언제나 나그네처럼 고독한 신세였다. 그의 뇌리 속에는 자신이 죽으면 이곳에 뼈를 묻을 생각이었다.

환관들 중에서도 관직이 낮아 사택에 거주하지 못하는 자나 명성이 없는 자가 질병이 들어 목숨이 경각에 달린 자들은 안락당으로 들어갔다. 실소를 자아내는 일도 벌어졌다. 숨이 간당간당 붙어 있어 말하고 움직일 수 있는 자들이 도박을 했다. 돈을 따려고 아웅다웅 다투었다는 이야기도 전해진다. 혹 병이 완쾌되면 방주(房主)에게 거듭 사례하고 복직하여 직무에 종사했다. 불행히도 죽으면 장례를 담당하는 내관이 동(銅)으로 만든 문을 열고 시신을 메고 북안문으로 나갔다. 내관감(內官監)이 관목(棺木)을 지급하고, 땔나무와 숯을 관장하는 석신사(惜薪司)가 화장할 재료를 지급했다. 시신을 건조시킨 뒤 정락당(淨樂堂)으로 보내 화장하고 두 탑에 납골했다. 반면에 권세를 누린 고위 환관들의 대부분은 생전에 사찰을 지어 자신의 무덤으로 삼았다. 사찰에 주석하고 있는 승려들이 영원토록 자신을 위해 기도해줄 것이라 믿었다.

정동은 경관 수려한 이 사찰에 묻혀 비로자불의 가피를 받으며 저승에서도 영원한 삶과 행복을 누리고 싶었다. 그으한 솔향기가 바람을 따라 그의 콧속으로 스며들어왔다. 세속의 티끌도 저 멀리 사라져 갔다.

# 정동의
# 마지막 고향길

　성종 14년(1483) 7월 성종의 적장자를 세자로 책봉하는 칙서를 받들고 정사 정동과 부사 김흥이 압록강을 건넜다. 성종은 경복궁에 거둥하여 이들 일행을 맞아 경회루 아래에서 잔치를 베풀었다. 정동은 병이 깊어 연회에 참석하지 못했다. 그의 증세는 낮에는 가볍고 밤에는 위중하여 전혀 음식을 입에 댈 수 없었다.

　8월 1일 정동의 두목들이 향을 피우며 하늘에 축원했다.

　"태감의 병이 낫는다면 북경에 돌아가 각각 은 1냥씩을 내어 도교(道敎)의 신에게 제사를 지내 보답하겠습니다."

　두목들은 구슬 같은 눈물을 떨어뜨렸다.

　"아! 운명을 점치는 사람이 있다면 태감의 길흉을 묻고 싶다."

　두목의 탄식은 주위 사람들의 가슴을 쓰리게 했다. 요동의 태의(太醫)

를 불러와 치료를 받게 하고 싶었다. 하지만 요동까지는 왕복 한 달이라는 시간이 걸려 무리였다.

두목들의 애절한 심사를 살핀 성종은 넌지시 대신들에게 그의 운명을 짐쳐보는 것이 어떻겠느냐고 의향을 물었다. 노사신은 무당에게 기도하고 복술가(卜術家)에게 물어보는 것은 정도가 아니라며 반대했다. 성종은 기도나 점치는 일 정도는 괜찮지 않겠느냐고 대꾸했다. 한 점술가가 신(神)에게 정동의 병에 대해 물으니 길하다는 점괘가 나왔다. 통사 김저는 두목들에게 명나라 사람은 병이 중하면 어떻게 대처하느냐고 묻기도 했다.

11일 정동의 병 상태가 약간 호전되어 대궐에 나아가 사은하고는 성종에게 비단과 지필 등의 물건을 바쳤다. 성종이 선정전으로 맞아들이자, 정동은 머리를 숙이고 사례했다.

"전하께서 저를 걱정하고 약을 보내주셨습니다. 그 은혜는 몸이 부서져도 갚기 어렵습니다."

쾌차할 것 같던 정동의 병은 다시 위중해졌다. 성종은 정동과 김흥을 경회루 아래로 불러 잔치를 베풀었다. 정동은 병이 깊어 참석하지 못했다. 성종은 그에게 의약을 보냈다.

정동이 일을 완수하고 귀국하려 하자 성종은 그에게 술잔을 돌렸으나 사양했다.

"몸이 건강하지 못해 마실 수가 없습니다. 한 잔만 마시겠습니다."

도성에서 우울한 생활을 보내고 있던 8월 13일이었다. 정동은 천추사

선래통사(先來通事)가 북경에서 가지고 온 서신을 통해 한계란이 죽은 사실을 알았다. 문득 자신도 곧 한계란의 뒤를 따를 것 같은 예감이 들었다.

9월 12일, 정동이 병이 중해 길을 떠나 중도에서 죽을 것을 우려한 조정은 염습에 대비했다. 그의 몸 상태를 명나라 조정에 주문할지의 여부도 논의했다. 정창손은 그가 한양에서 죽으면 염습하는 일은 해당 관사가 처리하고, 도중에서 죽으면 소재지의 감사와 수령이 처리하자는 안을 냈다. 그의 죽음에 쓸 장례물품을 미리 준비하기 위해 비밀리에 황해도와 평안도 관찰사로 하여금 준비시키자고 했다. 다만 황제에게 주문하는 일은 사리상 옳지 못하다며 반대했다. 윤필상은 정동이 귀국 도중에 죽으면 지방에는 관재(棺材)가 없으니 관곽(棺槨)을 만들고, 장례를 주관하는 귀후서(歸厚署)에 있는 관을 싣고 2~3일 정도 뒤늦게 출발시키자는 안을 냈다. 그렇게 하면 만약의 돌발사태에 충분히 대처할 수 있다고 판단했다. 윤필상은 황제에게 정동의 죽음에 대해 상주하지 말며, 아울러 김흥과도 장례 절차에 대해서 의견을 교환할 필요가 없다는 의견을 냈다.

대신들의 의견을 경청한 성종은 도승지 이세좌를 정동에게 보냈다. 조선 의술이 정밀하지 못해 치료에 효력이 없는 것 같으니, 요동의 의원을 불러오는 방안을 넌지시 던졌다. 정동은 그 제안을 수긍했다.

논의가 한창인 중에 정동이 길을 떠나려고 했다. 도승지가 더 머무를 것을 청했으나, 정동은 다음달 10월 15일에 요동지역의 호송군과 압록강가에서 만나기로 약속했다며 뜻을 굽히지 않았다. 이때 대사헌 이덕량(李德良)은 공조판서 권찬(權攢)이 정동을 진찰한 것을 문제 삼았다.

성종 천자의 사신이 병이 중한데 일반 백성들처럼 다룰 수 있겠는가? 판서로 하여금 병을 보살피는 데 어떠한 해로움도 없다.

성종은 이덕량이 판서 직분으로 정동을 진찰한 문제 제기를 무시했다. 권찬은 의술로 지위가 2품(品)에 이르렀지만 재주와 덕이 부족하다고 평가받은 인물이었다.

18일, 정동의 병 상태가 점점 더 깊어지자 권찬을 압록강까지 동행하게 해달라는 요청이 있었다. 대신들 사이에서 반송사(伴送使)의 신분으로 권찬의 동행은 가능하나 오로지 치료 목적의 동행은 불가하다는 의견이 나왔다. 결국 의주에 선위사를 보내는 것으로 낙착되었다.

19일, 정동의 병이 위중해지자 김흥에게 요동 의원을 부를지의 여부를 물었다.

김흥　요동에 의원을 청하면 황제께서 아시게 되니, 안 됩니다.

김흥이 요동의 의원을 부르는 것을 꺼려했지만, 성종은 통사 최발(崔潑) 편에 요동도사에 자문을 보내 정동의 병 상태를 통보했다.

| 자문 | 태감 정동이 올 7월 2일에 본국에 도착했는데, 병이 나서 전혀 먹을 생각을 하지 않습니다. 간혹 어깨와 등이 당기고, 가슴이 답답하고 막히며, 한열(寒熱)이 고르지 못합니다. 머리와 눈은 어지럽고, 대소변을 제대로 보지 못합니다. 입과 입술이 마르며, 날마다 먹는 것은 죽 두어 숟갈에 불과합니다. 날마다 기운이 줄고 여위어갔습니다. 정동이 '왕(王)·유(劉) 두 명의 태의가 요동에 있으니, 그를 데리고 와서 나를 구호하라'고 했습니다. 생각하건대 본국에는 의술이 정통하지 못하여 여러 약을 썼으나 효험을 얻지 못했습니다.

21일, 도승지 이세좌를 태평관에 보내 인정물품을 정동에게 하사하자

그는 간신히 몸을 추스려 일어나서는 머리를 조아렸다. 정동은 도승지에게 자신이 조선을 왕래한 지가 여섯 번(실제는 다섯 번)이나 되어 고달픈 백성들이 원망을 품어 병이 난 것 같다며 중외에 사면령을 내려 인심을 달래줄 것을 요청했다. 성종은 가볍게 사면령을 내릴 수 없다며 거절했다. 대신들은 정동의 노여움을 우려했다. 죽어가는 사자의 꽁지를 밟을까 전전긍긍했다. 황제의 은명(恩命)을 받들고 반포하여 혜택을 입은 바가 크다고 정동을 달랬다. 백성들이 원망을 품지 않았다며 그를 구슬렸다.

24일, 좌부승지 권건(權健)이 정동을 문안하고는 죄수를 사면하는 일은 가볍게 할 수 있는 것이 아니라고 통보하자 그는 고개를 끄덕였다.

10월 1일, 정동의 거동이 불편한 중에 태평관에서 전별연을 행했다. 노사신과 권찬은 정동의 병세를 살피고는 살아날 도리가 없다고 성종에게 귀띔했다. 그는 조선 출신이지만 명나라 신하가 되었으니 중국으로 돌아가 장례를 치러야 한다는 것이 대신들의 공통된 견해였다.

성종 정동이 본국의 경계를 벗어나지 않고 죽을까 두렵다. 죽으면 주문해야 할 것이다. 황제가 조선 땅에 장사지내라고 하면 영구를 싣고 가는 것은 불가하다.

2일, 태감 김흥은 정동이 조선 경내에서 죽으면 발상(發喪) 절차 없이 시신을 싣고 가겠다고 했다. 즉, 죽은 사람의 혼을 부르고 나서 상주가 머리를 풀고 슬피 울어 초상난 것을 알리는 절차를 생략하겠다는 것이었다. 성종은 정동이 죽을 경우의 조처에 대해 대신들과 또다시 머리를 맞댔다. 정창손은 그가 길에서 죽으면 요동도사에 자문을 보내면 명나라 조정이 스스로 조치할 것이라는 의견을 개진했다. 한치례는 영구를 싣고 가거나, 혹 죽은 곳에 짚이나 거적에 싸서 장사지내는 일체를 김흥이 하는

명나라 시대 환관의 묘   명나라 말 고위 태감을 지낸 전의(田義)의 묘지이다.

대로 따르자고 했다.

정동의 죽음이 가져올 파장은 컸다. 요동에서 영구를 운반할 군사가
의주에 오면 군량을 공급해야 했다. 황제가 조선에서 장사지내라고 하면
무덤·석실을 축조해야 했다. 황제가 정동의 양자 곡청(谷淸)을 조선에 들
여보내 제사지내라고 할 경우 그 폐단은 불을 보듯 뻔했다.

10일, 김흥이 황주에 이르렀다. 선위사 한서귀(韓瑞龜)가 잔치를 베풀려
고 하자 김흥은 정동의 목숨이 거의 끊어져 간다며 손사래를 쳤다. 이날
저녁 정동은 평안도 생양관(生陽館)에 이르러 생을 마감했다. 두목들이 그
사실을 비밀에 붙이고 발상하지 않았다. 이틀 뒤 도승지 이세좌는 정동의

부고가 근일 중에 통보되면 친척이나 벗이 곡하는 의식인 치전(致奠)과 조위(弔慰)를 넉넉하고 후하게 하고, 영구가 지나가는 고을마다 곡하며, 별도로 재상을 보내 제사지내자는 대책을 건의하자, 성종이 윤허했다. 이 날 반송사 권찬이 정동의 죽음을 알려왔다. 김흥은 평양에 머물렀다. 정동의 시신이 평양에 이르자 염습하여 관에 넣고 붉은 천에 금박 글씨로 정동이라 써넣은 명정(銘旌)을 세웠다. 아침저녁으로 음식을 올리는 상식(上食)과 제물을 차리는 설전(設奠)을 조선의 상례와 똑같이 행했다. 김흥은 흰 옷과 흰 허리띠를 착용하고 제사를 지냈다. 반송사 노사신·권찬도 재를 올렸다.

성종은 좌찬성 허종(許琮)을 보내 제사지내게 했다. 그 제문은 다음과 같다.

| 제문 | 생각건대, 그대는 조선에서 출생하여 중국에 들어가 황제를 모시는데 있어 온순하고 공손하며 민첩했다. 안으로 의례와 형벌을 살피는데 밤낮으로 게으르지 않아 황제의 총애를 받았다. 좌우로는 관(冠)에 금으로 된 구슬과 초피 꼬리를 내려 꾸미고, 옷은 붉은 채색 무늬가 빛났다. 여러 번 사신의 수레를 타고 와서 고향 나라를 빛나게 했고, 수놓은 비단옷을 입은 영광에 마을이 감탄했다. 동쪽 나라 사람이 무슨 다행으로 밝은 은혜에 젖었는가? 진실로 그대의 주선함에 말미암았으니, 입은 은혜를 어찌 다하리오.

제문에는 살아서의 악행은 전혀 언급되어 있지 않다. 조정 대신들이 조선을 힘들게 한 인물이라고 그렇게 비난했는데, 죽어서의 평가는 일변하여 조선 외교에 큰 공적을 세운 인물로 거듭났다.

다음날인 13일에 사역원 판관 안인지(安仁智)를 요동에 보내 정동의 부음을 통보했다. 정동의 상사(喪事)를 대신들이 논의했다. 한명회는 주관(州

官)으로 하여금 숙소와 잔치를 베푸는 곳에 제물을 설치하게 하고, 통사 두 사람을 그가 생존했을 때와 똑같이 압록강까지 동반시키고, 압록강 가에는 대신을 보내 제사를 지내자는 방안을 내놓았다.

부사 김흥은 정동의 영구를 관사 안으로 들이지 않았다. 영구가 의주 의순관에 이르자 두목들이 분기탱천했다.

"부사 김흥이 죽고 상사 정동이 살아 있었다면 이런 대우를 하지 않았을 것이다."

두목은 영구를 들어 관사 안으로 들여놓았다. 압록강 가에 도착하자 두목들이 울면서 우승지 권건에게 하소연을 했다.

"전하의 은혜에는 감사하나, 부사 김흥이 박대합니다. 이럴 수가 없습니다."

정동의 두목은 김흥의 박대 조치에 화를 억누를 수 없었다.

조선은 곧바로 정동의 자취를 지우기 시작했다. 이듬해 정동에게 하사한 땅을 관가에 귀속시켰다. 본래 그 땅은 넓고 풀이 무성하여 군사를 주둔시키고 방목할 만한 곳이었다. 정동도 죽고 그의 친족 중에도 땅을 일굴 자가 없다는 이유로 관가에 몰수했다.

조선 출신 고위 환관 중에 고국으로 돌아와 묻히는 자도 있었다. 그 대표적인 인물이 경기도 광주 출신인 정선이다. 그는 천운으로 고향 산천에 묻힐 수 있었다. 그 외에는 화장을 당해 정락당 두 탑에 묻혔을 것이다. 고위 환관들은 자신이 건립한 사찰이나, 혹은 황제의 능묘가 있는 천수산으로 가는 길목인 창평(昌平)의 풍광 아름다운 산에 매장되었을 것으로 추정된다. 죽어서도 천수산의 황제를 모시는 꿈을 꾸었을 것이다.

명나라와 조선 두 나라에서 권력을 희롱했던 정동 자신은 고국에서 죽음을 맞이할 줄은 꿈에도 생각하지 못했을 것이다. 고향산천에 묻히지 못하고 중국으로 운구되었다. 그의 죽음은 한계란이 세상을 뜬 5개월 뒤의 일이었다. 그가 어디에 묻혔는지에 대한 기록은 보이지 않는다. 평상시에 꿈꾸던 대로 자신이 건립한 향산 홍광사에 묻혔을까?

생육신의 한 명인 남효온(南孝溫)의 '은진(恩津)'이라는 시가 있다.

韓氏禍大東      한씨는 우리나라에 화를 끼치고
鄭同求不已      정동의 요구는 그치지 않았네

절의를 중시하고 영욕을 초탈한 남효온의 뇌리에 한계란은 조선에 화를 끼쳤고, 정동은 탐욕을 그치지 않은 인물로 투영되었다. 그는 단종의 어머니이자 문종의 비인 현덕왕후(顯德王后)의 능인 소릉(昭陵)의 복위를 주장했던 인물이다. 세조 즉위와 함께 배출된 공신의 명분을 부정했다. 당연히 한명회도 배척 대상이었다. 남효온은 한계란이나 정동의 삶과 죽음을 목도한 동시대의 인물이다. 그들보다 대략 10년 가까이를 더 생존했다. 환관과 여인의 행태를 보고 들어 그들에 대한 평이 좋을 리 만무했다.

명나라 사신 자격으로 황홀한 복장을 하고 의기양양하게 한양에 들어오는 환관들의 풍채에서 조선을 떠날 때 임금 앞에서 울며불며 애걸하던 모습은 더 이상 보이지 않았다. 활기차고 자신감 넘치는 발걸음이었다.

천시 받는 내시가 아니라 황제를 대신하는 귀한 몸이었다. 임금이 그들을 '대인(大人)'이라고 호칭했다. 격세지감이었다. 조정 대신들도 그들을 위로한다는 명목으로 술과 음식을 장만해 문지방을 뻔질나게 넘나들며 문안 인사를 했다. 대신들의 자존심에 그 얼마나 상처가 났을까?

성화제는 태감 정동을 조선에 파견하여 세자를 왕(즉, 예종)으로 책봉하게 하는 동시에 태감 심회로 하여금 세조의 제사를 지내게 했다. 이 조치에 대해 요동순안어사(遼東巡按御史) 후영(侯英)이 반발했다. 그는 이전에는 한림원 편수로 학행과 명망이 있는 진감(陳鑑) 같은 인물이 사신으로 임명되었던 데 반해, 정동과 적안이 모두 조선 출신으로 그들 선조의 분묘와 부형·종족이 조선 땅에 있어 국왕에게는 무릎을 꿇고 절하지 않을 수 없는 데다가 부탁하는 경우도 있어 중국의 체모가 가벼워진다고 상주했다. 그는 조선이 비록 외국이지만 그 나라 사람들이 독서를 하여 예의를 알아 적임자가 아니면 경시를 당한다고 보았다. 게다가 요동지역은 전란의 상처도 아물지 않았고, 곡식도 여물지 않은 상황에서 환관들이 끊임없이 이어져 시끄럽고 인력과 비용은 헤아릴 수 없다고 호소했다. 예부가 이를 황제에게 아뢰자 이후에는 상을 하사하는 경우는 환관을, 책봉 등의 경우에는 학문이 있는 조정의 신하를 사신으로 파견하게 되었다. 명나라 조정에서도 조선 출신 환관들의 행태에 대해 상당히 불만이 많았음을 알 수 있다.

다만 환관에 대한 부정적인 이미지를 강하게 내포하고 있는 명나라 기록이나 조선의 유자 관료들이 편찬한 『조선왕조실록』 등에 보이는 환관, 나아가 여인 한계란에 대한 부정적인 이미지와 평가를 그대로 수용해야 하는지에 대해서는 생각해 볼 여지가 있다.

먼저 환관에 대한 인식을 단적으로 드러낸 시를 한 편 소개하기로 하자.

좌부승지 성현(成俔)의 '태평관에 가서 두 태감과 함께 예물을 싸서 봉하다[到太平館與兩太監封裹禮物]'라는 시이다. 두 태감이란 정동과 강옥을 가리킨다. 성종 11년(1480) 태평관에서 예물을 싸서 봉할 때의 모습을 읊었다.

| | |
|---|---|
| 如何聖天子 | 그런데 어찌하여 천자께서도 |
| 亦重刑餘人 | 궁형 받은 사람들을 중시하는가 |
| 那知狗鼠輩 | 어떻게 개나 쥐와 같은 무리가 |
| 反作皇華賓 | 사신 되어 나올 줄 알았겠는가 |
| ⋮ | ⋮ |
| 皇天生巨蠹 | 하늘이 거대한 좀벌레 낳아 |
| 侵擾東方民 | 동방의 백성들을 침탈케 하니 |
| 氣焰所照耀 | 시뻘겋게 토해 내는 기염 아래서 |
| 孰不傷心神 | 상심하지 않을 사람 누가 있으랴 |

정동과 강옥이 직접 태평관에 나와 진헌 물품을 점검하는데 그 종류는 다양하고 수량도 엄청났다. 성현의 눈에 이들은 개나 쥐 같은 존재, 더나아가 좀벌레로밖에 보이지 않았다. 좀벌레는 나무를 부러지게 하는 해충이다. 조선 출신 환관들이 한양에 들어와 백성의 재산을 탈취해가는 상황이 목불인견(目不忍見)이었다.

태감 윤봉이 명나라 황제의 품성을 조선 국왕에게 발설한 적이 있었다. 그는 영락제는 절개를 지키지 못한 일은 있으나, 정사를 들음에 부지런하고 위엄을 지녔다고 좋게 평했다. 반면에 홍희제는 담력이 없는 데다주색에 빠졌고, 선덕제는 놀이를 좋아하며, 선덕제의 황태자는 경솔하고천박하다고 낮게 평했다. 불경스런 언어를 입 밖으로 토해냈다. 절대로

황제의 명을 관료에게 전달하는 환관

누설해서는 안 될 황제의 인성과 품성을 조선 국왕에게 민낯으로 드러냈다. 그것도 비방에 가까운 논조였다. 행여 동행한 중국인들의 귀에 들어가면 목이 날아갈 매우 위험한 발언이었다. 필시 윤봉은 모국의 국왕 앞이라 긴장을 풀고 스스럼없이 뱉어낸 말이었을 것이다.

윤봉의 개인적인 선호였을까. 그는 영락제를 사모하고 홍희제와 선덕제를 불만족스럽게 여겼다. 일반 역사책에서 명나라에 홍희제와 선덕제가 있음은 주나라에 성왕(成王)과 강왕(康王)이 있고, 한나라에 문제(文帝)와 경제(景帝)가 있는 것과 같다고 높이 평가하고 있는 서술 태도와는 현저한 괴리가 있다.

이렇듯이 조선출신 환관들은 부지불식간에 조선에 명나라 황제의 근황이나 자금성의 내부 사정을 흘려주었다. 고국에 대한 일말의 애착심의 발로였을 것이다. 윤봉이 한인(漢人) 출신 환관들과 대화를 나눈 적이 있다.

명나라 태감   조선인은 오랑캐(타타르)와 다름이 없다.
윤봉            오랑캐(타타르)들도 거문고를 켜고 바둑을 둘 줄 알며 서화를 아는가?
명나라 태감   아! 내가 실언했소.

중국 출신 태감이 조선을 마치 달자(㺚子), 즉 오랑캐와 동일시하는 모멸감에 윤봉은 강하게 반발했다. 조선의 피가 흐르는 그들에게 마음의 고향을 비난하는 일은 감내할 수 없었다. 연행사들이 회동관에 머물고 있을 때도 자신의 집에서 잔치를 벌여 호의를 베풀었다. 강옥도 사은사 정효상(鄭孝常) 일행을 반갑게 응대했다. 김보(金輔)는 회동관에 거의 얼굴을 내밀지 않았으나, 정동이 죽은 이후 자주 연행사를 찾았다. 금의위 교위 등이 눈에 불을 켜고 회동관을 감시하고 있는 상황에서도 조선의 통사를 자신의 집으로 불러들였다. 처벌의 위험을 무릅썼다. 결국 이 일이 들통 나 처벌당할 위기에 처했으나 성화제가 특별히 용서해 주기도 했다.

조선 국왕이 손에 넣기 어려운 서적들을 구입하여 연행사에게 전달해 준 이도 환관이었다. 한명회가 귀국할 때 김보는 『신증강목통감(新增綱目通鑑)』 등 다양한 종류의 서적을 건네주었다. 『강목』은 명나라 안에서도 구입하기 어려운 희귀한 서적이었다. 그는 성종이 호학의 군주임을 알고 자신의 주머니에서 돈을 꺼내 구입해서 건넸던 것이다.

기이한 물품도 구해서 보내주었다. 태감 강옥이 회동관을 찾았을 때 한명회는 그에게 용뇌(龍腦)·소합유(蘇合油)를 구해줄 것을 부탁했다.

강옥  이 품목들은 약 시장에서 구할 수 없는 것입니다. 있다고 하더라도 모두 가짜
　　　이지 진짜가 아니어서 쉽사리 구할 수 없습니다.

그렇게 말하고도 강옥은 나중에 한명회에게 용뇌와 소합유를 각각
1근씩 건네주었다.

"황제께서 내려주신 것입니다."

강옥은 성화제가 한가로이 쉬고 있을 때 틈을 엿보아 노재상이 약재
를 구한다는 뜻을 아뢰었다.

성화제  그래! 내탕고(內帑庫)에 있는 약재를 꺼내주어라.

한명회는 귀국해서 강옥이 구해준 용뇌·소합향유를 성종에게 바쳤다.
용뇌는 중국의 남쪽인 광동성(廣東省) 광주(廣州) 등지에서 산출된다. 열을
식히고 통증을 가라앉히며, 눈을 밝게 하고 눈병을 치료하는 데 효험이
있는 약재였다. 소합향유는 베트남 등지에서 생산되며, 열을 내리거나 중
풍으로 인해 생긴 담을 없애는 약효가 있다. 성종은 심한 더위를 먹어 여
름만 되면 그 증세가 나타났다. 이 병을 치료할 수 있는 약재를 구해준 것
이다.
　　조선은 명나라에 바치는 물품 중에 금·은의 조공을 면제받고자 외교
적 노력을 경주했다. 금·은 산출량도 적었다. 그보다 광산을 열어 이를 채
취하면 도적이 발생하는 등 사회 문제가 발생할 것을 우려했다. 조선 초
부터 면제를 요청했으나 좀처럼 허락을 얻어내지 못한 상태였다. 이때 개

입한 인물이 윤봉이었다. 그는 금·은의 조공 면제에 결정적인 공을 세웠다.

조선은 되도록 연행사들이 환관들과 접촉하는 것을 회피시켰다. 단종이 즉위했을 때 사헌부 서리 조규생(趙珪生)이 사은사의 서장관으로 부경했다. 당시 그의 숙부 화자 조양(趙良)이 명나라 조정에서 일하고 있었다. 조규생은 윤봉의 양자 윤태(尹泰)를 통해 조양과의 만남을 시도했다. 후에 이를 인지한 의금부는 그를 반힐간세율(盤詰奸細律), 즉 변방의 방호소(防護所)와 한양의 간사한 악인이 경내의 일을 외인에게 알리거나 경외의 간사한 자가 몰래 경내에 들어와 일을 탐지하는 경우의 율(律)을 적용하여 참형(斬刑)으로 처단하자고 건의했다. 환관의 친척이 국가에 관련된 사항을 발설했다는 의심에서였다.

앞에서도 언급했듯이 태감들은 자신의 일족을 북경으로 불러들였다. 성종 9년(1478) 태감 김보의 부친을 정조사의 부사로 삼는 문제로 대신들 간에 의론이 격화되었다. 본래 사명(使命)을 받든 자는 황제나 명나라 관료들과 지혜롭게 외교 문제를 토론할 수 있는 능력을 구비해야 했다. 지사 이극배는 김보의 부친을 북경에 파견해도 해가 되지 않을 것이라는 입장을 피력했다. 반면에 사간원 헌납 최반(崔潘)은 불의의 일을 범해 견책을 당할 것을 근심했다. 지평 이세광(李世匡)은 환관의 부친을 사신으로 삼는 것은 국가 체면에 금이 간다며 강하게 반발했다.

성종  조선이 대국을 섬기는 데에 어찌 환관에게 힘입겠는가? 그러나 환관도 도움이 없지는 않다. 김보가 힘써 청하니 따르지 않을 수 없다.

성종은 환관을 조선 외교에 있어 불가피한 존재로 인식했다. 어쩌면 계륵 같은 존재였다. 조선에 들어와 위세를 부리며 온갖 탐욕과 만행을 벌이는 행태는 용서할 수 없는 존재인 동시에, 황제의 최측근으로서 그들의 한 마디에 황제의 마음을 사로잡거나 움직일 수 있는 존재이기도 했기 때문이었다.

조정은 환관의 족친들이 국내의 내부 사정을 누설할 것을 염려했다. 공적으로 부경하는 경우에는 환관 집에서의 숙박을 금지했다. 환관이 강권할 때는 그의 집에 머무는 방안을 내놓았다. 단 발언과 행동에 유의해야 했다.

예종이 즉위하고 요동의 여진 정벌에 군사지원을 하는 문제로 혼란에 빠졌을 당시, 정보를 제공해준 이도 태감 정동이었다. 태감 최안·정동·심회 등이 두목 46명을 거느리고 북경을 출발했다. 당시 섬서(陝西) 개성현(開城縣)에서 토달(土達) 만준(滿俊, 萬四라고도 함)이 난을 일으켰다. 11월에 만준이 사로잡혀 북경으로 보내져 참수당했다. 한편 요동 방면에서는 몽골족인 몰리하이[毛里孩]가 침범해 왔다. 몽골병 1,000여 기가 침입하자 지휘 호진(胡珍)이 군사를 이끌고 구원하다 화살을 맞고 죽었다. 몰리하이는 계속해서 연수(延綏)를 침범했다. 위기 상황에 직면하자 요동지역에서는 광녕(廣寧) 태감(太監)·총병관·도어사 등이 군사 1만 명을 거느리고 건주위 토벌 작전 준비에 착수했다. 예종은 요동에 통사를 보내 건주위 토벌 건으로 조선에서 군사를 징발할지의 여부를 탐문했다. 통사가 정보를 탐지해내지 못하자 예종은 대신들과 대책을 논의한 후 원접사 윤자운에게 다음과 같이 하달했다.

"명나라 사신이 의주에 이르거든 경이 자세히 듣고 역마(驛馬)로 달려서 아뢰어라. 경이 최안과 정동에게 직접 물어보아도 괜찮다."

원접사 윤자운에게 의주 의순관(義順館)에 가서 최안과 정동에게 직접 물어보라고 지시했다. 윤자운은 수행한 통사를 요동에 들여보내 정보를 탐지하라고 은밀히 지시했다. 첩보 사항은 요동에서 건주위 정벌을 황제에게 주청했는지, 조선에 징병을 청했는지 등이었다. 이후 윤자운은 의순관에서 휴식을 취하고 있던 정동을 만났다.

윤자운  듣자하니 지난 겨울에 건주야인(建州野人)이 요동의 변경을 침범했다고 하는데, 사실이오?

정동  그렇소. 변민(邊民)들의 재물을 강탈하여 변장(邊將)이 정벌을 상주하여 황제가 윤허했소. 광녕총병관(廣寧總兵官)·감군·태감·어사 등이 각 위(衛)에서 군마를 선발하여 요동에 주둔하고 있었소. 마침 해서여진(海西女眞) 3인이 개원위(開原衛)에 조공을 바치러 왔기에 그들을 건주위 야인에게 보내 타일렀소. 건주삼위(建州三衛)의 야인 7명이 귀순해 와서 정벌을 중지했소.

윤자운  요동에서 만약 병사를 일으키면 조선에서 군사를 징발하오?

정동  군사를 징발하는 일은 황제의 결정에 달려 있지 변장(邊將)이 주청할 수 있는 것이 아니오. 변장이 거느리고 있는 군사가 있는데, 어찌 조선에서 징병을 청하겠소?

정동의 입을 통해 명나라가 조선의 병사를 징발하지 않을 것이라는 확신을 얻은 윤자운은 즉각 탐지 내용을 파발마로 예종에게 보고했다. 조선은 다양한 루트를 통해 정보를 모았지만, 여진 정벌 관련 고급정보는 바로 환관 정동의 입에서 나왔다.

정동을 부정적인 인물로 평가하는 결정적인 요인의 하나는 그의 탐욕,

또 하나는 한계란과의 결탁이었다. 한계란의 족친을 사행으로 파견해줄 것을 요청하거나 강요했고, 그들로 하여금 사적으로 황제와 한계란에게 물품을 진헌할 것을 끝없이 요구했다. 이 부분에 있어서도 조선은 정동을 의심의 눈초리로 바라보았다. 황제나 한계란을 앞에 내세워 자신의 욕심을 채우려는 것으로 간주했다.

그는 평안도·황해도의 백성이 물품을 운반하는 수고는 있지만 그것이 몇 사람과 몇 바리나 되며, 요동에서부터는 수레를 이용하여 운반하기에 큰 불편이 없다며 조선 백성의 고통을 모르는 척 했다. 아니 자신이 조선을 위해 명나라 조정에서 황제를 움직이는 힘에 비하면 아무 것도 아니라는 투였다.

정동은 병부우시랑 마문승(馬文升)의 반대를 물리치고 궁각 50부를 수매하게 된 일, 후에 궁각을 150부로 증가시킨 일, 왕비와 세자를 봉하는 일은 자신과 한계란이 황제에게 청한 결과라며 공치사했다. 그는 영락·선덕·정통 연간에 명나라 사신이 매와 해청을 구하려고 조선에 왕래하여 그들을 접대하는 수고와 비용이 훨씬 컸던 것과 비교하면 자신들의 요구는 조족지혈에 불과다고 변명했다.

그는 합밀국(哈密國, 하미, 중국 신장위구르자치구 동부의 오아시스 도시)에서 사자를 바친 일, 만라국(滿剌國, 말라카)에서 거북을 진헌한 사실을 사례로 들었다. 합밀 지역은 북경까지 왕복 7년이, 만라국은 왕복 5년이 걸리는 먼 거리임에도 물품을 진헌하였다는 것이다. 조선이 토산물의 면공을 해결하려면 더욱 지성으로 진헌해야 한다고 조언했다.

사헌부와 사간원은 정동이 이리와 같이 탐하고 원숭이와 같이 사특하며, 한계란에게 총애를 얻으려는 일탈 행동을 벌인다고 의심했다. 그녀의 권위에 의탁해서 황제의 말이라고 빙자하여 물품을 요구한다고 여겼다.

정동은 자신을 불신하는 성종과 조정 대신들에게 극력 변명했다. 조선은 부모의 나라이며, 전하의 은혜를 입음이 지극하여 조선에 관계되는 일에 대해서는 전력을 다하고 있다고 힘주어 말했다. 절대로 거짓 행위를 한 적이 없다고 했다.

조선 조정에서도 정동을 적극적으로 이용하자는 계책도 나왔다. 한명회 등은 상아 수량을 맞추지 못하는 이유, 토표피·초서피·황금 면제를 청하는 상주본은 일단 중지하고, 그 대신 정동을 통해서 해결하는 방안을 제안했다. 조공품의 세공 액수가 지나치게 많다는 점을 정동에게 말해 해결하자는 것이었다.

중종의 왕위 계승을 주청하고 귀국한 주문사 노공필·성희안은 태감 이진 및 서반(序班) 최영·이상 등의 공을 치하했다. 이상은 외국 사신을 접대하는 임무를 맡은 홍려시(鴻臚寺)의 서반이었다. 이들은 연행사들이 왕명을 완수하는 데 조선 출신 태감들이 음으로 양으로 조력했기에 그들의 공적을 치하한 것이었다.

정동의 자만하는 태도가 조선 관리들에게 상당히 거슬린 언동으로 다가왔을 것이다. 다만 그 자신의 공적을 포장하려는 말과 행동으로서만 비하하거나 폄하해서는 안 될 것이다. 황제의 최측근에서 황제를 시종하던 조선 출신 환관들의 손이 작용하지 않았다고 단정할 수 있을까? 그렇지 않았을 것이다. 조선 조정 내에서도 환관에 힘입는 바를 인정하고 그들의 요청을 수용하자는 의견이 존재했음을 잊어서는 안 된다.

# 10부

# 한계란의 빛과 그림자

명나라로 들어간 조선의 여인 가운데 한계란은 자금성이라는
비밀의 화원에서 파란만장한 삶을 살다 사라져 갔다. 언니와
는 달리 4명의 황제를 모셨고, 황제와 비빈들이 모두 그녀를
떠받들었다. 그러나 그녀 역시 빛과 그림자를 동시에 남겼다.
한계란은 어떤 여인이었고, 그녀가 조선에 던진 빛과 그림자
는 어떤 색깔이었을까?

# 붉은 노을이
# 지다

언니 여비는 순장을 당하며 한을 남기고 세상을 등졌다. 동생 한계란
은 금단의 화원에서 영욕의 세월을 맛보며 4명의 황제를 모셨다. 선덕제
의 후궁이 된 이래 정통제(천순제)·경태제·성화제가 자금성의 옥좌에 앉아
정치하는 모습을 옆에서 지켜봤다. 고국을 위해 황제에게 간원한 적도
있었다.

성종은 정동을 통해 한계란에게 사례를 표했다. 성화제도 한계란이 선
제(先帝), 즉 선덕제의 늙은 후궁이라며 특별히 은혜와 대우를 더했다. 노
쇠해진 한계란이 어느 날 그런 성화제에게 청했다.

> 한계란 늙어 죽을 날이 얼마 남지 않았습니다. 오라버니의 아들을 보면 일족 모두
> 를 만나본 것과 같을 것입니다. 한치형을 만나보고 싶습니다.
> 성화제 직접 만나보는 것은 안 되오.

한계란은 몸이 성치 않자 심장이 거칠게 뛰고 얼굴에는 검버섯이 그
늘을 드리웠다. 고국의 친족 조카들이 더 그리웠다. 생이 얼마 남지 않았

다는 초조함에 한치형을 불러들이려 했으나 황제가 거절해 뜻을 이루지 못했다. 재차 성화제에게 소원을 말했다.

한계란  몸은 늙어 거동조차 힘드니 본국에 돌아가서 여생을 보내고 싶습니다.

성화제  그렇게 되면 사람들이 나더러 봉양을 잘하지 못했다고 할 것이 아닙니까?

한계란은 고국으로 돌아가고 싶은 염원을 담아 청했다. 내일을 기약할 수 없는 몸 상태였다. 날이 저물면 새가 둥지로 돌아가듯 자신도 고향산천에 묻히고 싶었다. 그러나 황제는 단호하게 거절했다. 자신의 유모였던 한계란을 귀국시키면 주위로부터 봉양을 잘못해서 그렇다는 비난을 감수해야 했기 때문이다.

한계란이 병을 얻은 지 여러 해가 흘렀다. 하루하루 정신이 혼미해져 갔다. 촛불 아래서 고국에서 보내온 참빗으로 머리카락을 한 올 한 올 정성껏 빗어 내렸다. 난간 기둥에 기대어 흘린 눈물이 소매를 흠뻑 적셨다. 성화제는 한계란이 없는 상황에서 조선과의 사이에서 벌어지는 일 처리도 은근히 걱정이 되었다.

성화제  한씨가 만일 불행하게 되면 누가 그 일을 맡겠는가?

정동  제가 맡겠습니다.

성화제는 근시들을 보내 한계란을 정성껏 돌보게 했다. 특별히 내의들에게 명을 내려 치료시켰다. 내의들은 온갖 처방을 내어 그녀를 치료했으나 효험이 없었다. 한계란은 고국을 생각하면 눈물이 그치질 않았다. 댕기머리로 들녘을 뛰놀던 기억이 새로웠다. 봄을 알리는 매화와 목련이 담벽을 수놓던 고향집이 그리웠다. 자신의 죽음을 알리는 바람이 가까이 다가왔음을 피부로 느꼈다. 죽어서도 한 조각 마음은 고국의 땅으로 돌아가고 싶었다.

유달리 자금성의 붉은 노을이 짙던 어느 날이었다. 한 순간 촛불이 흔들리더니 서서히 꺼져갔다. 한계란은 심호흡을 내뱉었다. 이윽고 호흡이 가벼려졌다. 불꽃이 사라지자 비빈과 후궁들이 흐느껴 울기 시작했다. 황제도 급보를 받고 달려갔으나 그녀의 얼굴은 이미 창백했다. 편안하고 아름다운 모습이었다. 그녀의 인생을 반조할 수 있는 행복한 얼굴이었다. 성화 19년(1483. 성종 14) 5월 18일의 일이었다. 그녀의 나이 74세였다.

성화제는 슬퍼하고 그녀를 애석히 여겼다. 한계란이 선조 3명의 황제를 섬기며 공적을 쌓았고, 아울러 조선 국왕의 인척이라는 사실을 중시해 장사를 후하게 치르도록 했다. 사설감 태감 왕거(王琚)를 보내 제사지내게 했다. 성화제는 그녀를 그리며 제문에 '온화하고 부드럽고 공경하고 삼가 아름다운 모습은 칭예할 만하다'라고 회고했다. 백금 100만 냥과 비단을 하사했다.

태감 손진(孫振)이 장지를 조영하고, 사설감 태감 왕거·우적(牛迪), 소감 곡청이 장례 일을 총괄했다. 황태후·중궁·안희궁·동궁도 그녀의 저승 가는 길에 쓰라고 노잣돈을 후하게 냈다. 길일을 점쳐 6월 21일 도성 서쪽 향산(香山) 언덕에 장사지냈다. 8월 그녀의 분묘 축조 공사가 완료되었다. 향산 일대는 경태제 능묘, 후비·황태자·왕·공주의 분묘가 조영되어 있는

**자금성 해자**  한계란은 죽음을 앞두고 고향산천으로 돌아가고 싶어 했으나 끝내 자금성의 담장을 넘을 수 없었다.

곳이었다. 황실의 능묘가 있는 곳에 잠든 것이다. 그녀는 풍광 좋은 향산에서 고향을 꿈꾸며 편안히 다리를 뻗었다.

한계란은 태종 10년(1410) 4월 9일에 태어나 성종 14년(1483) 5월 18일에 세상을 떴다. 궁궐의 여인들이 이른 나이에 죽은 것과 비교하면 장수했다. 『조선왕조실록』에서 조선의 고통거리로 조정과 백성들에게 폐해를 끼친 여인으로 그려진 모습과는 달리 한계란의 성품을 읽어낼 수 있는 글이 있다. 바로 이부상서 만안(萬安)이 그녀를 추모해 지은 묘표(墓表)이다. 태감 왕거가 조정의 총애를 받다 죽은 한계란의 큰 덕을 영구히 전하고자 그녀의 행장을 갖추어 만안에게 글을 부탁했다. 그 글의 일부이다.

부인의 성품은 유순하고 착하여 말은 함부로 하지 않고 행동에 정해진 규칙이 있었다. 궁궐 법식을 하나하나 알고 기억하니, 여러 집사(執事)가 모두 여스승으로 존경하고 신뢰했다. 무릇 부인의 의식 행사에 나아가 질의를 받으면 틀리는 법이 없었다. 실로 꿰는 일에 관해 지시를 구하면 정교하고 촘촘했다. 혹시 여러 왕조의 내령(內令)에 잊은 부분이 있어 밝혀주기를 청하는 자가 있으면 즉시, '이와 같은 것은 선덕제의 영(令)이고, 이와 같은 것은 정통제의 영(令)이다'라고 고했기에, 빈어(嬪御) 이하가 모두 '노로(老老)'라고 일컫고 이름을 부르지 않았다.

한계란은 4명의 황제를 모시는 동안 부녀의 의례, 예를 들면 혼인 의식 절차 등에 정통했다. 모르는 문제가 생기면 후궁들이 그녀의 기억력에 의지했다. 바느질과 자수는 후궁이나 궁인들이 평상시에 다듬어야 하는 재주였다. 한계란은 여성들의 가장 기본적인 행실에서 다른 비빈이나 궁녀들을 능가했다. 그 때문에 다른 궁녀들이 그녀의 이름을 함부로 부르지도 않고 노로(老老) 혹은 여스승이라고 존칭했다.

황제는 그녀를 공신부인(恭愼夫人)으로 추증하고 어제비(御製碑)도 세웠다. 공신은 공경히 황제를 받들었다는 의미의 시호였다. 부인이라는 칭호는 황제의 특별한 은혜였다. 예를 들어 영락제 때 유모 풍씨(馮氏)가 죽은 후 보성정순부인(保聖貞順夫人)에 봉했고, 선덕제는 유모 이씨를 봉성부인(奉聖夫人)에 봉했다. 황제로부터 특별히 은혜를 받은 후궁 특히 유모는 부인으로 칭해진 것을 알 수 있다.

한계란의 죽음은 3개월 뒤 조선에 알려졌다. 그 해 8월 환관 곡청이 양부 정동에게 보내는 편지를 통해서였다. 봉투를 여는 순간 정동은 다리의 힘이 빠지는 것을 절감했다. 심장은 고동치고 맥박은 불규칙했다. 친누이처럼 대하던 한계란이 죽었다는 사실이 믿기지 않았다. 조선으로 들어오기 전에 잠깐 인사를 나누었다. 정동은 목 놓아 대성통곡했다.

한계란의 죽음에 대한 이야기는 최부의 『표해록』에서도 확인할 수 있다. 성종 19년(1487) 추쇄경차관(推刷敬差官)으로 제주도에서 도적 체포 등의 임무를 맡았던 최부는 부친상을 당해 급거 고향으로 가던 도중 폭풍우를 만나 2주간의 표류 끝에 절강성(浙江省) 태주부(台州府)에 표착했다. 그는 해안 방비를 맡았던 장교의 심문을 받고 왜구가 아니라 조선의 문사임이 밝혀져 항주(杭州)에서 조운로를 거슬러 통주로 향했다. 그의 『표해록』 2월 22일자 일기에 보면 양주부(揚州府) 과주진(瓜洲鎭)을 지날 때 최부를 호송하던 지휘 양왕(楊旺)과의 대화 장면이 있다.

> 양왕　당신 나라에 한광로(韓光老)라는 사람이 있어 명나라에 들어왔는데 알지 못하오?
> 최부　한씨 성을 가진 여인이 명나라에 들어갔다는 사실을 들었소.
> 양왕　바로 맞소. 이 한씨가 곧 당신 나라의 부인으로 명나라에 들어와 성화제의 유모가 되었는데 지금은 이미 작고하여 천수사(天壽寺)에 봉분을 만들었소.

최부는 우연히도 자신을 북경까지 호송하던 지휘 양왕을 통해 한계란의 죽음과 천수사에 묻혔다는 이야기를 들었다. 『조선왕조실록』에는 단순히 향산에 묻었다고만 되어 있다. 최부의 기록으로 그녀의 장지가 확실해졌다.

정동은 한계란이 남긴 서신과 한계란의 장지도(葬地圖)와 황제로부터의 사제(賜祭)·사시(賜謚) 관련 글을 가지고 대궐로 발걸음을 바삐 떼었다.

정동  한씨가 세상을 떠났으나 명나라 조정의 칙서가 없으니. 금년에는 각종 물품을 이전에 바치던 대로 하고 내년부터는 진헌하지 않는 게 좋겠습니다.

성종  한씨 앞으로 보내던 물품은 대인이 말하는 대로 하겠습니다. 한씨가 살아서는 황제의 은총을 입었고 죽어서도 각별한 돌보심을 받으니 어찌 한씨 혼자만의 총애이겠습니까? 실로 우리 조선의 행운입니다.

정동  한씨에 대한 황제의 은총은 이루 말로 형용할 수가 없습니다. 내가 마침 사신으로 조선에 와 있어 장례에 직접 참여하지 못해 한이 됩니다.


정동은 제 발이 저렸던지 한계란에게 사적으로 바치던 진헌 물품 문제를 꺼냈다. 올해까지만 보내고 내년부터 중지하자는 것이었다. 조정의 오랜 골칫거리였던 진헌 문제가 해결을 보는 순간이었다.

한계란이 죽은 다음해 1월, 성절사 한찬이 칙서를 받들고 북경에서 돌아왔다. 칙서에는 시호를 공신(恭愼)으로 하고, 고명을 주어 지난날의 노고에 보답했다는 내용이 적혀 있었다. 성화제는 성종에게 한계란 집안을 후하게 대우하고, 진공할 때마다 그녀의 친족 한 사람을 들여보내라고 했다. 성화제는 제문(祭文)·고명(誥命)과 아울러 묘지(墓誌)·묘표(墓表)를 북경에 들어온 한치례 편에 보냈다.

겨울에 한치형이 성절사로 북경에 들어가자 황제는 그녀의 묘소에 가서 제사를 지내라고 했다.


한치형  한씨가 나의 가까운 친족이기는 합니다만, 황제의 후궁인 데다 임금에게 알리지 않고 왔기에 사적으로 제사를 지낼 수 없습니다.

성화제  아니다. 내일 이른 아침에 공신부인 한씨 무덤에 가서 제사를 지내라.

황제의 명을 거부할 수 없던 한치형은 다음날 회동관에서의 상마연(上馬宴)을 끝내자 환관 곡청이 장안문 밖에 마련해 놓은 말을 타고 한계란의 묘소를 찾아가 제사를 지냈다. 소감 후능(候能)·추효(鄒孝) 등이 제물을 차렸는데, 제기와 제물이 대단히 정결했다.

호부상서 유우(劉珝)가 한계란을 추모하는 글을 비석에 새겨 세상에 전했다.

生乎東國, 進乎中原   동국에 태어나서 중원으로 진출하여

恭事天府, 埋玉香山   황실을 공경히 섬기고 향산에 묻혔네.

夫人之贈, 美諡之頒   부인으로 추증하며 아름다운 시호를 내렸으니,

郵恩惟典, 懿魄永安   그 은혜 두터우매 아리따운 넋 길이 편안하리.

# 한계란의 빛,
# 실리 외교

홍무제는 후궁은 절대로 정치에 간섭할 수 없으며 사적인 편지를 밖
으로 내보내는 경우 사죄(死罪)로 논한다고 언명했다. 궁빈(宮嬪) 이하가 병
이 든 경우에도 의사는 궁에 들어갈 수 없었다. 증상을 말해 약을 지어 달
여 먹일 뿐이었다. 후궁은 군신과 대면하는 것도 불허했다. 홍무제의 이
러한 방침은 후대 황제들이 반드시 마음속에 새겨두고 삼가 지켜야 할
조법(祖法)이었다. 이러한 엄격한 통제 하에서 한계란은 조선의 외교를 위
해 발 벗고 나서기도 했다.

조선 관료들은 한계란이라는 일개 후궁에게 조선의 내정이나 현안 문
제를 의탁하는 일을 견딜 수 없이 부끄럽고 자존심 상하는 일로 여겼다.
여인의 치마폭 아래서 자신들이 놀아났다는 입놀림을 당하는 것은 참을
수 없는 굴욕이었다. 하지만 현실 상황은 녹록치 않았다. 왕명을 완수해
야 하는 연행사들에게는 자금성의 한계란은 매력적인 존재였다. 외교적
임무를 성공적으로 해결해내는 데 있어 중요하고도 고마운 존재였다. 모
래를 씹고 모기나 등에와 초한(楚漢)전쟁을 벌이며 요동 땅을 걸어왔던
연행사가 빈손으로 임금을 대면할 수는 없었다. 한계란 일족을 북경에 파

견해 그녀와의 내통을 암묵적으로 묵인하며 조선의 난제를 해결하기도 했다.

성종의 부친 의경세자(懿敬世子)의 추봉 건도 한계란의 제안으로부터 물꼬를 텄다. 태감 김보가 한계란의 제안을 성절사 한치의에게 전했다.

한계란 전하(성종)께서 어찌하여 친부를 추봉(追封)하고자 청하지 않으시는가?
한치의 사례가 없어 감히 청하지 못할 뿐입니다.

성종의 친부는 세조의 장남으로, 세조가 즉위하자 세자에 책봉되었으나 2년 뒤인 세조 3년(1457) 20세의 나이로 요절했다. 이 의경세자의 비이자 성종의 모친(인수대비)이 한확의 딸이니, 한계란의 조카딸인 셈이다. 한계란으로서는 조카딸이 끝내 왕비가 되지 못하고 세자비로만 남게 된 것이 아타까웠던 것이다.

사실 성종이 즉위하자 의경세자 추봉과 비의 존숭 문제가 제기되었다. 이전에 명나라 조정에 주청했던 사례를 조사했다. 춘추관·예문관은 추봉을 주청한 사례가 없다며 곤란하다는 뜻을 내보였다. 전례가 없어 주청하는 것이 타당하지 않다고 결정되자 추봉 문제는 수면 아래로 숨어들어갔다. 이를 한계란이 다시 거론했던 것이다.

한치의는 북경에서 귀국할 때 제주 출신으로 한양에 공물을 바치고 귀향하다 폭풍우를 만나 절강성에 표류한 김배회(金杯廻) 등 7명을 인솔해 왔다. 성종은 이에 대한 답례로 사은사 이수남(李壽男)을 북경에 파견했다. 그도 회동관에서 태감 김흥과 만났다. 김흥이 재차 의경세자 추숭 건을 끄집어내고는 주청할 것을 권유했다. 상황이 유리한 방향으로 흘러가자

황제와 고위 관료들, 그리고 환관들

성종은 의경세자 추숭 문제를 대신들에게 재론시켰다. 주청하지 말자는 의견과 명나라 예부에 문의한 뒤 주청하자는 의견, 즉시 주청하자는 의견 등 분분했다.

이 와중에 한치의의 보고를 전해들은 대왕대비, 즉 세조의 비인 정희 왕후(貞熹王后)는 추숭(追崇)해야 함에도 주청하지 않는다면 임금으로서 친부를 박대하는 것이라며 성종을 압박했다. 성종은 황제에게 주청하겠다고 결심했다. 인준을 받지 못하더라도 부친을 위하는 효심을 세상 사람들에게 드러내고자 했다. 신숙주는 인준을 받지 못하면 왕호(王號)를 칭하기 어렵다며 성절사 편에 주청하기보다는 삼공(三公) 중 한 명을 보내자는 의견을 개진했다. 성종이 찬성(贊成)을 보내려고 하자, 신숙주는 그보다 지위가 높은 의정(議政)을 보내는 편이 타당하겠다고 아뢰었다. 논의가 한창 진행되고 있는 중에 예문관 부제학 임사홍(任士洪)이 주청 반대 의견을 냈다.

임사홍 사신은 황제를 전대할 능력으로 해결해야지, 환관이나 궁첩(宮妾)을 통해 해결하면 이는 정도에서 나온 것이 아닙니다. 주청하지 못할 것을 알면서 요행을 바라는 것은 진실로 정도가 아닙니다.

임사홍의 요지는 환관이나 궁첩, 즉 한계란을 통해서 추봉 문제를 해결하면 안 된다는 것이었다. 신숙주와 한명회는 주청을 반대한 예문관이 불손하게 상소한 태도를 질책했다. 예문관 직제학 홍귀달(洪貴達)을 승정원으로 불러 한명회·김질·승지 등 앞에서 변해하는 자리를 만들었다.

홍귀달 조선 출신 환관으로 명나라에 들어간 자가 사랑을 받고 있고, 조선 출신 여인이 명나라 궁궐에 들어가 황제를 모시고 있습니다. 신은 추봉하는 일을 명나라 조정에서 예(禮)에 의거하여 들어주지 않는 경우, 주문사가 환관과 궁첩을 통할 것이라고 여겼습니다.

예문관도 추봉을 청하는 주문사들이 환관과 한계란이 내통하여 주청하지 않을까 의구심을 표했다. 성종은 그 의견을 물리쳤다. 신숙주는 주문사로 김질을 추천했다. 당시 김질은 노모가 70세였음에도 불구하고 국가의 중대사를 해결하기 위해 기꺼이 연행길에 오르겠다고 나섰다.

|주본| 신은 이미 왕의 작위를 받았고 처도 왕비가 되었습니다. 저를 낳으신 아버

지는 세자로 호칭되고 있고, 어머니는 칭호가 없습니다.

중임을 가슴에 담은 주문사 김질은 한양을 출발하여 2개월 뒤 북경에 도착했다. 곧바로 다음날 상주문을 홍려시에 바쳤다. 이어 예부를 방문하여 추봉 해결을 요청했다. 그의 노력 끝에 성화제의 허락을 얻어내는 데 성공했다. 김질은 다음해 칙서를 휴대하고 득의만만한 표정을 지으며 금의환향했다.

| 칙서 | 죽은 세자를 추봉하여 조선 국왕으로 삼고, 시호를 회간(懷簡)이라 하며, 한씨를 봉하여 회간왕비(懷簡王妃)로 삼는다.

부친 의경세자는 국왕(덕종)으로, 모친 한씨는 회간왕비로 추봉되었다. 이때 사건 해결에 음으로 지원해준 이는 다름 아닌 한계란이었다. 정동은 회간왕비의 봉숭(封崇)을 청할 때 예부·공부가 불허하자는 의견을 냈는데, 이를 한계란이 뒤집었다고 털어놓았다.

당시 예문관은 주문사가 황제에게 직접 상주하여 추봉 건을 해결해야 한다며 한계란과의 내통을 극력 반대했다. 그러나 그 실재는 어떠했던가? 정동은 한계란의 도움으로 성공했다고 떠들어대지 않았는가? 정동의 허언으로만 치부해버려야 할 문제일까?

수우각 확보 건도 조선의 대신들은 한계란의 개입 여부에 신경을 곤두세웠다. 집의 이칙은 한치례가 이들을 매개로 황제에게 주청하여 궁각을 수매하는 것은 불가하다며 만류했다. 주문사 윤필상도 양국 간의 의리로 청하면 해결할 수 있다고 자신만만했다. 조선의 대신들은 한계란과 환관을 통한 외교를 수치스럽게 여겼다. 국가의 수치가 궁각을 얻는 것보다 크다는 것이 그들의 인식이자 한계였다. 그러나 한치례는 궁각 수매를 청하는 사유를 써서 정동을 통해 한계란에게 전달했고, 그녀는 이러한 요구를 황제에게 아뢰었다. 결과적으로는 기존보다 세 배에 달하는 수량의 수우각을 확보하게 되었다. 성종이 도승지 신준(申浚)에게 물었다.

성종  한치례가 궁각을 청한 일이 문제없다고 보는데 경의 생각은 어떤가?
신준  신은 괜찮다고 봅니다.

한치례의 궁각 매입 해결 방법에 불만을 품은 집의 이칙은 재차 성종에게 글을 올렸다. 궁각을 주청해 허락받은 일은 명나라 조정에서 조선을 대접하는 후의 때문이었다고 봉박했다. 성종이 대국을 섬기는 지성 때문이지, 한갓 한계란과 환관이 나서서 해결된 것이 아니라는 반박이었다. 그는 한계란이 정동의 공을 치하하면서 '그의 자제를 하나하나 돌보아주라'고 한 점도 수긍할 수 없었다.

비난을 한 몸에 받은 한치례는 변명하지 않을 수 없었다. 그는 한계란이 물밑에서 움직여주어 궁각 주청이 해결되었다는 사실을 강조했다. 곧바로 장령 박숙달(朴叔達)이 두 가지 문제점을 지적했다. 하나는 한치례가 자신의 소임이 아닌데도 공을 세우려고 함부로 행동했다는 것, 또 하나는 한계란과 환관을 통해 외교를 해결하려고 했다는 것이었다. 사헌부 관료들의 봉박이 잇따르자 성종은 대신들에게 의견을 구했다.

한명회  대간의 말은 바릅니다. 주문사를 보내지 않은 상태에서 한치례가 사사로이 한씨를 통해 궁각을 청했다면, 한씨를 매개해 해결했다고 할 것입니다. 하지만 주문사를 보냈는데 누가 그렇게 말하겠습니까?

이승소  비록 한씨가 명했더라도 한치례는 따르지 않았어야 했습니다. 처리하기가

실로 난처했기에 부득이한 일이었을 것입니다.

성종  이 일은 한치례가 임의로 한 것이 아니고, 주문사 윤필상·유지와 함께 의

논하여 처리한 것이다. 무슨 죄가 있겠는가?

성담년  사군자는 몸가짐이 중요합니다. 한치례가 한씨의 명을 받고 옳고 그름을

살피지 않고 따랐습니다. 이는 경미한 죄이지만, 앞으로 공을 바라는 자가

이를 본받을 것이 염려됩니다.


대신들도 한치례가 한계란의 말을 따르지 않았어야 한다는 논조였다.
한명회는 한치례를 변호했다. 성종도 궁각 주청 건은 한계란이 기초하고,
윤필상·유지와 함께 논의하여 처리했다며 대신들의 의견을 반박했다.

이칙은 사관(史官)이 '궁각의 청을 한계란과 환관 정동을 통해 허락받
았다'고 기록하면, 후에 임금에 대한 평가가 올바르지 않게 된다며 한치
례를 징계할 것을 강력히 요구했다. 성종은 머리를 저었다. 연이어 대사
헌 이계손(李繼孫), 집의 김여석(金礪石), 지평 이세광(李世匡), 장령 박숙달도
한치례를 탄핵했으나, 이 역시 성종은 들어주지 않았다. 젊고 패기 넘치
는 사간원과 사헌부 관료들의 끊임없는 봉박이 이어졌다. 반면 대신 정창
손은 한나라 시대 감연수(甘延壽)의 고사를 인용하여 한치례를 옹호했다.

감연수가 부교위 진탕(陳湯)과 함께 흉노의 질지선우(郅支單于) 공격을
계획했다. 이때 감연수의 생각은 먼저 원제(元帝)의 허락을 받고 군사를
동원하는 것이었다. 반면에 진탕은 먼저 행동할 것을 주장했다. 감연수는
진탕의 의견을 좇아 칙명을 날조하여 질지선우를 공격하여 그의 목을 베
는 데 성공했다. 후에 조정에서 논공행상을 벌일 때 대신들이 감연수의

포상을 저지했다. 칙명을 날조했다는 혐의였다. 하지만 황제는 그의 죄를 사해주었다.

정창손은 이 고사를 원용하여 한치례는 죄가 없다고 변호했다. 명나라의 병부·공부가 불허한 상황에서 한치례가 한계란을 통해 준허를 받았다는 사실이 중요하다는 것이다. 어쨌든 한계란과 환관의 조력을 얻어 궁각 수매라는 외교적 성과를 거둔 것은 부정할 수 없는 사실이었다.

회간왕비는 고모 한계란 앞으로 편지를 써서, 정동에게 전해줄 것을 부탁했다. 서신에서 조선이 진공하기 어려운 물품의 면제를 재론했다. 회간왕비는 한계란이 성절사 한한 편에 보내준 진귀한 선물에 사의를 표하고는 간절히 글을 써내려갔다. 이때는 이미 한계란이 죽어 서계를 받을 수 없었다. 그럼에도 조선은 토표피(土豹皮)·초서피(貂鼠皮)·호랑이 어금니[虎牙]의 진헌 면제가 절실해 답서의 형식으로 서간을 작성했던 것이다. 서간이 명나라 조정에 전달될 것으로 굳게 믿었다.

회간왕비 토표피·초서피 등은 모련위(毛憐衛) 등 야인의 지방에서 산출되는 것입니다. 성지를 받들어 정벌한 뒤로는 본국과 야인이 원수가 되어 마음대로 변경에 들어가지 못하여 여러 해 진상하는 물품이 줄었습니다. 호랑이는 사람을 해치는 짐승이어서 포획하기 어렵습니다. 요행히 포획하더라도 어금니가 쓸 만한 것은 열에 한두 개도 못됩니다. 해마다 진공하는데 있어 칙서에 적은 수에 미치지 못할까 두렵습니다. 삼가 바라건대 이러한 본국의 폐단을 충분히 조정에 주달하셔서 진공을 줄여주소서. 지극한 소원을 금하지 못하겠습니다.

야인 정벌 시에 조선이 군대를 지원하여 명나라 군사를 도운 탓에 모련위에서 산출되는 토표피·초서피, 그리고 호랑이도 포획하기 어려워 호아를 바치기 힘들다며 진공 액수를 경감시켜줄 것을 간구했다. 성화제는 성절사 한치형에게 성지(聖旨)를 내려 성종에 전하도록 했다. 즉, 조선에서 궁중에 바치는 방물 중 조선에서 생산되지 않는 물품은 면제한다는 조치였다. 고모와 조카라는 인적 네트워크를 통한 해결 방안을 모색했던 것이다.

# 한계란의 그림자,
# 명분 없던 진헌 요구

　조선 조정에서 논쟁이 가열된 최대의 문제는 한씨 일족을 통한 황제와 한계란에 대한 사적 물품 진헌이었다. 조정 대신들의 표면적인 명분은 연행사들이 예부를 거쳐 황제를 전대(專對)하여 양국 간에 내재된 다양한 외교 문제를 해결해야 한다는 것이었다. 그러한 이념으로 가득찬 사헌부와 사간원은 한계란과 정동을 배경으로 조정에서 득세하고 있는 한계란 일족에 대한 불만을 분출했다. 한씨 족친의 잇따른 북경 행차로 황제로부터 다량의 하사품을 받아 한계란 집안의 재산은 날로 부유해지는 반면에 백성의 고혈(膏血)은 날로 궁핍해져 온 나라의 관리와 백성은 고통을 받았다는 점도 무시 못했다.

　일찍이 성절사 한치인은 북경에 들어가 한계란에게 선물을 전달하였다. 성종이 상의원(尙衣院)에서 담비가죽으로 만든 반소매와 명주를 보내주었기 때문이다. 이후 사적인 선물 증정이 조선 조정을 고통 속으로 빠뜨리게 될 줄 누가 상상이나 했겠는가? 별도의 선물 증정은 상례(常例)가 되었다. 한계란은 성화제가 알지 못하도록 은밀히 바치라고 했다. 승정원은 한치인이 한계란에게 보낸 물품 목록을 성종에게 아뢰었다.

승정원  명나라의 법이 준엄하니 한계란과 내통하면 아마도 나라의 누가 될 것입니다.

윤자운  선물은 그녀 말대로 할 수 없으니, 음식물을 가져가서 형세를 보아 바치는 것이 어떻겠습니까? 외국이 궁궐과 사적으로 교통하는 것은 두렵습니다. 전에는 한씨의 요청이 있었으나 이번에는 그렇지 않습니다. 인수대비께서 한씨에게 글을 보내는 것도 안 될 듯합니다. 세종 임금 때에 한확이 중국에 조회하러 들어갔을 때도 한씨에게 글을 보내지 못했습니다. 이번에도 경솔히 할 수 없습니다.

성종  경의 말이 옳다. 황제가 '외이(外夷)로 어째서 궁궐과 교통하느냐?'라고 꾸짖으면, 무슨 말로 대답하겠는가?

명나라 내령(內令)에 후비는 군신과의 알현이 불허되었다. 법령이 엄격한 상황에서 한계란과 내통한다는 의심을 사면 안 되었다. 사은사 윤자운과 한치례는 조선에서 토산물을 바치는 경우 예부에 이자(移咨)할지의 여부를 정동에게 문의했다. 정동은 자문 1부를 베껴 성종의 옥새를 찍어 직접 동화문으로 들여보내고, 예부에는 보내지 말라고 지시했다. 그는 별도로 진헌하는 물품은 일반적인 일이 아닌 관계로 예부를 거치지 않고 동화문을 거쳐서 진헌하는 것이라고 둘러댔다.

정동은 궁각 무역을 허락받기 위한 조건으로 한치례를 성절사로 임명하고 그 편에 별도의 물품 진헌을 내걸었다. 대사헌 박숙진은 한치례를 성절사에 임명하는 것을 온당치 못한 조치라고 항변했다. 그는 최근 3년 사이에 한치례 형제가 잇달아 사신에 임명되고, 진헌은 성종 8년(1477)보다 두 배에 달했으며, 성종 10년(1479)의 행차에는 성종 9년(1478)의 배가 되었다는 문제를 지적했다. 다시 말하면 한치례의 경우는 궤짝이 80

여 개, 한치형은 궤짝이 100여 개였는데, 성종 10년에는 선공감(繕工監)에서 궤짝 300여 개를 준비했다는 것이다. 하지만 성종은 한계란이 요구하는 물품이 많아 한치례가 아니면 불가하다는 입장을 견지했다.

성종은 명나라 성화제와 한계란이 계속해서 한씨 일족을 사신으로 임명해 북경에 들여보내라는 문제로 머리가 깨질 것 같았다. 좌우 신하들에게 의견을 내놓으라고 재촉했다.

이극배  매번 한씨 일족을 사신으로 보내니 국가의 체면이 말이 아닙니다. 한씨가 자신의 족친을 들어오라고 청하는 까닭은 물품을 청하려는 것입니다.

성종  한치형을 보내라는 황제의 성지가 있었지 않았느냐?

한명회  그렇습니다.

한계란은 한치형에게 황제 모르게 자신에게 물품을 몰래 바칠 것을 지시했다. 한치형이 성절사로 부경하자 물품을 가지고 가는 서계(書契) 2통을 준비했다. 한 통은 의례적으로 황제에게, 또 한 통은 은밀히 한계란에게 바치는 서계였다. 이 일을 두고 조정 대신의 의견이 갈렸다. 궁궐을 통하는 것은 불가하며 한계란의 뜻에 영합하는 것도 옳지 않다며 사신의 뜻대로 처리하자는 측과, 한계란의 뜻을 어길 수 없다는 측이 대립했다. 이때 한계란의 조카딸 회간왕비가 고모 한계란에게 서신을 보냈다.

지난 겨울 한치형이 북경에서 돌아와서 "황제 폐하께서는 큰 복을 누리시고, 고모님께서도 황은을 입어 평안하시다"고 하여 기쁨을 이기지 못하겠습니다. 질녀는 대소 친척이 평안하게 지내니 이 모두 고모님의 은혜와 돌보신 덕분입니다. 진귀한 물건을 많이 보내주셔서 감격함이 망극

합니다. 다만 본국은 평안도가 쇠잔하여 물품을 멀리 수송하기 어려워 약간의 토산물을 갖추어 별폭(別幅)에 갖추어 기록합니다.

회간왕비가 중재역으로 전면에 등장했다. 고모 한계란이 보내준 진귀한 보석 등에 대한 감사의 뜻을 표한 후, 진헌 물품을 보내는 데 있어 평안도의 고통을 적시하고 약간의 토산물만 바친다는 경위서였다.

사은사 한치형이 북경에 도착하자 정동의 양자로 환관 곡청(谷淸)과 환관 신주(新住)가 금의위 교위(校尉)를 거느리고 와서 별도로 바치는 물품을 점검했다. 한치형은 이전 한씨 족친이 이용했던 동화문으로 나아갔다. 환관 곡청과 신주는 한치형을 태감 김흥의 집에 머무르게 하고는 자신들이 물품을 궁궐 안으로 운반해 들어갔다.

한치형 일행이 태감 김흥 저택에서 향연을 즐기고 있을 때 신주가 진헌을 마치고 와 술자리에 참석했다. 신주는 사신들에게 한계란에게 사적으로 바치는 물품은 정동의 집에서 전달하라고 속삭였다.

신주    재상도 한씨에게 사사로이 드리는 물품이 없습니까?

한치형    어찌 사사로이 드리겠습니까?

신주    사사로운 진헌은 이미 전례가 있으니, 폐지할 수 없습니다.

한치형은 예전의 사례가 있더라도 자신은 사사로이 드릴 수 없다고 완고하게 버텼다. 곡청은 다른 사람이라면 진헌하지 않아도 괜찮지만 재상은 한씨의 조카로 예의상 바쳐야 한다고 성화였다. 더군다나 한계란이 한치형에게 물품을 바치라고 했다는 점을 주지시켰다. 만일 가지고 온 것이 없으면 곡청 자신에게 주는 물품의 반을 바치겠다며 압박을 가했다.

한치형은 부득이 한계란에게 물품을 바쳐야 했다. 황제와 한계란에게 보내는 물품을 가지고 서화문(西華門)으로 들어가 정동의 저택에 이르렀다. 곡청·신주 등이 물품을 일일이 조사 대조하여 한계란에게 전달할 물품만 정동 집에 남기고 나머지는 궐내로 들여보냈다.

곡청 물품을 어전에 바치자 황상께서 한씨 등을 불러 친히 나누어 주었습니다.

황제로부터 물품을 하사받아 기쁨에 들뜬 한계란은 태감 김흥으로 하여금 한치형에게 옷감과 은자를 답례로 내주도록 했다. 김흥은 한치형과 서장관·통사들을 자신의 집으로 불러 한계란이 보낸 물품을 전해주었다.

김흥 황제께서 내년에도 재상(한치형)이 다시 오라고 하셨습니다.

성종 15년(1484) 한계란과 정동 모두 죽자, 사적으로 진헌하는 일을 중지하자는 논의가 분출했다. 한계란의 족친을 더 이상 부경시키지 말자는 의견과 별도의 진헌을 줄이려면 어쩔 수 없이 보내야 한다는 의견이 대립했다. 승정원은 한계란이 죽었으니 사적 진헌을 중지할 것을 제안했다. 마침내 성종 17년(1486) 성종은 진헌의 중지를 결정하였다. 그러나 이 문제가 완전히 해결을 본 것은 성화제가 죽은 성종 18년(1487)이었다. 태감 곡청에게 뇌물을 쓰고 감면을 받았던 것이다.

조정 대신들의 입장에서는 성종의 한계란 일족에 대한 특혜가 몹시 거슬렸다. 한치례에게는 정2품의 정헌대부를 더했고, 한치형은 무식함에도 불구하고 재상의 지위에 이르렀다. 한치형은 한계란의 요청으로 부경했다가 황제로부터 특별히 서대(犀帶)를 하사받았다. 귀국해서는 참찬(參贊, 정2품)직에 제수되었다. 대신들은 부경했다는 이유 하나만으로 작위와 품계가 더해졌다고 비난했다. 그럼에도 불구하고 성종은 그를 곧 숭정대부(崇政大夫, 종1품)로 높여 제수하고 또 의정부당상관(議政府堂上官)으로 승진시켰다. 조선 중기 의정부 당상관은 정1품직, 영의정·좌의정·우의정은 종1품직, 좌찬성·우찬성은 정2품직이었다. 의정·찬성·참찬은 백관을 이끌어 국정을 총괄했다. 정1·정2품인 직질이라 가문이 훌륭하며, 참상관 이상을 역임한 관원의 자손인 문과 급제자가 임명되었다. 그런데 어떤가? 한치형은 과거 출신자가 아니었다. 그런 그가 영의정에 올랐다. 엘리트 코스를 거친 과거 급제자들의 질시와 반발이 어느 정도였을까 짐작이 되고도 남는다. 더군다나 한치형의 아우 한치량을 종3품의 대관인 사섬시 부정(司贍寺副正)으로, 사위 임유침(林有琛)을 정9품의 군자감 부봉사(軍資監副奉事)로 승직시켰다. 이들은 학문이 없는 무식하고 용렬한 사람이라는 혹독한 평을 받던 인물들이었다.

대사헌과 대사간의 비난은 한명회에까지 미쳤다. 정동에게 압구정을 과시하려다 성종에게 불경을 범한 죄, 사은사로 부경할 때 아내가 큰 병에 걸렸음에도 사퇴하지 않은 이유가 정동으로부터 후한 보답을 얻으려는 목적이 있었다며 상벌을 명확히 집행할 것을 요구했다.

성종은 부시(婦寺), 즉 한계란과 환관 정동을 통한 외교를 몹시 부끄럽다고 한탄한 적이 있다. 물론 한계란이 조정에 무리한 사적 진헌 요구나 환관들이 조선에 들어와 헤아릴 수 없는 폐해를 일으킨 점을 부정하지는 않는다. 하지만 연행사들이 명나라 조정의 동향을 한계란이나 조선 출신 환관들만큼 잘 파악하고 있었을까? 물론 명나라 조정의 관료들과 환관들을 상대로 외교를 펼치는 연행사나 외교 실무자인 통사들의 눈물이 회동관에 뿌려져 있음도 사실이다.

조선시대의 관료, 특히 사간원과 사헌부 관료들이 한계란과 정동, 그리고 한씨 일족에 대한 정당한 평가에 눈을 돌리려는 태도는 『조선왕조실록』 편찬자들과 맥을 통하고 있다. 부정적일 수밖에 없다. 긍정적인 평가는 야박할 정도다. 반면에 주문사 서장관 권건(權健)의 견문 보고서에는 폐비 윤씨 사건, 부실(副室) 윤씨의 고명, 궁각을 수매하여 야인에게 전매했다는 문제의 해명, 궁각 50부를 150부로 증가시키는 데 한계란의 역할이 컸다는 점이 적혀 있었다.

암탉이 울면 나라가 망한다는 당나라 여제(女帝) 측천무후(則天武后)의 고사가 한계란의 평가에 덧씌워진 것은 아닐까? 역사의 양면성을 종합적으로 판단하고 이해하려는 심정으로 한계란을 바라볼 필요가 있다. 당연한 전제이지만 자침이 공과(功過) 어느 한쪽으로 쏠렸는가에 의해 인물에 대한 평가는 달라질 것이다. 시대와 성별, 신분의 차이가 현저한 사회에서 남성들 그것도 주자학적인 유자 관념에 경도되어 있는 관료들에 의해 이루어진 평가는 특히 조심스럽게 접근할 필요가 있다.

## 에필로그

한계란이 많은 독자에게 사랑을 받았으면 하는 바람이다. 책이 많이 팔려 매출에 도움을 주는 이상으로 좋은 책을 냈다는 평가를 받는다면 그게 한정희 사장님에 대한 일말의 보답이 되리라. 항상 옆에서 『동국사학』 발간을 시작으로 사적인 영역에서도 여러 조언을 해주신 김수철 사장님에게도 예의를 표한다. 올해 여주 시의원에 당선되어 시민을 위해 분주하게 활동하고 있는 와중에도 틈을 내어 원고를 꼼꼼히 교정해주고 의견을 내준 동생 광범, 시드니에서 성원을 보내준 여동생 광휘·연선 부부에게도 애정을 전하는 바이다. 역사 속에서 희미하게 다가온 한계란의 이미지를 환하게 밝혀준 김환기 이사님, 서유상 편집인, 김지선 과장님도 잊을 수 없다. 책의 한 주인공인 정동 이야기는 은사 조영록 선생님, 자금성은 아라미야 마나부[新宮學], 정통제는 가와고에 야스히로[川越泰博]의 성과를 참조했다. 시는 통신사길 답사에도 동행한 국문과 김상일 선생이 감칠맛 나게 운율을 맞춰주었다. 순천향대학의 임상훈 선생은 후궁 관련 자료를, 한국학중앙연구원 정은주 선생, 방송통신대학 신춘호 선생, 서울교육대학교 정동훈 선생은 자금성 관련 사진을, 동경대 임경준과 중국 유학생 왕재(王梓)는 각종 명대 사료와 도판을 기꺼이 제공해 주었고, 국문과 김일환·민희주 선생은 다양한 아이디어와 의견을 제시해 주었다. 제자연과 이미정·배윤경·신경미는 문장 교정, 박정희는 색인 작업에 도움을 주었다.

시들어가는 남천(南天) 나무를 강화도 밭에 옮겨 심고 정성을 쏟아 홍천(紅天) 나무로 변모시켜 고즈넉한 기숙사를 밝혀준 아내 김말순, 꿈을 좇고 있는 딸 우리·우인에게도 한계란을 소개한다.

貴人昔未貴 咸願顧寒微 及自登樞要 何曾問布衣.

귀한 분들 옛날 귀해지기 전에는 모두 한미(寒微)한 자 돌볼 것을 원하더니 요직(要職)에 오른 뒤로는 언제 일찍이 포의(布衣)들의 생활 물어보았는가.

부록

# 1. 명대의 환관 조직

## 1) 환관 조직과 직무

| 명칭 | 편성 | 직무 |
|---|---|---|
| 사례감<br>(司禮監) | 제독태감 1원<br>(提督太監 一員) | 황성 내의 의례·형명 감독, 궁문 단속, 광록시(光祿寺)의<br>물품 보급 독촉 |
| | 장인태감 1원<br>(掌印太監 一員) | 내외 장주(章奏) 및 어전 감합(御前勘合) 관리 |
| | 병필태감<br>(秉筆太監) | 장주(章奏) 문서, 내각의 표의(表擬)·비답 |
| | 수당태감<br>(隨堂太監) | |
| 내관감<br>(內官監) | 장인태감 1원<br>(掌印太監 一員) | 궁실·능묘 조영, 동과 주석으로 만든 경대(鏡臺)<br>기용(器用) |
| 어용감<br>(御用監) | 장인태감 1원<br>(掌印太監 一員) | 황제의 병풍, 나무로 만든 평상·침상, 자단(紫檀)·상아<br>오목(烏木)·나전 등의 제조 |
| 사설감<br>(司設監) | 장인태감 1원<br>(掌印太監 一員) | 노부(鹵簿)·의장(儀仗)·휘장 |
| 어마감<br>(御馬監) | 장인태감 1원<br>(掌印太監 一員)<br>감독태감 1원<br>(監督太監 一員)<br>제독태감 1원<br>(提督太監 一員) | 말과 코끼리를 담당 |
| 신궁감<br>(神宮監) | 장인태감 1원<br>(掌印太監 一員) | 태묘(太廟) 등 각 사묘의 청소·향과 등불 |
| 상선감<br>(尚膳監) | 장인태감 1원<br>(掌印太監 一員)<br>제독광록태감 1원<br>提督光祿太監 一員) | 황제의 식사 및 궁내의 식용·연회 |
| 상보감<br>(尚寶監) | 장인태감 1원<br>(掌印太監 一員) | 보새(寶璽)·칙부(敕符)·장군 인신(印信) |
| 인수감<br>(印綬監) | 장인태감 1원<br>(掌印太監 一員) | 고금통집고(古今通集庫)·철권(鐵券)·고칙(誥敕)·첩황(貼黃)<br>인신(印信)·감합(勘合)·부험(符驗)·신부(信符) |
| 직전감<br>(直殿監) | 장인태감 1원<br>(掌印太監 一員) | 각 전(殿) 및 회랑 청소 |
| 상의감<br>(尚衣監) | 장인태감 1원<br>(掌印太監 一員) | 황제의 관면(冠冕)·포복(袍服) 및 신발·가죽장화 |
| 도지감<br>(都知監) | 장인태감 1원<br>(掌印太監 一員) | 예전에는 각 감(監)의 행이(行移)·관지(關知)·감합(勘合)을 담당<br>후에는 어가 수행 및 길 통제 |

※『명사(明史)』권74, 직관지(職官志)3「환관」

12감(監) : 감마다 태감 1원(정4품), 좌소감(左少監. 종4품)·우소감(右少監. 종4품) 각각 1원, 좌감승(左監丞. 정5품)·
우감승(右監丞. 정5품) 각각 1원, 전부(典簿. 정6품) 1원, 장수(長隨. 종6품)·봉어(奉御. 종6품)는 정원이 없다.

## 2) 4사(四司)의 구성과 직무

| 기구 | 편성 | 직무 |
|------|------|------|
| 석신사(惜薪司) | 장인태감 1원 | 땔나무와 숯을 담당 |
| 종고사(鐘鼓司) | 장인태감 1원 | 종과 북, 내악(內樂)·전기(傳奇) 등의 잡희(雜戲) |
| 보초사(寶鈔司) | 장인태감 1원 | 거칠고 세밀한 종이 제조 |
| 혼당사(混堂司) | 장인태감 1원 | 목욕을 담당 |

※ 사(司)마다 사정(司正, 정5품) 1인, 좌사부(左司副, 종5품)·우사부(右司副, 종5품) 각각 1인

## 3) 8국(八局)의 구성과 직무

| 기구 | 편성 | 직무 |
|------|------|------|
| 병장국(兵仗局) | 장인태감 1원<br>제독군기고태감 1원<br>(提督軍器庫太監) | 군기(軍器) 제조 |
| 은작국(銀作局) | 장인태감 1원 | 금은 기구 장식물 제조 |
| 완의국(浣衣局) | 장인태감 1원 | 궁인이 연로하거나 해직·퇴직·병든 자의 거주지를 담당<br>황성 내에 소재하지 않음 |
| 건모국(巾帽局) | 장인태감 1원 | 궁궐 내사(內使)의 모자·신발, 부마(駙馬)의 관(冠)·신발 및<br>번왕(藩王)의 깃발을 든 장교의 모자·신발 |
| 침공국(鍼工局) | 장인태감 1원 | 궁중 의복 제조 |
| 내직염국(內織染局) | 장인태감 1원 | 황제 및 궁내 사용하는 비단의 염색 제조 |
| 주초면국(酒醋麵局) | 장인태감 1원 | 궁내에서 식용하는 술·식초·사탕·간장·면·콩 등 물품 |
| 사원국(司苑局) | 장인태감 1원 | 채소·오이·과일 |

※ 옛 제도로 국(局)마다 대사(大使, 정5품) 1인, 좌부사(左副使, 종5품)·우부사(右副使, 종5품) 각각 1인

## 2. 한계란 사후의 주요 추모 기사

① 성화제의 고명(誥命)

짐이 생각하건대, 선행이 있으면 포상하고, 노고가 있으면 보답하는 것이 바로 국가의 법이다. 그대 한씨는 궁궐에 들어와서부터 밤낮으로 일을 맡아 정성을 다해 부지런히 힘쓰고, 주의 깊고 세심하여 처음부터 끝까지 변함이 없었다. 나이가 들어도 행복과 장수를 누렸다. 홀연히 병이 들어 끝내 죽었음이여. 지난 노고를 추모하여 포상이 없을 수 있겠는가? 이제 특별히 그대를 추증하여 공신부인(恭愼夫人)으로 삼으니, 그대 영혼이 있거든 부디 공경히 받으소서.

② 성화제의 제문(祭文)

황제는 사설감 태감 왕거(王琚)를 보내 공신부인 한씨에게 제사를 지내노라. 그대는 성격이 온화하고 부드럽고 공경하고 삼가 아름다운 모습은 칭찬할만하다. 궁궐의 일을 맡아 오랫동안 노고가 드러났고, 장수를 누리며 편안하여 복을 누릴 것인데 병을 얻자 세상을 떠났다. 부음을 듣고 슬퍼하고 탄식한다. 이에 특별히 공신부인을 추증하고 관원을 보내어 제사 지내노라. 이에 유사에게 신칙하여 장사지내게 했다. 아아! 살아서는 현명하고 정숙하며 죽어서는 영예로운 이름을 받았다. 인생이 이와 같으면 유감이 없을 것이니 그대는 흠향할지어다.

③ 이부상서(吏部尚書) 만안(萬安)의 묘표(墓表)

부인 한씨의 성은 한(韓)이요, 휘(諱)는 계란이다. 대대로 조선국 재상의 집안이다. 부친의 휘는 영정이요, 모친은 김씨이다. 영락 8년(1410) 4월 9일에 부인이 태어났다. 선덕 2년(1427)에 국왕 세종이 선발하여 내정(內庭)에 바쳤다. 지금까지 57년으로, 네 왕조[선덕제·정통제(천순제 포함)·경태제·성화제]를 섬겼는데 시종 공경하고 삼가기를 하루와 같이 했다. 갑자기 병이 들자 황제가 좌우의 사람을 보내 가서 보게 하고, 또 내의(內醫)에 명하여 치료하게 했으나, 효험이 없이 죽으니, 때는 성화 19년(1483) 5월 18일이다.

황제가 듣고 애석하며 슬퍼하기를 여러 번 했다. 태감 왕거(王琚)를 보내 제사지내고, 백금 100만 냥과 채단(綵段) 4표리(表裏)를 하사했다. 시호를 공신(恭愼)으로 하여 지나간 행실을 밝게 드러냈다. 내관감 태감 손진(孫振)에게 명하여 장지를 조영하게 하고, 사설감 태감 왕거, 내관감 태감 우적(牛迪)·곡청에게 장례 일을 모두 다스리도록 했다. 황태후·중궁·안희궁(安喜宮)·동궁(東宮)의 부의가 있었다. 장사는 이 해 6월 21일에 지냈고, 묘는 도성 서쪽 향산(香山) 언덕에 있다.

왕거 등은 한씨가 조정의 총애를 받다 돌아가시니 은혜와 예우가 이와 같이 거듭되어 글이 없을 수 없다고 생각하여 묘소의 돌에 기록하여 큰 덕을 영구히 전하고자 했다. 이에 행장(行狀)을 갖추어 만안(萬安)에게 글을 부탁했다. 행장을 살펴보니 부인의 성품은 유순하고 착하며 말은 함부로 하지 않고 행동에 정해진 규칙이 있었다. 궁궐 법식을 하나하나 알고 기억하니, 여러 집사(執事)가 모두 여스승으로 존경하고 신뢰했다. 무릇 부인의 예의 행사에 나아가 질의를 받으면 틀림이 없었다. 실로 꿰는 일에 지시를 구하면 정교하고 촘촘했다. 혹시 여러 왕조의 내령(內令)에 잊은 부분이 있어 밝혀주기를 청하는 자가 있으면 즉시, '이와 같은 것은 선덕제의 영(令)이고, 이와 같은 것은 정통제의 영(令)이다'라고 고했기에, 빈어(嬪御) 이하가 모두 '노로(老老)'라고 일컫고 이름을 부르지 않았다.

여러 왕조에서 하사한 것은 다 기록할 수 없고, 황제가 하사한 것은 전에 비하여 더욱 후했다. 부인이 이따금 하사품을 받으면 더욱 겸손하고 삼가며 두려워하고 조심하여 감당하기 어려운 것처럼 했다. 살아서는 황실의 녹(祿)을 누리고, 죽어서는 거듭 은혜의 내림을 입음이 마땅하다.

유제문(諭祭文)에 '온화하고 유순하며 공경하고 삼가서 아름답고 착함이 칭찬하기에 족하다'고 했다. 고봉사(誥封詞)에 '정성을 다하여 부지런히 힘쓰며 주의 깊고 세심하여 처음부터 끝까지 변하지 아니했다'는 글귀의 표창이 있었으니, 어찌 과분한 칭찬이겠는가?

부인은 어질도다! 옛일을 상고하건대, 선왕의 덕과 교화의 성함이 안으로 아녀자가 거처하는 곳으로부터 사해(四海)·만국(萬國)에 이른다. 비록 부인·여자라 할지라도 혜택을 받지 않겠는가? 우리 조종의 교화의 융성은 옛날과 나란하니, 비유컨대 봄바람의 온화한 기운과 같아서 있는 곳마다 빛이 난다. 부인은 조선으로부터 와서 오랫동안 궁궐에 있으면서 어려서부터 어른이 될 때까지 배우고 익힘이 많았다. 오롯이 품행과 능력을 지니고 있어 동료들에게 존중을 받고 조정에 알려졌다. 살아서 죽어서 넓은 은혜와 큰 덕을 받음이 어찌 우연이겠는가? 묘표에 기록함이 이에 미치니, 우리 조정의 교화가 두루 미치는 것을 여기에서도 볼 수 있다. 이로써 표한다.

④ 호부상서 유우(劉珝)의 묘지명(墓誌銘)

성화(成化) 19년(1483) 5월 18일에 부인 한씨가 죽었다. 이에 앞서 부인의 병이 깊어 황제가 자주 좌우의 사람을 보내 가서 살펴보게 하고, 약으로 치료하게 했는데, 얼마 안 있어 죽었다. 황제가 슬퍼하고 애석하기를 거듭하고, 사설감 태감 왕거를 보내어 제사를 지내는 글에, '온화하고 부드럽고 공경하고 삼가 아름다운 모습은 칭찬할만하다'라는 글귀가 있다. 백금 100만 냥과 채단 4표리를 하사했다. 시호는 공신으로, 태감 손진에게 명하여 장지를 조영하게 하고, 사설감 태감 왕거·우적, 소감 곡청에게 장례 일을 모두 다스리도록 했다. 황태후·중궁·안희궁·동궁 모두 후한 부의가 있었다. 점을 쳐 좋은 날을 가려 이 해 6월 21일, 도성 서쪽 향산 언덕에 장사했으니, 부인은 영광이다.

그녀의 출생은 영락 8년⁽¹⁴¹⁰⁾ 4월 9일로 수명은 74세였다. 왕거가 행장을 유우에게 주며 묘지명을 지어 무덤에 넣게 했다. 지⁽誌⁾에, "부인의 휘는 계란으로 대대로 조선국 청주 재상의 집안이다. 부친의 휘는 영정, 모친은 김씨이다. 선덕 2년⁽¹⁴²⁷⁾ 국왕 세종이 선발하여 내정에 바치니 이제 57년이 되었다. 네 왕조를 섬기면서 처음부터 끝까지 시종 공경하고 삼가기를 하루와 같이 했다. 말은 함부로 하지 않고 행동은 끈기가 있다. 게다가 성품은 착하여 여러 사람과 잘 화목하여 빈어⁽嬪御⁾의 무리가 신임하고 의심하지 않았다. 혹시 부인의 예의나 혼인의 예의를 행하게 되면 반드시 조용히 질의를 받아, 부인은 '어느 것은 가능하고, 어느 것은 가능하지 않다'고 말했다. 혹시 자르고 묶는 제도에 있어서도 반드시 조용히 가르침을 구하면 부인은 '어느 것은 만들 만하고 어느 것은 만들 수 없다'고 말했다. 혹시 옛 내령⁽內令⁾에 잊은 부분이 있어 밝혀주기를 청하는 자가 있으면, 부인은 '내 기억으로는, 선덕제의 영⁽令⁾은 이와 같고, 정통제의 영은 이와 같다'라고 말했다. 빈어⁽嬪御⁾ 이하가 모두 견주어 '여사⁽女師⁾'라고 했다. 지금 황상의 은혜는 천지와 같아서 무릇 천하의 한 지아비와 한 지어미라도 모두 그 은택을 입었다. 하물며 부인은 궁궐에서 일을 받드는 것이 오래되었음에랴? 그래서 불시에 하사하는 것이 전보다 더욱 후했다. 부인은 더욱 조심하여 감당하지 못하는 것처럼 했다. 젊어서부터 늙을 때까지 천자의 녹(祿)을 함께 누렸고 죽은 후에도 은전이 변하지 않았다.

아아! 부인의 고국에는 대가거족(大家巨族)이 있고 만백성이 있다. 그 중에 한번 중국에 이르러 누대·전각의관·문물의 성함을 보면 반드시 돌아가서 기뻐하며 '내가 중국의 문물을 보았다'고 한다. 이제 부인은 몸이 중국에 있을 뿐만 아니라 또한 네 왕조를 섬기고, 궁궐 안에 거처하면서 중국에서 보지 못한 바를 보았으며, 일생이 영화롭고 귀하여 이름을 간책(簡册)에 썼으니, 이러한데 어찌 아직 서운함이 있겠는가? 이에 명(銘)한다.

生乎東國, 進乎中原　동국에 태어나서 중원으로 진출했네.
恭事天府, 埋玉香山　황실을 공경히 섬기고 몸은 향산에 묻혔네.
夫人之贈, 美諡之頒　부인을 추증하며 아름다운 시호를 내렸으니,
郵恩惟典, 懿魄永安　주는 은혜 두터우매 아리따운 넋이 길이 편안하리.


비석에 글을 새겨 세상에 전하노라. 호부 상서 유우는 짓다.
황제는 위의 족축(簇軸) 5개, 장례를 치루는 도축(圖軸) 1개를 좌참찬 한치례에게 맡겼다.


향산 어딘가에 한계란의 만년저택이 드러날 날을 기대한다. 그 옆에서 태감 정동도 고국을 그리며 잠들어 있을 것이다.

# 3. 인물색인

## 한국

| | |
|---|---|
| 강자평<br>姜子平<br>1430~1486 | 자는 국균國鈞, 본관은 진주다. 동부승지, 대사간, 공조참의 등을 역임했다. 갑자사화(1504) 때 폐비 윤씨 폐출 사건과 관련이 있다 하여 죄를 받고 직첩을 몰수당하였다가 중종 때 복권됐다. |
| 강희맹<br>姜希孟<br>1424~1483 | 자는 경순景醇, 본관은 진주이다. 계유정난(1453) 때 공을 세워 원종공신 2등에 책봉되었다. 세조 9년(1463) 중추원부사로 진헌부사가 되어 명나라에 다녀왔다. 예종 1년(1468) 남이南怡의 옥사를 해결한 공로로 익대공신翊戴功臣 3등, 성종 2년(1471) 좌리공신佐理功臣 3등에 책봉되었고, 예조판서, 형조판서, 우찬성 등을 역임했다. 특히 문장이 뛰어나고 겸손하여 나서기를 좋아하지 않았다. |
| 곽연성<br>郭連城<br>?~1464 | 자는 보지保之, 본관은 청주, 시호는 안양安襄이다. 조선 전기의 무관으로 문종 2년(1452) 수양대군이 명나라에 사은사로 갈 때 군관으로 따라갔다. 이후 계유정난 때 공을 세워 정난공신 2등에 책록되었다. 1457년 무과 중시에 급제, 첨지중추원사에 승진하고 한성부윤, 이조참판, 경상도도절제사를 역임했다. |
| 구치관<br>具致寬<br>1406~1470 | 자는 이율而栗·경률景栗, 본관은 능성綾城, 시호는 충렬忠烈이다. 조선 전기의 문신으로 세조 때 영의정을 지내고, 진서대장군으로 여진족을 토벌했다. 후에 좌리공신일등佐理功臣一等을 받았다. 정직·청렴한 성품으로 청백리의 본보기가 되었다. |
| 권건<br>權健<br>1458~1501 | 자는 숙강叔强·태보台甫, 본관은 안동, 시호는 충민忠愍이다. 문장과 글씨에 뛰어났고, 문명이 높았으며 『동문선』에 시문이 10여 편 전한다. 성종 12년(1481) 부제학이 되고, 주문사의 서장관으로 명나라에 다녀왔다. 이듬해 동부승지가 되었으며, 성종 15년(1484) 도승지가 되었다. 이후 예조참판, 대사헌, 한성부좌윤 등을 역임했다. |
| 권찬<br>權攢<br>1430~1487 | 자는 취지聚之, 본관은 안동, 시호는 정순靖順이다. 조선 전기의 문관이자 의관이다. 세조, 예종, 성종 3대에 걸쳐 왕을 치료했다. 의업에 있는 사람은 육조의 관직을 겸하는 것이 합당하지 않다는 대간의 상소에도 불구하고 성종의 신임을 받아 약방제조 겸 공조판서를 역임했다. 성품이 성실하고, 의학에 매우 뛰어났다. |
| 권근<br>權近<br>1352~1409 | 자는 가원可遠·사숙思叔, 본관은 안동, 시호는 문충文忠이다. 태조 5년(1396) 표전문제表箋問題가 일어나자 자청하여 명나라에 들어가 두 나라의 관계를 호전시켰으나, 정도전 일파의 시기를 받았다. 정도전 실각 이후 대사성, 대사헌 등을 역임하였으며, 사병私兵의 폐지를 주장하여 왕권 확립에 큰 공을 세웠다. 성리학자로서 문장에 뛰어나고 경학에도 밝아 사서오경四書五經의 구결口訣을 정하였다. 왕명으로 『동국사략東國史略』을 편찬하였다. |

| 기황후<br>奇皇后<br>?~? | 본관은 행주幸州이며 고려 출신으로 원의 공녀로 가서, 원 순제順帝의 황후가 되었다. 1368년 원나라가 멸망한 뒤에는 행적을 알 수 없다. |
|---|---|
| 김구덕<br>金九德<br>?~1428 | 본관은 안동安東, 시호는 안정安靖이다. 19세에 진사시·생원시에 합격하였다. 딸은 태종의 후궁으로, 손녀는 후일 문종이 되는 이향李珦의 세자빈으로 간택된다. 태종 12년(1412) 한성부윤을 지내고 강원도관찰사를 거쳤다. 이듬해에는 다시 한성부윤을 역임하면서 천추사로 명에 다녀왔다. 김구덕이 죽자 나라에서는 3일 동안 철조(輟朝, 왕이 조정의 업무를 정지시킴)하였고, 조문을 내려 치제하였다. |
| 김승경<br>金升卿<br>1430~1493 | 자는 현보賢甫, 본관은 경주다. 단종 1년(1453) 생원시에 합격하고, 세조 2년(1456) 사용司勇으로 식년 문과에 정과로 급제하여 벼슬이 예조참판·대사헌에 이르렀다. 행정 능력이 뛰어났으며, 특히 송사 처결에 있어서 뛰어난 재능을 보였다. 갑자사화 때 연좌되어 부관참시剖棺斬屍의 추형追刑을 당하였다. |
| 김영정<br>金永貞<br>?~? | 본관은 김해, 시호는 안경安敬이다. 조선 전기의 문신으로 1478년, 1498년, 1499년, 1500년 1505년 총 5차례에 걸쳐 북경에 다녀오면서 대명외교에서 활약이 컸다. 대사간, 대사헌, 전라도관찰사 등을 역임했다. |
| 김질<br>金礩<br>1422~1478 | 자는 가안可安, 본관은 안동, 시호는 문정文靖이다. 문종 즉위년(1450) 문과에 급제하여 성삼문成三問·최항崔恒·신숙주申叔舟 등과 함께 문종의 사랑을 받았다. 단종 복위를 모의하던 중 위험을 느껴 세조에게 고변하였는데, 이른바 사육신 사건이다. 그 뒤 여러 요직을 두루 거쳤으며 한명회, 신숙주와 함께 어린 왕을 보필하기 위한 원로, '원상院相'세력을 형성하였다. |
| 김한로<br>金漢老<br>1367~? | 본관은 광산이며 태종의 장남인 양녕대군의 장인이다. 태종 4년(1404) 이조전서吏曹典書가 되어 이듬해 성절사로 명나라에 다녀왔으나, 명나라에 있는 동안 행상을 거느리고 가서 사리사욕을 채운 사건이 탄로나 파직되었다. 태종 7년(1407) 딸이 양녕대군과 혼인하였고, 이듬해에 다시 사은사가 되어 명나라에 다녀왔다. 1418년 세자궁에 여자를 출입시켜 세자를 오도하였다는 대간의 탄핵을 받고 의금부에 하옥되어 직첩이 몰수되고 죽산竹山으로 부처付處된 뒤 세자와의 인연이 끊겼다. 뒤에 신원되어 좌의정에 추증되었다. |
| 남재<br>南在<br>1351~1419 | 자는 경지敬之, 본관은 의령宜寧, 시호는 충경忠景이다. 조선 개국공신이며, 1396년 도병마사로서 대마도를 정벌하였다. 제1차 왕자의 난 때 동생 은이 살해됨과 동시에 잠시 유배되었다가 무혐의로 풀려나와, 태종 즉위년(1400) 세자사부世子師傅가 되었다. 경상도관찰사, 대사헌, 우의정, 영의정 등의 관직을 두루 지냈다. |

| | |
|---|---|
| 남효온<br>南孝溫<br>1454~1492 | 자는 백공伯恭, 본관은 의령, 시호는 문정文貞이다. 김종직金宗直의 문인이며, 김굉필金宏弼·정여창鄭汝昌 등과 함께 수학하였다. 생육신生六臣의 한 사람이다. 성종 9년(1478) 성종이 자연재해로 여러 신하들에게 직언을 구하자, 장문의 소를 올렸다. 이후 벼슬을 단념하고 세상을 흘거보면서, 가끔 바른말과 과격한 의론으로써 당시의 금기에 저촉하는 일을 조금도 꺼리지 않았다. 갑자사화 때 부관참시를 당했으나 이후 신원되었다. |
| 노공필<br>盧公弼<br>1445~1516 | 자는 희량希亮, 본관은 교하交河이다. 부친은 영의정을 지낸 노사신이다. 각부의 참의參議를 거쳐 도승지를 지냈으며, 갑자사화 때 귀양을 갔다가 중종반정 이후 풀려나 우찬성, 영돈녕부사 등을 지냈다. 중종 2년(1507) 중종 즉위를 아뢰기 위해 명나라에 다녀왔고 그 공으로 원종공신 1등에 녹훈되었다. 충성심과 효심이 지극하고 일가친척의 관혼상제를 두루 살폈으며, 그 스스로는 검소하게 생활했다. |
| 노사신<br>盧思愼<br>1427~1489 | 자는 자반子伴, 본관은 교하交河, 시호는 문광文匡이다. 문종 1년(1451) 문과에 급제하여 여러 관직을 두루 거쳤으며, 세조 11년(1465) 호조판서로 있을 때 『경국대전』 편찬을 총괄하였다. 삼정승을 모두 역임했으며, 무오사화 때 사림과 제거에 미온적으로 동조했으나 옥사의 확대를 견제하다가 병사하였다. |
| 덕종<br>德宗<br>1438~1457 | 조선 세조의 장남이자 성종의 부친이다. 휘는 장暲, 자는 원명原明, 시호는 의경懿敬이다. 부인은 한화의 딸인 소혜왕후(昭惠王后, 후에 인수대비仁粹大妃)이다. 어려서부터 예절이 바르고 글읽기를 즐겼으며 해서楷書에도 능하였으나, 병약하였다. 결국 20세의 젊은 나이로 요절하였다. |
| 박숙진<br>朴叔蓁<br>1424~1481 | 자는 정지挺之, 본관은 음성이다. 조선 전기의 문신으로 북경에 다녀온 이후 이조좌랑, 병조정랑, 형조참의, 한성부좌윤, 대사헌 등을 역임했다. 『경국대전』 편찬에 참여했으며, 성종 즉위년(1470) 사은사 서장관으로 명나라에 다녀왔다. |
| 박신생<br>朴信生<br>?~? | 본관은 밀양, 조선 전기의 문신이다. 호조참판, 동지중추원사 등을 역임했으며 세종 16년(1434)에 천추사로 명나라에 다녀왔다. |
| 박중선<br>朴仲善<br>1435~1481 | 자는 자숙子淑, 본관은 순천, 시호는 양소襄昭이다. 어머니는 청송심씨로 영의정 심온의 딸이다. 손위 누이가 세종비 소헌왕후昭憲王后이다. 조선 전기의 무신으로 호조판서, 병조판서 등을 역임했다. 성종 7년(1476) 사은사로 명나라에 다녀왔다. '불해문묵(不解文墨, 문필을 이해하지 못하는 인물)'이라고 반대하는데도 이조판서에 발탁되었다. |

| | |
|---|---|
| 봉여<br>奉礪<br>1375~1436 | 본관은 하음河陰, 시호는 공숙恭肅이다. 음보蔭補로 기용되어 감찰監察·창녕<br>현감昌寧縣監을 지냈다. 세종 17년(1435) 진헌사進獻使로 명나라에 다녀온 후<br>이조참판에 보직, 이듬해 지돈녕부사知敦寧府事가 되었다. |
| 서거정<br>徐居正<br>1420~1488 | 자는 강중剛中·자원子元, 본관은 대구, 시호는 문충文忠이다. 세종부터 성종까<br>지 6명의 왕을 보좌했으며, 그의 학풍과 사상은 15세기 관학官學의 분위기를<br>대변했다. 정치적으로는 훈신勳臣의 입장을 반영하였다. 우리나라 역대 한문<br>학의 정수를 모은『동문선東文選』, 역사서인『삼국사절요三國史節要』·『동국통감<br>東國通鑑』, 지리지인『동국여지승람東國輿地勝覽』등 다양한 서적을 편찬했다. |
| 성달생<br>成達生<br>1376~1444 | 자는 효백孝伯, 본관은 창녕, 시호는 양혜襄惠이다. 여말선초의 무신으로 전<br>라도관찰사 겸 병마도절제사, 동지총제 등을 역임했다. 1420년에 사은사로,<br>1427년에는 진응사進鷹使로 명나라에 다녀왔다. 북변의 진수와 시위에 공헌<br>함이 많았고, 필법에 뛰어났다. |
| 성석린<br>成石璘<br>1338~1423 | 자는 자수自修, 본관은 창녕, 시호는 문경文景이다. 공민왕 6년(1357)에 문과에<br>급제한 후 여러 관직을 거쳤으며, 왜구 격퇴에 공이 있었다. 조선 개국공신<br>이며 정승의 지위를 오랫동안 유지했다. |
| 성현<br>成俔<br>1439~1504 | 자는 경숙磬叔, 본관은 창녕, 시호는 문대文戴이다. 평안도·경상도관찰사 등<br>을 역임했으며 북경에도 자주 갔다. 조서를 가지고 온 명나라 사신 동월董越<br>과 왕창王敞의 접대연에서 시를 서로 주고받음으로써 그들을 탄복하게 하였<br>다. 갑자사화가 일어나 부관참시됐으나 그 뒤에 신원되었다. |
| 성희안<br>成希顔<br>1461~1513 | 자는 우옹愚翁, 본관은 창녕, 시호는 충정忠定이다. 성종 16년(1485) 별시 문과<br>에 급제하고 홍문관정자弘文館正字, 이어 부수찬으로 승진했는데, 당시 성종<br>의 숭유정책崇儒政策에서 국왕이 많은 자문을 구할 만큼 학문이 깊었다. 유구<br>국 사신의 선위사, 명나라 사행도 3차례 다녀왔으며 외교에서도 활약했다.<br>중종반정에는 거사의 주역으로 참여했다.『연산군일기』의 편찬을 주관했으<br>며, 좌의정·영의정을 지냈다. |
| 소세양<br>蘇世讓<br>1486~1562 | 자는 언겸彦謙, 본관은 진주, 시호는 문정文靖이다. 조선 중기의 문신으로<br>1521년 영접사迎接使 이행李荇의 종사관으로 명나라 사신을 맞았고, 1533년<br>에는 지중추부사에 올라 진하사進賀使로 명나라에 다녀왔다. |
| 심온<br>沈溫<br>1375?~1418 | 자는 중옥仲玉, 본관은 청송靑松, 시호는 안효安孝이다. 1408년 딸이 충녕군忠<br>寧君의 비가 되어 왕실과 인척관계를 맺은 후 벼슬이 높아졌으며, 부인도 변<br>한국대부인卞韓國大夫人이 되었다. 심온의 세력이 커지는 것을 걱정한 태종이<br>사약을 내려 처형시켰다. 문종 때 관작이 복구되고 시호가 내려졌다. |

| | |
|---|---|
| 신숙주<br>申叔舟<br>1417~1475 | 자는 범옹泛翁, 본관은 고령, 시호는 문충文忠이다. 『훈민정음』을 창제할 때 참가하였고, 이를 위해 요동을 13차례나 왕래했다. 계유정난에 세조를 도와 공을 세웠으며, 병조판서, 우의정, 좌의정, 영의정을 거쳤다. 명과 일본과의 외교나 여진의 소탕에 큰 공을 세웠고, 『동국통감』, 『국조오례의』 등을 편찬했으며, 일본의 정보를 다룬 『해동제국기』를 지었다. |
| 신준<br>申浚<br>1444~1509 | 자는 언시彦施, 본관은 고령, 시호는 소안昭安이다. 부친이 신숙주이다. 병조참의, 동부승지를 거쳤으며 천추사로 명나라에 다녀왔고, 연산군 1년(1495)에도 사은사로 명나라에 갔다. 이조·공조·형조의 판서를 두루 역임했고, 특히 공조판서를 3번이나 역임했다. 중종반정에 가담하여 정국공신靖國功臣 3등에 책록되었다. |
| 안수산<br>安壽山<br>?~1434 | 조선 전기의 문신으로 판중추원사判中樞院事를 지냈다. 세종 9년(1427)에는 진헌사進獻使로 명나라에 다녀왔다. |
| 윤봉<br>尹鳳<br>?~? | 경주 출신이며 본관은 해주海州이다. 명나라로 가서 환관이 됐으며, 정사로서 조선에 여러 번 찾아와 내정을 감시하고 조정을 압박하여 뇌물을 받았다. 그의 일가는 관직을 받고, 부친·조부·증조부에게도 관직을 추증 받았다. |
| 윤자당<br>尹子當<br>?~1422 | 본관은 칠원漆原, 시호는 정평靖平이다. 여말선초의 무신으로, 제2차 왕자의 난을 진압한 공으로 좌명공신 4등에 봉해졌다. 세종 초에 외교 사절로 명나라에 다녀왔다. 왜구를 토벌하고, 북방의 국경 안정에 공을 세우는 등 국방 문제에 공이 컸다. |
| 윤자운<br>尹子雲<br>1416~1478 | 자는 지망之望, 본관은 무송茂松, 시호는 문헌文憲이다. 조선 전기의 문관으로 세조가 즉위하자 추충좌익공신推忠佐翼功臣에 올랐다. 세조와 성종조에 고위 관직을 두루 역임하며 왕의 신임을 받았으며, 원상院相으로서 국정을 좌우했다. |
| 윤필상<br>尹弼商<br>1427~1504 | 자는 탕좌湯佐·양경陽卿, 본관은 파평이다. 조선 전기의 공신으로, 1467년 이시애의 난 때 공을 세워 적개공신敵愾功臣에 녹훈되었다. 안주선위사安州宣慰使로 명나라 사신을 맞았고, 주청사奏請使로 명나라에 다녀오기도 했다. 훈구대신으로서 사림들에게 평이 좋지 않았다. |
| 윤호<br>尹壕<br>1424~1496 | 자는 숙보叔保, 본관은 파평, 시호는 평정平靖이다. 딸이 성종의 비인 정현왕후貞顯王后가 됐다. 공조참판으로 정조사가 되어 명나라에 다녀왔다. |
| 원민생<br>元閔生<br>?~1435 | 본관은 원주原州, 시호는 양호襄厚이다. 조선 초기의 역관이다. 모두 21차례에 걸쳐 중국을 왕래하며 외교활동을 펼쳤으며, 조선과 명나라와의 관계를 개선하는데 큰 역할을 하였다. 영락제가 현인비顯仁妃의 인척이라 하여 후대하여, 원민생이 주청하는 일은 거의 윤허하였다. |

| 이덕량<br>李德良<br>1435~1487 | 본관은 전의全義, 시호는 장경莊敬이다. 조선 전기의 무신으로 세조비 정희왕후貞熹王后의 매형이다. 평양부윤, 충청도관찰사 겸 병마절도사, 대사헌, 호조판서 등을 역임했다. |
| --- | --- |
| 이귀령<br>李貴齡<br>1346~1439 | 자는 수지修之, 본관은 연안延安, 시호는 강호康胡다. 조선 개국공신이며 태종 때는 원종공신이 되어 두 번이나 명나라에 사신으로 다녀왔다. 태종 15년(1415) 좌의정에 오른 후 사직하였다. 관직을 그만둔 뒤 20여 년을 은거하다가 94세로 죽었다. |
| 이극감<br>李克堪<br>1423~1465 | 자는 덕여德與, 본관은 광주廣州, 시호는 문경文景이다. 신숙주申叔舟와 함께 『국조보감國朝寶鑑』을 수찬하였으며, 『치평요람治平要覽』·『의방유취醫方類聚』 등을 교정하여 간행하였다. 신숙주와 함께 『북정록北征錄』을 찬진하였다. |
| 이극배<br>李克培<br>1422~1495 | 자는 겸보謙甫, 본관은 광주, 시호는 익평翼平이다. 조선 전기의 문신으로 세조가 즉위하는 데 공이 인정되어 좌익공신 3등에 녹훈되었다. 호조, 공조를 제외한 4조의 판서를 두루 역임하였다. 말년에는 우의정과 영의정을 역임했는데 내외적으로 평판이 매우 좋았다. |
| 이문화<br>李文和<br>1358~1414 | 자는 백중伯仲, 본관은 인천, 시호는 공도恭度이다. 고려 말부터 조정에 출사했고, 예조판서, 호조판서, 형조판서 등을 두루 역임했다. 태종 8년(1408) 호조판서 등을 역임하고 그 해 처녀진헌사處女進獻使로 명나라에 갔다. 1413년에도 명나라에 갔다가 이듬해 귀국해 참찬의정부사가 되었다. 사후에 영의정으로 추증되었다. |
| 이봉<br>李封<br>1441~1493 | 자는 번중蕃仲, 본관은 한산韓山, 시호는 헌평憲平이다. 조선 전기의 문신으로 외교사절로 명나라에 2차례 다녀왔다. 문장이 뛰어나 이름이 높았다. |
| 이사검<br>李思儉<br>?~1446 | 본관은 양성陽城, 시호는 공소恭昭로 조선 전기의 무신이다. 상호군上護軍으로 매를 명나라에 진상하러 가던 중 매가 죽자 황제에게 사죄하였다. 황제는 이를 가상히 여겨 장군모將軍帽를 하사했다고 한다. |
| 이세좌<br>李世佐<br>1445~1504 | 자는 맹언孟彦, 본관은 광주다. 성종 8년(1477) 문과에 급제한 뒤 대사간으로 특채되었다. 형방승지로 있을 때 폐비 윤씨에게 사약을 전한 일이 빌미가 되어 연산군이 갑자사화를 일으켰을 때 거제로 귀양갔다가 자결하였다. |
| 이승소<br>李承召<br>1422~1484 | 자는 윤보胤保, 본관은 양성陽城, 시호는 문간文簡이다. 조선 전기의 문신으로 세조가 즉위하자 집현전 직제학으로서 원종공신 2등에 책록되었다. 세조 5년(1459) 사은사로 명나라에 다녀왔고, 이조참의·예문관제학을 지냈다. 예종이 즉위하자 예조참판이 되어 명나라와의 외교 사무를 처리하였다. 신숙주 등과 『국조오례의』를 편찬하였다. 특히 문장에 밝고 청렴해서 집안에 꾸민 것이 없었다. |

| 이징규<br>李澄圭<br>?~? | 경상남도 양산 출신의 조선시대 무신이다. 명나라에 진하사로 가서 국위를 선양했다. |
|---|---|
| 이파<br>李坡<br>1434~1486 | 자는 평중平仲, 본관은 한산, 시호는 명헌明憲이다.『동국통감』,『삼국사절요』 편찬 등에 참여했으며, 호조참판, 대사성, 우찬성 등을 지냈다. 1468년에 승습사承襲使로, 1475년에는 정조사로 명나라에 다녀왔다. 교만하거나 뽐내는 기색이 없고 자질이 호탕하였으며 성리학에 밝았다. |
| 장유화<br>張有華<br>?~? | 조선 전기의 역관이다. 중국어 통사로 활약하며 명나라와의 외교문제를 원활히 해결하고 명나라 사신들과도 좋은 관계를 유지했으므로 역관으로는 드물게 당상관의 자리에까지 올랐다. |
| 정동<br>鄭同<br>?~1483 | 황해도 신천信川 출신의 화자(火者, 환관)다. 세종 10년(1428)에 선발되어 명나라로 들어가 환관이 되었다. 단종 3년(1455)부터 성종 14년(1483)까지 다섯 차례나 명사明使로 조선에 들어왔다. |
| 정몽주<br>鄭夢周<br>1337~1392 | 자는 달가達可, 경상도 영천 출신이며, 시호는 문충文忠이다. 고려 말 충신으로 이성계를 추대하려는 세력에 반대하다가 선죽교善竹橋에서 이방원의 문객 조영규趙英珪 등에게 살해되었다. |
| 정인지<br>鄭麟趾<br>1396~1478 | 자는 백저伯雎, 본관은 하동, 시호는 문성文成이다. 세종부터 성종까지 여섯 왕을 모시면서 다양한 서적 편찬으로 문화 발전에 기여하고, 국정에 참여하면서 정치 안정에 역할을 다했다. |
| 정진<br>鄭津<br>1361~1427 | 본관은 봉화奉化이며 부친이 정도전鄭道傳이다. 제1차 왕자의 난 때 정도전이 주살되자 좌천되었으나, 성실한 인품이 인정되어 다시 등용되었으며 재상의 지위까지 올랐다. |
| 정창손<br>鄭昌孫<br>1402~1487 | 자는 효중孝仲, 본관은 동래, 시호는 충정忠貞이다. 조선 전기의 문신으로『통감훈의通鑑訓義』편찬에 참여했고, 한글 제작에 반대하다가 파직을 당했다. 이후『고려사』,『세종실록』,『치평요람治平要覽』,『문종실록』 등 다양한 편찬 작업에 참여했다. |
| 정효상<br>鄭孝常<br>1432~1481 | 자는 가구可久, 본관은 경주, 시호는 제안齊安이다. 계유정난의 공으로 원종공신 2등에 책록되었다. 경상도관찰사, 이조판서 등을 역임했으며, 1476년 진하사로 명나라에 다녀왔다. |
| 정흠지<br>鄭欽之<br>1378~1439 | 자는 요좌堯佐, 본관은 동래, 시호는 문경文景이다. 조선 전기의 문신으로 이조참판, 대사헌을 거쳐 형조판서를 지냈다. 함길도관찰사가 되어서는 회령 등 4진鎭의 수비에 공헌하였다. 외유내강의 성격이며, 천문에도 밝아 세종의 명으로 역법을 연구하였다. |

| | |
|---|---|
| 정희왕후<br>貞熹王后<br>1418~1483 | 본관은 파평坡平이고, 시호는 정희貞熹, 생전의 존호는 자성慈聖이다. 세종 10년(1428) 세조와 결혼하여 의경세자(懿敬世子, 덕종), 예종, 의숙공주懿淑公主 등 2남 1녀를 낳았다. 예종이 왕위에 오른 지 14개월만에 죽자 당시 4살이던 예종의 아들 제안대군齊安大君을 대신하여 의경세자의 둘째아들인 잘산군乽山君 이혈李娎, 즉 성종을 왕위에 앉히고 8년 동안 수렴청정을 했다. |
| 조간<br>曺幹<br>?~? | 본관은 남평南平이다. 조선 전기의 문신으로 대사헌과 경상우도수군절도사 등을 역임했다. |
| 조비형<br>曺備衡<br>1376~1440 | 자는 평보平甫, 경상도 창녕 출신이며, 시호는 안무安武이다. 조선 전기의 무신으로 의주도병마사, 함길도병마도절제사, 도총제, 공조판서 등을 지냈다. 세종 2년(1420) 정조사로 명나라에 갔다가 이듬해 『대통력大統曆』 100본本을 가지고 돌아왔다. |
| 조종생<br>趙從生<br>1375~1436 | 본관은 양주楊州로, 우부대언·강원도관찰사·호조참판 등을 역임하였다. 세종 11년(1429)에 진헌사進獻使로 북경에 다녀와 양각등羊角燈을 바쳤다. |
| 최부<br>崔溥<br>1454~1504 | 자는 연연淵淵, 본관은 탐진耽津, 시호는 충렬忠烈이다. 1487년 추쇄경차관으로 제주에 갔으나 이듬해 부친상을 당해 돌아오던 중 풍랑으로 중국 절강성 태주부에 표류하였다. 그는 중국 강남의 대운하를 타고 북경을 경유하여 한양으로 돌아왔는데, 이때의 중국 기행을 바탕으로 『표해록』을 남겼다. 무오사화 때 유배되었다가 갑자사화 때 참형을 당했는데, 중종 즉위와 동시에 신원되었다. |
| 최한정<br>崔漢禎<br>1427~1486 | 자는 자경子慶, 본관은 화순이다. 성종의 신뢰를 받아 대사간에 발탁됐다. 서장관으로 명나라에 다녀왔다. |
| 하륜<br>河崙<br>1347~1416 | 자는 대림大臨, 본관은 진주晉州, 시호는 문충文忠이다. 공민왕 14년(1365)에 문과에 급제, 신돈과의 불화로 파직되었으나 다시 복직했다. 조선 개국 후 무악毋岳 천도를 주장하였지만 실현되지 못했다. 1차 왕자의 난 때 이방원을 적극 지지해서 태종 즉위 이후 공신의 지위에 올랐다. 여러 차례 명나라에 파견되어 외교 현안을 해결하였다. |
| 하연<br>河演<br>1376~1453 | 자는 연량淵亮, 본관은 진주晉州이다. 조선 전기의 문신으로 대사헌에 있을 때 조계종 등 불교 7종파를 선禪·교敎의 2종宗으로 통합하고 사사寺社 및 사전寺田을 줄일 것을 건의하여 실시하게 하였다. |

| | |
|---|---|
| 한명회<br>韓明澮<br>1415~1487 | 자는 자준子濬, 본관은 청주淸州, 시호는 충성忠成이다. 계유정난 때 수양대군을 도와 정난공신靖難功臣 1등에 올랐다. 두 딸이 예종과 성종의 비가 되면서 권력의 정점에 선다. 성종의 비 공혜왕후가 세상을 뜨자, 이후 관직에서 해임되고 자신의 정자인 압구정에서 명나라 사신을 사사로이 접대한 일로 탄핵되어 모든 관직에서 삭탈되었다. 갑자사화 때 윤비尹妃 사사賜死 사건에 관련되었다 하여 부관참시剖棺斬屍를 당했으나 후에 중종반정이 일어나 신원되었다. |
| 한상덕<br>韓尙德<br>?~1434 | 자는 계덕季德, 본관은 청주이다. 우왕 11년(1385)에 문과에 급제하여 우대언右代言과 호조참판을 역임하였다. 아들이 없자 한명회를 길렀다. 태종의 명을 받아 중국 농서를 우리의 실정에 맞게 개정하였다. |
| 한치례<br>韓致禮<br>1441~1499 | 자는 자절子節, 본관은 청주, 시호는 장간莊簡이다. 아버지가 한확이며 성종의 외숙이다. 왕실의 인척이자 명 황실과의 관계 때문에 명나라와의 외교에 자주 참여했고, 명나라로부터는 '한족韓族'이라 불렸다. |
| 한치의<br>韓致義<br>1440~1473 | 자는 의지誼之, 본관은 청주, 시호는 장도章悼이다. 좌의정을 지낸 한확의 아들로 덕종의 비인 소혜왕후昭惠王后 한씨의 동생이다. 성종이 즉위한 후 외숙으로 중용되어 성종 1년(1470) 한성부좌윤에 오르고 성절사로 명나라에 다녀왔다. 이어서 자헌대부資憲大夫·병조판서에 제수되었으나 병으로 사직하였다. |
| 한치형<br>韓致亨<br>1434~1502 | 자는 형지亨之, 본관은 청주, 시호는 질경質景이다. 함길도관찰사, 대사헌, 영의정 등을 역임했다. 갑자사화 때 연산군의 생모인 윤비 폐출 모의에 가담한 죄로 부관참시되었으나 중종반정 후 신원되었다. 그의 고모가 영락제의 후궁이 된 관계로 성종 때에 주청사, 성절사, 사은사 등으로 여러 차례 명나라에 다녀왔으며 황제의 은총을 받았다 |
| 한확<br>韓確<br>1400~1456 | 자는 자유子柔, 본관은 청주, 시호는 양절襄節이다. 한확의 누이(여비 한씨)와 누이동생(한계란)이 명나라 황제의 후궁의 되자 사신으로 자주 명나라에 파견됐다. 계유정난 때 세조를 도와 공을 세워 공신에 책록됐다. 그의 딸은 덕종의 비가 되었고 외손자는 성종이다. |
| 허조<br>許稠<br>1369~1439 | 자는 중통仲通, 본관은 하양河陽, 시호는 문경文敬이다. 고려 말 조정에 출사하여 조선 초 태조부터 세종까지 네 임금을 섬겼다. 법전을 편수하고 예악제도를 정비하는 데 크게 공헌하였다. |
| 황엄<br>黃儼<br>?~1423 | 평안도 신의주 출신이라는 설이 있지만 정확하지는 않다. 영락제 때의 환관으로 조선에도 자주 방문했다. 사례감司禮監의 長인 태감太監이 되었고, 문서의 개편 등 전횡을 일삼았다. 조선에 와서도 요구사항이 많아 조선에 큰 피해를 끼쳤다. |

| 황희<br>黃喜<br>1363~1452 | 자는 구부懼夫, 본관은 장수長水, 시호는 익성翼成이다. 개성 가조리可助里에서 태어났다. 고려 말 조정에 출사했으나 고려가 망하자 일정 기간 은둔생활을 했다. 조선 개창 후 태조의 설득으로 다시 조정에 출사하였고 세종 때는 약 18년 동안 국정을 총괄했다. |
| --- | --- |

## 중국

| 곽자흥<br>郭子興<br>?~1355 | 안휘성安徽省 정원定遠 출생으로 원나라 말기에 홍건도紅巾徒로서 군사를 일으켜, 호주濠州를 빼앗고 원수元帥를 자칭하였다. 이때 주원장이 그의 군문軍門에 참가하여 여러 번 공을 세웠으며, 그의 딸을 아내로 삼았다. 후일의 마황후이다. 그는 주원장의 협력으로 여러 차례 원군元軍을 격파하였으나, 내분이 그치지 않아 항상 근심하다가 병을 얻어 죽었다. 홍무 3년(1370) 저양왕滁陽王으로 추서追敍되었다. |
| --- | --- |
| 나하추<br>[納哈出] | 원나라 초기 공신의 후예로서, 대대로 요동 지방의 군사적 책임을 맡았던 집안에서 태어났다. 원나라 말기에는 심양(瀋陽)을 근거지로 스스로 행성승상行省丞相이라 칭하며 만주지방에 세력을 뻗쳤다. 후에 명 태조 주원장에게 항복, 해서후海西侯에 봉해져 원난[雲南] 정벌에 나섰다가 병으로 사망하였다. |
| 마문승<br>馬文升<br>1426~1510 | 하남河南 균주釣州 사람으로 자는 부도負圖, 시호는 단숙端肅이다. 명나라 때 대신으로 대종, 영종, 헌종, 효종, 무종 등 다섯 황제를 섬겨, 후인들이 '오조원로마문승五朝元老馬文升'이라 일컬었다. |
| 마황후<br>馬皇后<br>1332~1382 | 안휘성安徽省 숙주宿州 출신이며, 본명은 마수영馬秀英이다. 홍무제의 황후로, 부친이 객사하자 곽자흥郭子興의 수양딸이 되었다. 마수영은 교양과 학식을 갖춘 여성이었으며 교육을 받지 못한 주원장에게 영향을 주었다. 홍무제를 잘 내조하고 명나라 초기의 민심을 얻어 나라의 기틀을 잡는 데 크게 기여한 여성으로 기록되어있다. |
| 만귀비<br>萬貴妃<br>1430~1487 | 산동山東 제성諸城 사람으로 본명은 만정아萬貞兒, 정식 호칭은 공숙귀비恭肅貴妃다. 명나라 성화제의 후궁으로 성화제보다 19살 연상이었다. 성화제의 총애를 믿고 다른 후궁들을 강제로 낙태시키거나 매질, 독살하는 행위를 일삼았다. |
| 만안<br>萬安<br>?~1489 | 사천四川 미주眉州 사람으로 자는 순길循吉이다. 정통 13년(1448) 진사進士가 되고, 편수編修에 임명되었다. 권세가와 환관에 아첨만 일삼아 환관을 통해 만귀비萬貴妃에게 접근하여 스스로 조카로 행세했다. 이부상서吏部尙書·화개전대학사華蓋殿大學士를 지냈다. |
| 방효유<br>方孝孺<br>1357~1402 | 자는 희직希直·희고希古, 절강성浙江省 영해현寧海縣 출생이다. 황자징, 제태와 함께 건문제를 보좌했으며, 건문제 때 시강학사侍講學士를 지냈다. 연왕의 황위 찬탈 때 즉위 조서를 쓰지 않아서 극형에 처해졌다. |

| | |
|---|---|
| 서달<br>徐達<br>1332~1385 | 자는 천덕天德. 호주濠州사람이다. 농민 출신으로 곽자흥郭子興의 부장으로 있다가 주원장의 부하가 되어 명조의 창업공신이 된다. 태조가 항상 '서형徐兄'이라 불렀는데, 더욱 공손하고 신중하게 처신했다. 죽은 뒤 중산왕中山王에 추봉되고, 시호는 무녕武寧이다. |
| 서황후<br>徐皇后<br>1362~1407 | 영락제의 정비로 개국공신 서달의 장녀이다. 영락제가 연왕인 시절 정난의 변을 승리로 이끌고 황제로 즉위하자 황후에 책봉되었다. 황후에 책봉된지 5년 만에 사망한다. 사후에 인효황후仁孝皇后로 추시하였고, 능호는 장릉長陵이다. |
| 완안<br>阮安<br>?~? | 교지交趾(베트남) 출신으로 영락제 때 태감太監이 되었다. 북경성의 여러 건물을 건설했다. |
| 유여손<br>劉如孫<br>1313~1400 | 호남湖南 다릉茶陵 사람으로 본래 이름은 곤崑, 자는 삼오三五고 뒤에 여보如步로 개명했다. 호는 탄탄옹坦坦翁이다. 좌찬선左贊善, 한림학사翰林學士를 지냈다. 일찍이 어명으로 『대고大誥』, 『홍범주洪範注』의 서序를 썼다. |
| 이경륭<br>李景隆<br>1369~1429 | 자는 구강九江이다. 명 초기의 관리로 주원장의 생질인 이문충李文忠의 아들이다. 부친의 작위를 물려받아 조국공曹國公으로 봉해졌다. 정난의 변 때 연왕을 토벌하러 갔다가 연전연패했다. 연왕이 남경을 압박하여 공격하자 금천문金川門에서 적을 막았으나 결국 지키지 못하고 투항했다. |
| 정화<br>鄭和<br>1371~1433 | 운남성雲南省 곤양昆陽 출신으로 이슬람교도 집안이었다. 본래의 성은 마馬씨, 본명은 마화馬和이다. 정난의 변 때 연왕을 따라 무공을 세웠으며, 연왕을 황제로 즉위시키는 데 결정적인 역할을 한다. 이후 환관의 장인 태감太監에 발탁되었으며 정씨 성을 하사받는다. 1405년부터 1433년까지 대선단을 지휘하여 7차례의 남해 대원정을 수행했다. |
| 제태<br>齊泰<br>?~1402 | 강소성江蘇省 율수溧水 사람으로 본명은 덕德, 자는 상례尙禮이다. 명나라 초기 문신으로 황자징, 방효유 등과 함께 홍무제의 후계자로 황태손인 건문제를 내세웠다. 병부좌시랑兵部左侍郎, 병부상서兵部尙書 등을 역임했다. 영락제가 남경을 점령한 후 황자징, 방효유와 함께 굴복하지 않다가 죽었다. |
| 주원장<br>朱元璋<br>1328~1398 | 명나라를 창업한 태조太祖 홍무제洪武帝로, 빈농의 집안에서 태어나 불우한 청년 시절을 지냈다. 백련교도의 난이 일어나자 여기에 가담하였고, 곽자흥의 부하가 되어 두각을 나타냈다. 이후 유력 군웅들을 타도하고 1368년 응천부應天府에서 즉위식을 갖고 국호를 '대명大明', 연호를 홍무라 정했다. 이후 원을 멸망시켜 중국을 통일했다. |

| | |
|---|---|
| 주윤문<br>朱允炆<br>1377~1402? | 명나라 2대 혜종惠宗 건문제建文帝로, 황제의 권위를 높이기 위해 각 지방에 분봉받은 왕들의 영지를 삭감하여 그 세력의 약화를 도모하였다. 이에 반발한 연왕燕王이 정난의 변靖難之變을 일으켰고, 결국 수도인 남경이 함락되어 제위帝位를 빼앗겼다. |
| 주체<br>朱棣<br>1360~1424 | 명나라 3대 성조成祖 영락제永樂帝로, 조카인 건문제建文帝를 죽이고 황제에 올랐다. 수도를 지금의 북경으로 옮겼으며, 다섯 번의 몽골 친정을 감행하였다. 환관 정화鄭和를 남해로 보내 서남아시아부터 아프리카까지 파견하여 명나라의 위세를 대외에 과시했다. 『영락대전永樂大典』 외에 다양한 서적을 편찬하고, 대운하大運河를 정돈했다. 연호는 영락, 묘호는 성조이다. |
| 주고치<br>朱高熾<br>1378~1425 | 명나라 4대 인종仁宗 홍희제洪熙帝로, 영락제의 장자이다. 성조가 외정外征을 했을 때 궁정을 잘 다스렸다. 내치를 회복하고, 민생을 안정시켰다. 몸이 허약하여 재위 8개월 만에 죽었다. 연호는 홍희, 묘호는 인종이다. |
| 주첨기<br>朱瞻基<br>1399~1435 | 명나라 5대 선종宣宗 선덕제宣德帝로, 홍희제의 장남이며, 영락제가 사랑했던 손자이다. 재위 중에 다수의 인재를 발탁하여 정치를 안정시키고, 경제를 발전시켰다. 환관의 학문 교육을 위해 내서당內書堂을 설립하고 태감의 권한을 강화시켰다. |
| 주기진<br>朱祁鎭<br>1427~1464 | 명나라 6대 영종英宗 정통제正統帝로, 9세의 나이로 황제에 즉위한다. 1449(정통 14)에 오이라트 추장 에센(Essen, 也先)이 명나라 국경을 침입하자 이를 막기 위해 직접 친정에 나섰으나 토목보土木堡에서 포로가 된다. 이듬해에 석방되었으나 이미 동생 경태제가 즉위하여 태상황제로 남궁南宮에 유폐되었다. 경태제가 중병에 걸린 틈을 타 탈문지변奪門之變을 일으켜서 다시 황제로 복위했고 연호를 천순天順으로 바꿔 천순제天順帝라고도 한다. 연호는 정통·천순이며, 묘호는 영종이다. |
| 주기옥<br>朱祁鈺<br>1428~145 | 명나라 7대 대종代宗 경태제景泰帝로, 이복형인 정통제가 오이라트 족에게 잡혀간 토목의 변 이후로 황제에 즉위한다. 정통제가 탈문의 변을 일으켜 경태제는 폐위되고 한 달 후에 사망하였다. 연호는 경태, 묘호는 대종이다. |
| 주견심<br>朱見深<br>1447~1487 | 명나라 8대 헌종憲宗 성화제成化帝로, 연호는 성화, 묘호는 헌종이다. |
| 주우탱<br>朱祐樘<br>1470~1505 | 명나라 9대 효종孝宗 홍치제弘治帝로, 『대명률大明律』을 개정하고 『대명회전大明會典』을 개편하는 등 법규를 정비하여 내정에 치적을 쌓았고 외정에도 성공을 거둠으로써 중흥의 영주라 불렸다. 연호는 홍치, 묘호는 효종이다. |

| | |
|---|---|
| 주유돈<br>朱有燉<br>1379~1439 | 명나라 태조 주원장의 손자로 희곡 작가로서 많은 잡극과 산곡을 창작했다. |
| 주권<br>朱權<br>1378~1448 | 명 태조의 17번째 아들(16번째라는 설도 있음)로 대녕大寧에 봉해졌고, 헌獻이라는 시호를 받아 영헌왕寧獻王이라고도 불렸다. 음악에 통달했고 악부에 능했던 곡이론가 겸 극작가이다. |
| 조공<br>趙羾<br>1365~1436 | 자는 운한雲翰, 하남河南 상부祥符 사람이다. 홍무제부터 선덕제까지 다섯 황제를 모시면서 높은 지위에 있었으나 검소하게 살았다. |
| 주태후<br>周太后<br>?~1504 | 순천부順天府 창평昌平 출신이다. 정통제의 황후이자 헌종 성화제의 모후이다. 흔히 주귀비周貴妃라고도 하며, 『명사明史』에는 효숙주태후孝肅周太后로 기록되어 있다. 이후 손자인 홍치제가 황위에 오르자 태황태후에 책봉되었다. 만귀비의 눈을 피해 홍치제를 몰래 양육하였다. |
| 팽시<br>彭時<br>1416~1475) | 자는 순도純道, 명나라 강서江西 안복安福 사람이다. 정통 13년(1448) 진사제일進士第一로 급제하였다. 이부상서吏部尙書·문연각대학사文淵閣大學士를 역임하였다. |
| 황자징<br>黃子澄<br>1350~1402 | 본명은 황식黃湜이고, 강서江西 분의分宜 사람으로 시호는 충각忠慤이다. 제태와 더불어 국정에 참여하여 건문제에게 제왕諸王의 세력을 약화시키자고 주장했다. 태상시경太常寺卿, 한림학사翰林學士 등을 역임했으며, 연왕이 남경을 점령했을 때 죽임을 당했다. |

## 4. 주요 역사용어 색인

한국

| 경차관<br>敬差官 | 조선시대 중앙정부의 필요에 따라 특수 임무를 띠고 지방에 파견된 관직이다. 국방, 외교, 재정, 산업, 토지 측량, 공녀貢女 선발 등 다양한 업무를 수행했다. 내관이 파견된 경우 경차내관敬差內官이라고 불렀다. |
|---|---|
| 계유정난<br>癸酉靖難 | 단종 1년(1453), 수양대군이 왕위를 빼앗기 위해 일으킨 사건으로 김종서, 황보인을 죽이고 형제인 안평대군을 강화도에 안치하였다가 사사시켰다. 수양대군이 정권과 병권을 독차지하였다가 강제로 단종의 선위를 받아 왕위에 즉위했다. |
| 내탕고<br>內帑庫 | 임금이나 황제의 사사재물私事財物을 보관하는 창고이다. 왕실의 재물인 금·은·비단·포목 등 사유재산을 관리하는 어고御庫로 천재지변 등 각종 재해와 기근이 있을 때 그 재물로 백성을 구제·구휼하였고, 관리에 대한 포상에도 사용하는 등 다양한 용도로 쓰였다. |
| 도관찰사<br>都觀察使 | 도관찰출척사都觀察黜陟使의 준말로 조선 초기 지방의 한 도를 전제專制하여 그 지역 관리의 출척黜陟에 관한 일을 맡았던 지방 장관이다. 품계가 2품 이상이 되는 대신으로 임명하였다. |
| 도절제사<br>都節制使 | 조선 초기에 2품 이상의 재상이 임명되던 군직軍職이다. 고려시대의 도병마사都兵馬使나 병마사兵馬使를 조선 시대에 들어와서 고쳐 부른 호칭이다. |
| 도화원<br>圖畫院 | 고려시대와 조선 초기에 그림 그리는 일을 관장하기 위하여 설치되었던 관서이다. |
| 비로자나불<br>毘盧遮那佛 | 모든 부처님의 진신眞身, 즉 육신이 아닌 진리의 모습인 법신불法身佛이다. 이 부처님은 보통 사람의 육안으로는 볼 수 없는 광명의 부처이다. |
| 삼사<br>三司 | 사간원司諫院과 사헌부司憲府를 양사兩司라고 하며, 이 두 기관의 관원들을 대간臺諫이라 하였다. 후에 홍문관이 합세하면서 삼사가 되었다. 사헌부는 시정·풍속·관원에 대한 감찰 행정과 관원의 자격을 심사하는 인사 행정, 사간원은 국왕에 대한 간쟁, 신료에 대한 탄핵, 당대의 정치·인사 문제에 대하여 언론을, 홍문관은 궁중의 서적과 문한文翰을 관장하였고 경연관으로서 국왕의 학문적·정치적 자문에 응하는 학술적 임무를 수행했다. |
| 상림원<br>上林園 | 1394년(태조 3)에 동산색東山色을 상림원으로 개칭하고, 1466년(세조 12) 장원서掌苑署로 바뀌었다. 천신薦新·진상進上과 사신 접대 등에 들어가는 각종 과일들의 공급을 관장하였다. |

| 상의원<br>尙衣院 | 조선시대 국왕과 왕비의 의복을 만들고, 대궐 안의 재물과 보물 일체의 간수를 맡아보던 관청이다. |
|---|---|
| 서장관<br>書狀官 | 조선시대 외국에 보내는 사행직使行職의 하나로 정사正使·부사副使와 함께 삼사三使로 불린다. 주로 사행 중의 사건을 기록하여 임금에게 보고하는 임무를 담당했는데, 정4품에서 6품 사이의 관원이 임명되어 삼사 가운데 가장 지위가 낮았으나, 일행을 감찰하고 인마人馬와 복태卜駄를 점검하는 행대어사行臺御史의 임무를 겸하여 '행대'라고도 한다. |
| 선위사<br>宣慰使 | 조선시대 여러 나라의 사신이 입국하였을 때 그 노고를 위문하기 위하여 파견한 관리로 중국 사신에 대해서는 원접사遠接使와 더불어 의주·안주·평양·황주·개성부의 5개처에 파견하였다. 일본 및 유구국琉球國 사신에 대해서는 선위사만을 보내어 위문하였다. |
| 수우각<br>水牛角 | 수우각은 활을 만드는 데 쓰이는 황소 뿔이나 물소 뿔을 가리킨다. 그 빛이 검어 흑각黑角이라고 하며, 중국에서 수입해온다고 하여 당각唐角이라고도 불렀다. |
| 압해관<br>押解官 | 사람이나, 말·소 등을 목적지까지 인솔하여 관청이나 공공단체로 전달하던 관리이다. |
| 연행사<br>燕行使 | 조선 전기에는 명나라에 보내는 사신을 '조천사朝天使'라 했으나, 조선 후기에는 청나라의 도읍인 연경(燕京, 北京)에 간 사신이란 의미로 '연행사'라 했다. 정기적인 사행은 동지사冬至使, 정조사正朝使, 성절사聖節使, 천추사千秋使라 했다. 그 외에 비정기적 사절인 주문사奏聞使, 진주사陳奏使, 정월 초하루에 중국 황제에게 신년 하례를 드리는 하정사賀正使, 황제에게 예물을 전하는 진헌사進獻使, 중국 황제에게 사은의 뜻을 전한 사은사謝恩使, 조선 임금의 승하를 알리는 고부청시사告訃請諡使, 왕위 계승을 인정해달라고 요청하는 청승습사請承襲使 등의 명칭이 있다. |
| 의순관<br>義順館 | 조선시대, 중국의 사신이 묵던 객관客館으로 의주에 설치하였다. |
| 의정부<br>議政府 | 백관百官을 통솔하고 국정을 총괄하던 조선시대 최고의 행정기관이다. 도당都堂·묘당廟堂·정부政府 또는 황각黃閣이라고도 하였다. 의정부는 실무를 담당한 육조六曹와 왕권의 강약, 그리고 언론기구인 삼사와의 관계 등에 따라 그 기능과 활동이 달라졌다. |
| 저사<br>紵紗 | 중국에서 생산되는 비단의 하나이며 주로 관모官帽를 싸서 만드는 데 사용했다. |
| 지신사<br>知申事 | 고려·조선시대 왕명을 출납하던 승정원의 정3품 관직으로 세종 15년(1433)에 도승지로 확정됐다. |

| | |
|---|---|
| 진헌색<br>進獻色 | 조선시대 중국에 진헌할 때 물품 마련이나 처녀를 선발하기 위해 임시로 설치한 관청이다. |
| 짐독<br>鴆毒 | 독이 있는 짐새에 중독되거나, 혹은 짐새를 담근 술에 중독된 것을 말한다. |
| 차거<br>硨磲 | 조개의 일종으로 껍질을 간 것은 칠보七寶의 하나로 장식에 쓰인다. |
| 전도<br>剪刀 | 가위를 말한다. |
| 초서<br>貂鼠 | 족제비과의 일종으로 노랑가슴담비를 말한다. 초서피貂鼠皮는 담비의 털가죽을 말한다. |
| 판돈녕부사<br>判敦寧府事 | 조선시대 외척을 관장하던 돈녕부敦寧府의 종1품 벼슬이다. |
| 태평관<br>太平館 | 조선시대 서울에 명나라 사신을 접대하기 위해 만든 국영의 객관客館이다.『신증동국여지승람』에 따르면, 태평관·모화관慕華館·동평관東平館·북평관北平館 등이 있었다. |
| 토표<br>土豹 | 고양이과에 속한 동물로 우리나라 북부에 드물게 분포하고 있으며, 지대가 높고 바위가 많은 밀림이 뒤덮은 지역에 서식한다. 흔히 시라소니라고 한다. 토표피土豹皮는 시라소니 가죽이다. |
| 홍제원<br>弘濟院 | 고려 및 조선시대 역원제의 실시로 공무 여행자에게 편의를 제공하기 위한 목적으로 설치되었다. |
| 화문석<br>花紋席 | 물들인 왕골을 손으로 덧겹쳐가며 엮은 다음, 무늬에 따라 잘라낸 꽃돗자리다. 용의 무늬를 넣은 것은 용문석龍紋席, 꽃 무늬를 넣은 것을 채화석菜花席이라고 했다. 이밖에도 만화석滿花席, 황화석黃花席, 화석花席 등으로도 불렸다. |
| 회합<br>回蛤 | 조개 모양으로 만든 노리개의 일종이다. 반합斑蛤은 바지락 모양의 노리개, 장아아獐牙兒는 노루 어금니 모양의 노리개, 호아虎牙는 호랑이 이빨 모양의 노리개다 |

중국

| | |
|---|---|
| 건주위<br>建州衛 | 영락 1년(1403), 명나라가 두만강과 압록강 유역 남만주 일대의 여진을 초무招撫하기 위해 설치했던 군사조직으로 후에 건주좌위와 건주우위가 추가로 설치되어 건주삼위建州三衛가 되었다 |
| 고명<br>誥命 | 황제가 작위를 내리거나 1품品에서 5품까지의 관리를 임명할 때 사용하는 사령장이다. 조선 시대 왕, 왕비, 왕세자로 즉위 또는 책봉될 때에 중국으로부터 고명을 받았기 때문에 중국 황제의 고명은 왕의 정당성을 확보하는 데에 매우 중요한 역할을 하였다. |
| 광록시<br>光祿寺 | 중국 명·청대에 궁중의 제사나 조회 및 연회에 필요한 술과 음식의 조달을 전담한 관청이다. |
| 달단<br>韃靼<br>[타타르] | Tatar의 음역音譯이며, 달단達旦, 달달達怛, 달단韃靼이라고 표기했다. 원 순제가 대도大都에서 축출된 이후 릭단칸[林丹汗, Ligdan Khan]에 이르는 시기의 막남·막북漠南·漠北의 몽골인에 대한 호칭으로 사용되었다. |
| 도지휘사<br>都指揮使 | 명나라의 병제兵制인 위소衛所제는 홍무제가 처음 실시한 것으로, 홍무 8년(1375)에는 중앙의 5군도독부五軍都督府 밑에 13개의 도지휘사사(都指揮使司, 약칭 도사都司)와 3개의 행도지휘사사(行都指揮使司, 약칭 행도사行都司)를 지방 요지에 설치하였다. 여기서 도사의 장관을 도지휘사라고 한다. |
| 만라국<br>[滿剌國] | 말라카(Malacca) 왕국을 일컫는다. 팔렘방(Palembang)의 왕자인 파라메스와라(Parameswara)가 1400년경에 이 왕국을 건설했다고 하는데, 그가 스리위자야(Sriwijaya) 왕실 가계의 왕자인지는 분명하지 않다. |
| 모련위<br>毛憐衛 | 영락 3년(1405), 명나라가 여진족 올량합兀良哈이 거주하는 함경도 경원慶源의 북쪽인 두만강 가의 도문[豆門]과 종성鍾城의 북쪽인 벌시온伐時溫에 설치하였던 군사조직이다. |
| 산해관<br>山海關 | 중국 하북성 진황도秦皇島에 위치한다. 교통·군사상의 요지이다. 중국 본토와 만주 사이에 있는 육상교통로의 관문이다. 조선과 명나라 사신들이 서로 왕래할 때, 조선 사신이 북경으로 들어갈 때 인원과 물품 검사가 이뤄졌다. |
| 와랄<br>[瓦剌]<br>[오이라트] | 12세기경 에니세이강 상류 유역에서 반수렵·반목축 생활을 하고 있었으나 칭기즈칸에 정복당하여 4만 호戶로 편성되었다. 원나라가 멸망한 후 몽골 고원을 중심으로 귀족들의 분립항쟁分立抗爭이 격화, 몽골 동부의 타타르[韃靼]가 쇠퇴함에 따라 세력을 확대하여 에센 칸[也先汗] 시기에 이르러서는 만주부터 중앙아시아에 이르는 광대한 지역에 세력권을 형성하였다. |
| 요동도사<br>遼東都司 | 명나라가 요동 지방에 설치한 군사기구이다. 정식 명칭은 요동도지휘사사遼東都指揮使司이며, 약칭으로 요동도사라 했다. 조·명 간의 국경문제, 범월犯越, 밀교역 등 다양한 문제를 다루었다. |

| | |
|---|---|
| 『전고기문』<br>典故紀聞 | 명나라 여계등余繼登(1544~1600)이 지은 책으로, 명나라 초에서 1567~1572년에 이르는 전고典故, 즉 대정大政·시폐時弊·이문異聞에 관한 기록이다. |
| 정난의 변<br>(靖難之變)<br>1398~1401 | 연왕이 조카인 건문제의 분봉지分封地 삭감 정책에 반발하여 반란을 일으킨 사건이다. 4년 동안의 싸움 끝에 수도 남경의 환관들이 연왕과 내통하였고, 결국 남경은 점령당했다. |
| 칙서<br>勅書 | 칙서는 중국 천자가 내린 조서詔書이다. 제후나 임금의 조서는 교서教書라고 하였다. |
| 태감<br>太監 | 환관에 대한 칭호이다. 수당 이후 지위가 높아진 내감內監을 "태감"이라고 불렀는데, 당나라 고종이 황제의 생활을 보좌하는 전중성殿中省을 중어부中御府로 바꾸고 환관으로 하여금 태감과 소감少監을 맡게 하자, 이후 환관들을 태감으로 통칭하게 되었다. 명대에는 환관 기구인 12감의 장관을 태감이라 했으며 정4품직이었다. |
| 토목의 변<br>[土木之變] | 1449년 명나라 정통제가 오이라트의 에센 칸[也先汗]과 토목보에서 싸우다가 포로가 된 사건이다. |
| 한림원<br>翰林院 | 명·청대에는 경연經筵, 과거에 최고 성적으로 합격한 신진사들을 사관史官이나 서길사庶吉士로 한림원에 소속시켜 업무의 수습 및 교육을 받도록 함으로써 최고의 학문적 권위를 누리는 기관이 되었다 |
| 합밀<br>哈密 | 위구르어로 Hami 또는 Qomul, 몽골어로 Khamil이라 부르며, 신장 위구르 자치구 가장 동쪽 지역을 일컫는데, 일반적으로 합밀지구哈密地區라 칭한다. 명나라는 안극첩목아安克帖木兒(Engke Temür)를 충순왕忠順王에 봉하였고, 이곳에 합밀위哈密衛를 설치하였다. 이후 하미는 투르판에게 병탄되었다. |
| 해서달자<br>海西達子 | 만주의 송화강 중상류에 사는 여진족을 뜻한다. |
| 홍려시<br>鴻臚寺 | 황실 관련 의례를 관장하고, 사신 접대를 담당하였던 예부의 속사屬司다. 홍려시는 황실 관련 각종 의례를 관장하고, 외방과 외국 사신의 왕래에 관련하여 황제의 인견 및 의례 참여를 주관하였기 때문에 조선의 대중국 외교 활동에 밀접한 관련성을 가졌다. |

| 회동관<br>會同館 | 명나라 초기 남경南京에 설치된 관원 접대 겸 역참驛站의 장소로 출발하여 영락제 때 북경에도 설치되었다. |
| --- | --- |

## 일본

| 대내전<br>大內殿 | 조선시대 우리 나라에 사신을 보내오던 일본 호족의 하나로 14세기 중엽부터 일본의 규슈[九州] 동북부와 쥬코쿠[中國] 남부에서 세력을 떨쳤다. 그 선조가 백제에서 나왔다고 알려져 있다. |
| --- | --- |
| 유구국<br>琉球國 | 동중국해의 남동쪽, 현재 일본 오키나와현 일대에 위치하였던 독립 왕국이다. 유구국은 중국, 일본, 동남아시아의 여러 국가 및 조선과 교류하면서 중계 무역으로 번성하였다. 이후 여러 차례 일본의 침략을 받았으며, 1879년 일본에 강제로 병합되었다. |

# 자금성의 노을
## 중국 황제의 후궁이 된 조선 자매

2019년 7월 30일 초판 1쇄 발행
2019년 8월 30일 초판 2쇄 발행

**지 은 이** 서인범
**펴 낸 이** 한정희

**총괄이사** 김환기
**편 집 부** 김지선 유지혜 한명진
**마 케 팅** 전병관 유인순 하재일

**펴 낸 곳** 역사인
**출판신고** 제406 - 2010 - 000060호

**주    소** 경기도 파주시 회동길 445 - 1 경인빌딩 B동 4층
**대표전화** 031 - 955 - 9300 | **팩스** 031 - 955 - 9310
**홈페이지** www.kyunginp.co.kr | **이메일** kyungin@kyunginp.co.kr

ISBN 979 - 11 - 86828 - 17 - 5  03910
**값** 24,000원

역사인은 경인문화사의 자매 브랜드입니다.